생체적인 국가론
개정증보판

생체적인 국가론 개정증보판

발행일	2024년 9월 11일

지은이	홍진표		
펴낸이	손형국		
펴낸곳	(주)북랩		
편집인	선일영	편집	김은수, 배진용, 김현아, 김부경, 김다빈
디자인	이현수, 김민하, 임진형, 안유경, 한수희	제작	박기성, 구성우, 이창영, 배상진
마케팅	김회란, 박진관		
출판등록	2004. 12. 1(제2012-000051호)		
주소	서울특별시 금천구 가산디지털 1로 168, 우림라이온스밸리 B동 B111호, B113~115호		
홈페이지	www.book.co.kr		
전화번호	(02)2026-5777	팩스	(02)3159-9637

ISBN	979-11-7224-210-7 03340 (종이책)		979-11-7224-277-0 05340 (전자책)

(주)북랩 성공출판의 파트너

북랩 홈페이지와 패밀리 사이트에서 다양한 출판 솔루션을 만나 보세요!

홈페이지 book.co.kr • **블로그** blog.naver.com/essaybook • **출판문의** book@book.co.kr

---

작가 연락처 문의 ▸ ask.book.co.kr

작가 연락처는 개인정보이므로 북랩에서 알려드릴 수 없습니다.

개정증보판

국가에 대한 가장 쉽고 창의적인 정의

생체적인 국가론

生 體 的 國 家 論

홍진표 지음

북랩

2021년 6월에 본서를 출간한 후 1년 정도 쉬면서 책 전체를 살펴보니 책 말미에 본서의 취지에 맞지 않는 내용들이 들어있는 것을 알았다.

이후 책 내용의 마무리를 어떻게 해야 할지 망설이다가 증보판을 다시 출간하리라 결심한 후 2년의 노력을 했다.

증보판에서는 좀 더 국가의 실체에 다가가려고 했다.

그리고 부록에서는 '남북한이 통일하기 시작하는 시기 및 방법'을 알리고자 했다.

2024년 8월

홍진표

어려서부터 몸이 약했던 나는 만화책을 보는 것에 무척 재미를 느꼈다. 처음에는 만화책이었지만 자라면서 위인전과 무협지 등을 시간 가는 줄 모르고 읽었던 기억이 생생하다. 이러면서 독서가 취미가 되었다.

틀에 박힌 교과서보다 상상력을 키우는 책들을 아주 재미있게 보았다. 20대 후반부터는 생명체들의 생존경쟁과 국가들의 흥망성쇠에 대해 호기심이 강했기에 이와 관련된 책들을 많이 읽었다. 아마 본서와 같은 이질적인 내용의 책을 쓰게 된 원인인 것 같다.

직장생활을 하면서 책들의 내용을 완전하게 이해한다는 것은 어려웠던 것 같다. 왜냐하면 공무원과 비정규직 등 직장을 수없이 옮겨 다녔기 때문이다. 좀 오래 다닌 직장에서는 사람들을 상대하고 건물을 관리하다 보니 스트레스 때문에 책을 보아도 정신을 집중하기가 어려웠다. 나의 중년 30년 동안은 다방면의 책들을 보았지만 외연만 넓혔을 뿐 깊이 있는 공부를 하지 못했던 것이다.

그러다가 거의 60세가 되어 다니던 직장에서 퇴직한 후 회사에서 청소를 하면서 마음이 편해졌다. 내가 맡은 일만 제대로 하면 누가 간섭하거나 잘못했다고 하는 사람이 없었으니 마음이 편했던 것이다.

마음이 이리 편하니 오래전부터 생각해왔던 국가들 간의 싸움과 흥망성쇠에 대해 밝혀 보려고 했다. 다른 한편에서는 어렵지 않을까? 하는 염려스러운 마음도 들었다. 왜냐하면 독학으로만 공부했기 때문이다.

하지만 청년시절부터 국가들 간의 전쟁과 흥망성쇠 그리고 다방면의 분야에 대해 알아가는 재미에 푹 빠졌던 나였기에 국가론을 쓰기로 했다.

기존의 국가에 대한 학문으로는 국가들이 자국 중심적이면서 자국의 이익을 위해 작용하는 것과 주변국들과 경쟁을 하고 분쟁을 하는 것을 왜 그런지 설명하지 못한다. 약육강식과 같은 힘의 논리가 작용하는 것도 설명할 수 없다. 국민들 또한 이기적이고 탐욕적으로 행동하고 욕구를 충족하려는 성질이 작용하는 것과 힘의 논리가 작용하는 것을 설명하지 못한다.

그렇기 때문에 필자는 생물학적인 측면에서 그리고 과학적인 측면에서 국가의 본질과 실체를 규명하고자 했다.

2021년 6월

홍진표

차례

제 1 장

국가는 인간들의 생존성이 작용하는 생체적인 조직체다

제 2 장

국체의 구조에 따른 개념과 기능 등

제 **3** 장 국가의 실체

제 **4** 장

국체의 구성요소와 국체의 체질, 국체의 생물적인 것과 부강한 국가가 되기 위한 조건 등

서문

 일반적으로 국가란 일정한 영토에 정주하는 사람들에게 통치권을 행사하는 제도적 사회조직으로서 포괄적인 강제단체라고 한다. 이러한 국가에 대한 개념은 동양과 서양 또는 문화와 이데올로기를 달리하는 시대에 따라 다양하게 이해되어 왔다.

 중국과 한국의 근대 왕조국가들은 유교와 도가사상 그리고 관료주의가 체제와 체계에서 추구하는 가치와 성질로 작용하는 가운데 국가권력의 기속력이 강한 전통적인 농어촌 사회가 오랫동안 지속되었다.

 하지만 유럽의 일부 지역에서는 중세 말부터 봉건체제가 붕괴되기 시작한다. 그리고 시민들은 종교의 기속에서 벗어나기 시작했고 국가권력과 특정 사상의 지배력은 약했다. 그랬기에 성곽 주변과 교통요지에서 상행위가 성행하면서 도시가 생겨났던 것이다.

 도시에서는 시민사회가 형성되었고 수 세기가 지나면서 개인주의와 자유주의 그리고 자본주의라는 이데올로기가 생겨났던 것이다. 이때는 국가권력의 지배력이 약했고 자유롭고 평등한 가운데 능력 위주의 사회였음을 의미한다.

 이러한 환경 속에서 자유경제는 발달했고 도시 시민들은 자유와 자치를 원했다. 그리고 재산을 지키려고 했다. 이러한 사상은 국왕도 도시 시민들과 계약을 맺어야 국가는 성립하는 것이라고 생각을 하게 된다. '사회계약'이라는 개념과 국가의 주권이 생기게 된 배경이다.

유럽에서 근대 후기에는 사회학적 국가론과 경제학적 국가론 그리고 법학적 국가론이 주장되었는데 이는 오늘날까지 영향을 미치고 있다.

그 당시 주장한 사회학적 국가론은 국가를 사회적인 작용이나 관계 측면에서 주장했고 법학적 국가론은 법률에 따라 통일된 질서가 유지됨으로써 국가가 존립할 수 있다는 측면에서 주장했다.

경제학적 국가론은 자유·시장주의와 사회주의로 갈리었다. 자유·시장주의는 개인주의와 자유주의 그리고 자본주의 같은 이데올로기가 작용하면서 생겨난 것으로 초기에는 아담 스미드의 '국부론'이 대표적이다.

영국에서 산업혁명 시대에 아동과 노약자 그리고 노동자들에 대해 자본가들의 착취가 극심해지자 사상가들은 계몽을 통해 처음으로 사회주의를 주장했다.

산업혁명 시대 절정기인 19세기 후반에 마르크스는 노동자 계급과 자본가 계급 또는 생산과 소비 등의 관계를 착취하고 지배하는 구조적인 측면에서 또는 자본주의의 병폐를 고쳐야 한다는 측면에서 『자본론』을 출간하였다. 1848년에는 '공산당 선언'을 함으로써 혁명사상으로 전파된다. 이로 인하여 공산주의 국가들은 생겨나기 시작했다.

공산주의 국가들은 20세기 후반에 대부분 소멸되었지만 중화인민공화국은 사회주의를 지향하는 공산당이 국가 전체를 지배하는 체제를 유지하고 있다. 중국과 북한을 제외한 대부분의 국가들은 다양한 자유·민주적인 정치체제와 약간의 통제가 이루어지는 시장주의 경제체제가 작동되고 있다.

이와 같이 시대의 흐름에 따라 국가체제와 이에 따른 체계 등은 변화하여 오늘날에 이르렀지만 기존의 국가에 대한 이론으로는 국가들이 자국 중심적이고 자국의 이익을 위해 작용하는 것을 명쾌하게 설명하지 못하고 있다.

예를 들면 모든 국가들이 자국 중심적이고 자국의 이익을 위해 작용하는 것과 주요 국가들과 경쟁을 하고 상대적으로 작용하는 것 그리고 국가들 간에 힘(또는 국력)이 작용하는 것을 왜 그런지 설명하지 못하고 있다는 것이다. 국가 내에서 분화하는 현상도 설명하지 못하고 있다.

그러므로 필자는 생물학적인 측면에서 그리고 과학적인 측면에서 국가의 실체를 규명하고자 했다.

본서에서는 먼저 인간이라는 생명체와 국민(또는 인민)들의 생존하려는 성질이 작용하여 생존활동을 하는 궁극의 본질을 알아보았다. 그리고 이로 인하여 국가 차원의 체계를 세우고 기능을 하는 것을 알아보았다. 그런 다음에 국가의 실체에 대해 알아보았다.

즉 아래와 같이 국가의 실체를 4장으로 나누어 서술했다.

제1장에서는 국가를 인간들이 조직하고 운영함으로써 인간이라는 생명체와 인간의 생존하려는 성질이 작용하는 근본 요인에 대해 알아보았다.

제2장에서는 인간들이 국가 차원의 체계를 세우고 이에 따른 기능이 이루어지는 것 등을 대한민국을 예로 들어 알아보았다.

제3장에서는 생체적인 국가와 국체의 체계, 그리고 국체의 생물적인 특성과 국체 시스템에 대해서 알아보았다.

제4장에서는 생물과 인문사회 입장에서 국체를 최종적으로 정리해 보았다. 즉 국체의 생물적인 것과 국체의 체질 등을 개략적으로 알아보았다.

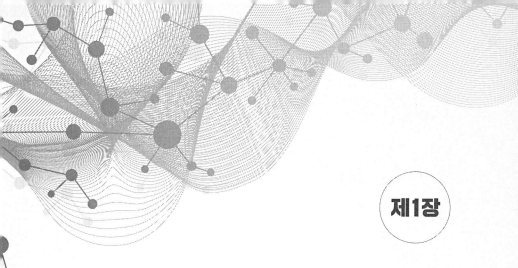

제1장

국가는 인간들의 생존성이 작용하는 생체적인 조직체다

국가도 다른 국가들과 경쟁을 하고
호혜적인 관계가 성립하거나
싸움을 하는 작용은 계속 하게 될 것이다.
마치 인체에서의 세포들이나 동식물들이 그러하듯이
국가라는 공동체도 생존작용을 하고 경쟁을 해야 하는
조직체이기 때문이다.

1

인간이라는 생명체와
생존성이 작용하는 근본요인 등

국민(또는 인민)들 개개인은 인간이기에 앞서 한 사람의 생명체로서 또는 국가의 구성요소로서 국가라는 공동체 조직을 조직하고 운영하기 때문에 본 장에서는 인간이라는 생명체와 인간의 생존하려는 성질이 생기고 작용하는 근본 요인에 대해 알아볼 것이다.

국가라는 공동체 조직을 조직하고 체계를 세우며 운영하는 것은 인간들의 생존하려는 성질이 근본 요인으로 작용하여 이루어지는 것이므로 이러한 성질이 생기고 작용하는 근본 요인을 알아야 국가라는 조직체가 조직되고 각종 기능을 하는 근본 원인을 알기가 쉽기 때문이다.

여기에서 말하는 국가라는 조직체(또는 국체)는 국민(또는 인민)들의 생존하려는 성질이 작용하여 행위를 하고 결합되는 등 상호작용을 하는 것으로서 조직들, 기관과 계 수준으로 체계를 세우고 각각의 체계에서는 기능 등을 끊임없이 하는 국가라는 공동체를 말한다.

필자는 생물적인 측면에서 국가를 바라봄으로써 생명체인 인간들은 생존하려는 성질(또는 본능과 본성 그리고 후천성)이 작용한다고 보았고, 생존하려는 성질은 조직하고 번성해 나아가는 쪽으로 작용한다고 보았다. 그리고 각종 조직체들은 물론 국가와 같은 조직체까지 조직하고 각종 기능 등을 할 수 있게 된다고 보았다.

위에서 말하는 '인간의 생존하려는 성질(또는 생존성)'은 인간의 이기심과 경쟁성, 상대성과 탐욕성, 욕구를 충족하려는 성질과 이기려는 성질, 자유롭게 행동하려는 성질 등의 본성과 결합하고 성장하며 번성하려는 것과 같은 본능 그리고 후천적으로 생기고 작용하는 모든 성질들과 특성 등을 모두 포함해서 말하는 것이다.

국가라는 공동체 조직은 인간들이 조직한 것이고 국가를 운영하는 것은 인간들이므로 인간이라는 생명체와 인간의 생존하려는 성질이 생기고 작용하는 근본요인을 알아볼 필요가 있다. 그렇기 위해서는 세포들이 끊임없이 결합하고 성장하는 등 분화하면서 인체가 탄생하는 것에 대해 알아볼 필요가 있다.

왜냐하면 세포들이 분화하고 성장하여 인체가 탄생하는 과정은 인간들이 성장하고 분화하여 국가라는 공동체를 이루거나 조직하는 과정과 유사한 부분이 많기 때문이다. 그러므로 인체가 생명작용을 하는 근본요인과 성질 등에 대해 알아볼 것이다.

인간이 탄생하고 생명작용을 하는 것은 아버지(양의 성질)의 정자와 어머니(음의 성질)의 난자라는 유전자성 세포가 수정함으로써 시작된다. 정자와 난자는 어머니의 뱃속에서 수정하여 생장과 분열을 수없이 거듭함으로써 아기는 태어난다.

이러한 태아의 인체는 생물적인 본능에 의해 세포들 → 조직들 → 기관·계 순으로 분화하고 생장한다. 그러니까 인간들의 인체는 세포들이 전체를 이루고 있고 조직체계로 되어 있다는 것이다. 세포는 인체를 구성하는 기본단위인 동시에 최소의 생명체 단위인 것이다.

이러한 인체를 국체와 비유해서 생각해보면 인간이라는 생명체(국민들이나 인민들 개개인)들은 국체를 구성하는 기본 단위인 동시에 최소의 기능적 단위인 것이다. 그리고 국가는 국민(또는 인민)들이 전체를 이루고 있고 조직체계로 되어 있다(제3장 참조).

인체에서 세포는 인체가 필요로 하는 에너지를 생산하고 불필요한 물질을 분해하여 배출하는 등 생명활동을 한다. 국체에서 국민(또는 인민)들 또한 유사하게 생존활동을 하고 기능을 한다.

그리고 세포 내에서는 극미의 생화학 유기물 입자와 분자 등이 상호작용을 하고 협력하며, 상하관계가 이루어져 명령과 유사한 작용을 한다. 국체에서 국민(또는 인민)들과 조직체들 또한 유사하게 작용을 한다.

이러한 세포들이 생명작용을 하는 근원을 찾아가면 인체는 세포들로 이루어졌다. 세포들 속에서는 → 유기물 분자들의 생명작용 → 분자들은 원자들로 구성 → 원자 속에 있는 전자와 양성자의 전하작용과 중성자까지 작용하는 것을 알 수 있다.

세포를 연구하는 학자들은 세포들 속에서는 분자들이 작용하는데 분자 속에서 에너지를 획득하고 방출하는 것을 전자에 의존한다고 한다. 이러한 분자들은 물질의 특성을 잃지 않는 가장 작은 수준이다.

분자들과 전자와 입자들의 전하작용이 생화학 작용으로 이어지는 것을 추정해 보면 생명작용을 하는 것과 생존하려는 성질이 생기도록 하는 궁극의 본질은 생화학 유기물인 원자 속에 있는 전자와 양성자 그리고 중성자의 작용인 것을 알 수 있다.

이는 인체의 생명과 인간의 생존하려는 성질이 생기도록 하는 궁극의 본질적 요인은 생·화학 유기물인 원자라고 할 수 있고 원자 속의 전자와 양성자 그리고 중성자라고도 할 수 있다. 여기서 말하는 생·화학 유기물인 원자와 원자 속에 있는 전자와 양성자 그리고 중성자는 생물학적 유전성에 따라 작용하는 것을 말한다.

이렇게도 설명할 수 있다. 인체의 세포는 생·화학 유기물인 원자로 이루어졌으므로 생명이 생기는 것과 생존하려는 성질이 생기는 것은 원자세계를 지배하는 전자기력이 궁극의 본질적 요인으로 작용한다고 말이다.

좀 더 구체적으로 말하면 양전하를 띠는 양성자와 음전하를 띠는 전자는 서로 당기고 같은 전하끼리는 밀어내는 성질이 작용하는 것으로 이러한 성질은 유전적으로 전자와 양성자, 중성자들이 생명적인 작용을 하므로 세포들은 생명활동을 하게 된다는 것이다.

이렇게 해서 생겨난 세포들은 유전성에 따라 수없이 분화하고 결합하여 → 조직 → 기관 → 계 수준으로 체계를 세우고 인체를 탄생시키게 된다. 조직이나 기관 그리고 두뇌신경계에 속해 있는 세포들은 소속된 곳에 따라 기능이 이루어지면서 두뇌신경의 지배를 받게 된다. 즉 인체 수준이 되면 두뇌신경이 인체 전체를 지배한다는 것이다.

이러한 세포를 사회적인 측면에서 바라보면 세포는 분자들이 생명적이고 유전적으로 작용을 하는 사회라 할 수 있고 분자 수준에서 분자는 생·화학 유기물인 전자, 양성자, 중성자의 입자들이 작용하여 생겨나고 작용을 하게 된다고 말할 수 있다.

이러한 분자와 원자 그리고 전자와 양성자 등은 조직하거나 구조를 세우는 데 있어서 근본 요인으로 작용하게 된다. 그러므로 인체는 체계에 따른 기능이 이루어질 수 있게 된다.

차원을 달리하여 국가라는 조직체를 보면 국민(또는 인민)들이 생존활동을 하면서 각종 조직들을 조직하는 등 공동체적으로 살아가는 사회라고 할 수 있다.

바꾸어 말하면 세포들 내외에서의 기능들과 인체에서 두뇌신경 작용을 하는 것은 국체에서 국민들과 조직체들의 활동이나 기능 그리고 국체 차원에서 두뇌신경 작용을 하는 것과 유사한 점이 많다는 것이다.

인체에서 세포들은 조직에 속해 있으면 조직의 지배를 받고 기관에 속해 있으면 기관의 지배를 받는다. 이러한 세포들과 조직들 그리고 기관들은 태아가 출생한 이후 유아기 때부터 두뇌신경의 지배를 받기 시작한다.

바꾸어 말하면 인체가 완성되는 단계 즉 태아가 태어나는 순간부터 본능이 작용하고 두뇌신경이 미미하게 작용하기 시작한다는 것이다.

이러한 인간의 두뇌는 대뇌와 간뇌, 편도체와 해마, 소뇌와 중뇌, 연수 등의 영역으로 되어 있는데 이들 영역 간에 이온화된 전기가 네트워크적으로 일체 작용하여 인체를 컨트롤하고 생존하려는 성질이 생긴다.

즉 프로그램이 설계된 두뇌신경 구조에서는 입자 수준인 소듐과 칼륨이온이 기억세포들 간에 네트워크적으로 작용함으로써 인체 수준에서 생존하려는 성질이 생기고 인체를 컨트롤할 수 있다는 것이다.

이러한 인체는 생화학 유기물질인 원자로 이루어졌으므로 원자 속에서의 전자와 양성자, 중성자의 작용을 선조들의 철학인 음의 성질과 양의 성질 그리고 중성의 성질이 작용하는 측면에서 알아보자.

여기서 말하는 음의 성질과 양의 성질(氣性, 전자적 성질과 양성자적 성질)은 동적이고 변화시키는 요인을 말하는 것이고 중성자는 생화학 유기물질을 구성을 함에 있어 안정적으로 작용하는 것을 말하는 것이다.

이러한 성질은 삼태극과 같이 작용할 수 있고 음·양의 태극과 같이 작용할 수 있음을 말한다.

이는 반이나 셋으로 나누어지는 것이 아니고 하나의 실체 속에서 함께 작용하는 것을 말하는 것으로 상보적으로 작용하거나 대립적으로 작용하면서 생명을 잉태하고 분화하면서 성장하는 것을 말한다. 이러한 성질은 인체에서는 물론 사회에서나 국가 차원에서도 근본요인으로 작용한다.

앞에서 말했듯이 이들 삼극 성질(음과 양의 성질, 중성의 성질)을 가진 입사들의 전하작용과 결합작용은 생명을 잉태하는 것이고 생존하려는 성질을 생기도록 하는 궁극의 본질적 요인이다.

거듭 말하지만 인체를 탄생케 하는 궁극의 본질적 요인은 생화학 유기물인 원자와 원자 속에 있는 전자와 양성자, 중성자라고 했고 이를 성질로 표현할 수 있다고 했다.

예를 들면 음과 양의 성질, 중성의 성질 그리고 전체가 하나가 되는 원자와 같은 성질로 설명할 수 있다는 것이다. 인체에서의 이러한 성질들은 국가 수준에서 대립적인 성질과 중도적인 성질 그리고 전체가 통합된 성질로 나타난다.

그러므로 국체 수준에서 충돌과 제거, 결합과 생성, 조화와 융합, 새로운 쪽으로 진행되거나 결정되는 것 등이 연관된다.

인간은 태어나면서 미약하지만 조금씩 인체의 두뇌신경이 작용하기 시작하고 생존하려는 성질(또는 본능과 본성 그리고 후천성)도 생기기 시작한다. 국체의 두뇌신경이 작용하는 것 또한 유사하다.

이러한 인간들은 생명체로서의 본능과 본성, 후천성이 작용하면서 유아기와 소년·소녀기, 청년·처녀기와 장년기 그리고 노년기를 살아간다. 이렇게 살아가는 인간들은 각종 조직들을 조직하면서 사회는 이루어진다.

이를 생물 측면에서 보면 인간들은 생존영역에서 조직체의 체계를 국민(또는 인민)들 개개인에서 → 조직들 → 기관 → 계, 두뇌신경계로 세워나가면서 국가와 같은 공동체 조직은 완성된다. (제2장 참조)

근대 한의학에서 인체는 정, 기, 신이 일체 작용한다는 사실 아래 성질 등에 따른 한약의 제조와 처방, 침술 등이 행해져 왔다. 이러한 한의학과 서양의학을 융합한 측면에서도 알아볼 수 있다.

필자는 인체에서의 정(精)을 근대 한의학에서 말하는 것과 달리 특정 유기물질로 이루어진 세포들과 세포들의 생존하려는 성질이 작용하는 것이라고 규정한다. 넓은 의미에서는 수없이 분화하고 결합하여 조직들과 기관들이 생기는 것까지 포함된다.

기(氣)는 개개의 세포들과 조직체들, 기관들이 한 사람의 인간으로서 생명체가 될 수 있도록 연계되어 작용하는 운동과 성질 그리고 에너지 등이 통하는 것을 말한다.

인체에서 기(氣)는 유전적이고 생명적인 방향으로 통하는 성질이 있으므로 세포들과 조직체들 그리고 기관들 전체는 인체라는 생명체가 될 수 있도록 작용한다. 그리고 신(神)은 인간이라는 생명체가 생존 활동을 할 수 있게 주관하는 두뇌신경 작용을 말한다.

국가를 생체적으로 보면 위에서 말하는 인체에서의 정(精)은 국체에서 국민(또는 인민)들의 생존하려는 성질이 작용하는 것이 해당되므로 각종 조직체들과 기관들을 조직하거나 설립하고 분화하며 성장하는 것까지 포함된다.

인체에서 기(氣)는 국체에서 법 규범과 국가권력, 물자와 화폐, 정신적인 것과 물질적인 것 등이 통하는 것이 해당된다. 인체에서의 신(神)은 국체의 두뇌신경 작용 즉 법과 제도, 국가권력 작용과 정치가 이루어지는 것이 해당된다.

위에서 말하는 정, 기, 신은 귀하고 천한 것을 따지지 않고 상위나 하위로 구분하지 않는다. 기능적으로 역할을 분담하여 한 사람의 생명을 탄생시키고 영적이고 사회적인 인간으로서의 삶을 살아갈 수 있도록 할 뿐이다.

그러므로 국가에서는 국민(또는 인민)들 개개인을 높고 낮음으로 구분하지 않아야 하고 기능적으로 차별하거나 귀천을 따지지 않아야 한다. 나아가 피부 색깔이나 종교, 돈이 적고 많음 등에 따라 차별을 하지 않아야 한다.

인간은 인체 차원의 정(精)과 신(神)이 일체 작용함으로써 정신(精神)을 차릴 수 있고 생각을 할 수 있다. 생명체로서의 기(氣) 또한 작용함으로써 신체를 살리고 행동할 수 있다.

바꾸어 말하면 인간은 인체 차원의 정(精), 기(氣), 신(神)이 일체 작용하여 본능과 본성 그리고 후천성이 작용하는 생명체이므로 먹고 자고 활동하며 자녀들을 낳고 기를 수 있다.

그리고 욕망과 탐욕, 경쟁심과 공포심이 생기게 되고 이기적이고 지키려는 성질이 작용한다. 또한 생각을 할 수 있고 사고능력을 향상시키며 수많은 일들을 할 수 있게 한다.

나아가 국가와 같은 조직체까지 조직하면서 체계를 세우고 체계에서는 다양한 특성과 성질, 요인 등이 작용하여 성장하고 분화하게 된다. 그러므로 국가 내에서는 다양하고 수많은 기능들이 이루어질 수 있게 된다.

지금까지 이야기한 내용들을 요약해 보면 국민(또는 인민)들 개개인의 인체는 각종 세포들이 분화하고 번성하는 쪽으로 작용하여 조직 → 기관 → 계의 체계를 세워나간 것이고 각각의 체계에서는 특성에 따른 기능을 하는 생명체인 것이다.

이러한 인체는 생물적인 특성이 작용하는 것으로서 구조적인 체계가 세워져 있고 체계에 따른 특성 등이 작용하고 있다. 최상위에서는 두뇌신경이 작용하는 생명체인 것이다.

국체 또한 생물들의 특성과 유전성을 내포하고 있는 인간들이 전체를 이루고 있고 구조적인 체계가 세워져 있다. 그리고 체계에 따른 기능 등이 이루어지고 있다.

즉 뒷장에서 설명하는 바와 같이 국체도 생물들과 유사한 특성이 작용하고 있고 체계가 세워져 기능들을 한다는 것이다. 그러므로 필자는 국가를 생체적인 조직체라고 했다.

2

인간이라는 생명체의
본성과 후천성

가. 생명체인 인간들의 본성

고대에는 인간의 본성을 선과 악으로 구분하기도 하였고 도덕과
윤리가 강조되었던 동양의 국가에서는 선행과 악행을 하게 되는 근
본 요인이라고 했다. 오늘날 사회학자들은 인간의 본성이 인간존재
와 관련된 특성이기 때문에 매우 다양하고 많다고 한다.

본 장에서는 이러한 본성 중에서 자기중심적이면서 자유성과 이
기성, 탐욕성과 경쟁성, 상대성과 욕구를 충족하려는 성질, 이기고
지키려는 성질이 작용하는 측면에서 이야기하려고 한다.

왜냐하면 이러한 본성들은 사람들이 삶을 살아가는 데 있어서
근본 요인으로 작용하기 때문이다. 그리고 영리조직체 등이 생기고
생존활동을 하는 데 있어서도 주된 요인이고 국가라는 공동체가
생존적인 작용을 하는 데 있어서도 후천성과 더불어 근본 요인이
된다고 보는 것이다.

거듭 말하지만 국민(또는 인민)들과 조직체들은 본능과 본성, 후천

성이 근본 요인으로 작용한다. 공동체에서는 이러한 성질이 근본 요인으로 작용하여 공동체 차원의 본성과 후천성이 작용하게 된다.

이러한 인간들의 생존하려는 성질을 큰 틀에서 바라보면 구석기 시대 인간들의 삶은 주로 본능에 의해 이루어지는 비율이 높았다. 그리고 인구가 많아지면서 동물적인 본성이 점점 더 많이 작용하였다.

즉 수렵과 채취 단계 이전의 인간들은 본능적인 생활이 주를 이루었겠지만 동물들을 기르기 시작하고 농경을 하는 시대부터는 사적인 재산이 많아지고 인간들 간에 상호작용을 많이 함으로써 인간들의 본성이 강하게 작용하였다는 것이다.

여기서 말하는 본능은 성욕과 식욕, 수면욕 같은 본능은 물론 인지적인 본능과 심리적인 본능 그리고 결합하고 성장하며 번성하려는 본능까지 포함해서 말하는 것이다.

근대 산업혁명 시대 이후에는 인간들의 타고난 본성이 후천성과 결합하여 작용하는 비율이 높아졌다. 오늘날에는 후천성에 의해 결정되거나 작용하는 것들이 많아졌음을 알 수 있다.

이와 같이 인간들이 사는 세상은 점점 인간적이고 이성적인 방향으로 진행되는 것은 분명하지만 그 깊숙한 곳에서는 인간으로서의 본성인 이기심과 탐욕, 욕망, 욕구충족, 약육강식, 경쟁성, 지키려고 하거나 이기려는 성질 등이 작용하고 있다.

바꾸어 말하면 농경시내 이후 오늘날까지 인간들은 본성이 작용하는 삶이 주를 이루었다. 인간들의 본성이 작용하는 생존의 역사이면서 투쟁의 역사였던 것이다.

이는 음(수동적이고 정태적인)과 양(능동적이고 동태적인)의 성질이 작용하는 상극의 역사였다고도 할 수 있다. 이러한 성질은 반복되기도 하고 복합적으로 작용하기도 한다.

근대 이전의 인간세상은 후천적으로 길러지는 자기절제와 합리적이고 이성적인 사고, 공정성과 타인을 배려하는 마음 등이 규범적으로 작용하지 않은 경우가 많았다. 즉 불공정하고 약육강식과 같은 동물적인 본성이 작용하는 경우가 많았다는 것이다.

앞에서 말한 바와 같이 인간들의 본성은 탐욕성과 이기성, 소유욕과 지배욕, 경쟁성과 욕구를 충족하려는 성질 그리고 이기려는 성질과 지키려는 성질, 약육강식하는 성질 등을 말하는 것으로 후천성과 복합적으로 작용하면서 충돌하게 되고 악한 성질이 작용할 수 있다.

자신의 이익과 관련되거나 자기중심적인 성질들 그리고 소유욕과 이기려는 성질들 간에 충돌하거나 침범하면 싸움을 하게 되고 악한 성질이 작용할 수 있다는 것이다.

반면에 교육과 소통, 법과 제도 등의 후천적인 것들이 영향을 미치면 선한 성질이 작용할 수 있고 질서를 지키는 등 공동체적으로 작용할 수 있다. 본 장에서 말하는 후천성은 가정환경은 물론 교육과 사회, 법과 제도 등에 의해 변화하거나 작용하는 성질을 말한다.

인간들의 본성은 사회와 조직 차원에서 대립하고 갈등을 하면서 싸움을 하는 근본 요인이 되기도 하고 지배하고 착취하는 근본 요인이 되기도 한다. 성장하고 분화하는 등 번성하려고 하는 본능과 함께 작용하기도 한다.

후천성은 상보적이면서 이성적으로 생각과 행동을 하도록 하기도 한다. 타인을 배려하고 협력하며 참고 노력을 하기도 한다. 지식 수준과 인식능력을 향상시키고 감정적으로 작용하기도 한다. 즉 다양한 양상으로 작용한다. 그러므로 오늘날과 같은 공동체 수준으로 분화하였고 진화하는 쪽으로 작용하였다.

앞장에서 말한 바와 같이 인간들의 본성이나 후천성이 작용하는 영역에서는 음의 성질과 양의 성질 그리고 중성의 성질이 작용하게 된다. 이는 상극으로 작용하거나 융합하고 보완하는 작용을 하는 것을 말한다.

상극적으로 작용하면 강한 힘이 약한 힘을 억제하면서 성장을 하고 발전을 하지만 상보적으로 작용하면 융·복합하면서 보완한다. 그러면서 발전하고 진화한다.

위에서 말한 것들은 대립과 갈등을 하고 싸움을 하기도 하지만 공존과 상생, 합의와 통합으로 이어져 성장하고 번영할 수 있음을 의미한다.

인간들의 타고난 본성은 이기적이고 약육강식하려는 성질이 있으므로 약자들을 착취하기가 쉽다. 국가 수준에서 빈부격차가 나타나는 것도 인간들의 본성과 후천성이 복합적으로 작용하는 것에서 근본 원인을 찾을 수 있다.

다른 한편에서는 탐욕성과 이기심 그리고 경쟁성이 후천성과 복합적으로 작용하면 부를 창출하고 과학과 기술을 발달시키기도 한다.

앞에서 인간들의 본성은 동물들의 본질적인 성질이므로 상대적이고 이기적으로 작용한다고 했다. 지키려고 하거나 팽창하려는 성질도 작용하고 이기려는 성질도 작용함으로써 충돌하고 분쟁을 하기도 하며 결합하는 요인으로도 작용한다고 했다.

이러한 본성은 개인 차원에서는 생존하려는 성질로 작용하지만 사회적으로는 개인주의와 자유주의 그리고 자본주의와 같은 이데올로기가 조성되는 근본 요인이 된다.

이러한 인간들의 본능과 본성 그리고 후천성은 복합적으로 작용하거나 연관되어 작용하는 경우가 대부분으로 성장하고 분화하며 수많은 기능을 향상시키는 요인으로 작용한다. 이는 투쟁하고 싸움을 하는 근본 요인이 되기도 하지만 지식을 활용하고 협력을 하면서 질서를 지키는 등 공동체적으로 작용하는 근본요인임을 의미한다.

즉 인간들의 본성이 후천성과 함께 작용하게 되면 가변적인 요인이 되어 사회적으로 또는 공동체적으로 변화하면서 발전해 나아갈 수 있다는 것을 말한다.

이러한 인간들의 본성은 동물들의 본질적인 성질로서 국가와 같은 공동체 차원에서는 국체 차원의 본성이 작용하는 근본 요인이 된다.

나. 인간들의 후천성

인간들은 본래 본능과 본성 그리고 후천성을 갖고 태어남으로 선한 성질과 악한 성질이 작용할 수 있는 요인도 함께 갖고 있다. 음의 성질과 양의 성질 그리고 중성의 성질도 갖고 있다. 이러한 성질들은 국체 속에서 작용하게 된다.

본 장에서 말하는 후천성은 인간들의 본능과 본성을 제외한 후천적으로 작용하는 성질을 말하는 것이다.

이러한 후천성은 국가의 법과 제도, 가정과 사회가 영향을 크게 미치는 것으로 충돌과 결합, 생성과 소멸, 융합과 조화, 접촉과 소통, 노력을 하는 것과 지적인 활동을 하는 것 등 수많은 것들이 해당된다.

예를 들면 후천성에 의한 것은 사상과 이념, 도덕과 윤리, 가치관과 종교, 이성적으로 사고하고 합리성 등이 생겨나는 것이거나 작용하는 것 등 수많은 것들이 해당된다는 것이다.

인간들은 교육과 환경 등 후천적으로 영향을 받으면 본능과 본성을 억제할 수 있고 감소시키거나 증가시킬 수도 있다. 그리고 감정을 억제할 수 있고 지식과 인식능력, 계산능력 등을 향상시킬 수 있다.

바꾸어 말하면 인간은 태어나 자라면서 시각과 청각, 접촉과 대화, 교육과 경험, 사회생활과 종교생활, 수행 등을 통해 인간의 심성과 본성 그리고 감정과 사고능력, 지식 등을 작용시키거나 억제할 수 있고 변화시키거나 향상시킬 수 있다는 것이다.

후천성이 작용하여 진화한 과정을 좀 더 자세히 알아보자.

인간들은 다른 동물들과 달리 수백 만 년 동안 불을 피워놓고 둘러앉아 대화와 생각들을 했다. 그리고 두뇌신경 작용에 의해 손을 사용하면서 두뇌신경 세포들은 불어나 감정과 인식능력을 향상시켰다.

인간들의 인식능력 향상은 새로운 도구를 만들어 수렵과 채취를 하도록 하였고 씨를 뿌리고 가꾸어서 곡식을 수확할 수 있었다. 농경생활을 함으로써 농작물을 저장하게 되었고 정착생활을 하였다. 환경과 조건에 따라서는 유목생활이나 상행위가 주된 생존수단이 되기도 했다.

수렵채취 단계보다 농경생활을 하는 단계에서는 먹을 것이 많아지게 되므로 인구는 증가하였고 인구 증가는 인간들 간에 상호작용 횟수를 많게 하고 다양하게 하였다. 그리고 인간 본성들 간에 충돌하거나 영역문제로 분쟁을 하였고 전쟁을 하였다.

농경생활과 유목생활 그리고 상거래를 하는 사람들이 만나는 곳은 전파되고 통하는 장이 된다. 이러한 장은 다양함이 융·복합될 수 있으므로 고립된 생활을 하는 사람들보다 인식능력을 크게 향상시켰다.

인간들이 삶을 살아가는 데 있어서 조건이 좋고 인구밀도가 높은 곳은 후천성이 활발하게 작용하기 쉬우므로 고립된 사람들보다 문명을 발달시키기가 용이했다.

즉 만나서 대화하고 융합하거나 결합하는 것은 새로운 것을 생기게 하고 인간들의 삶을 향상시키기 쉽게 한다는 것이다. 이 모두가 인간들의 본능과 본성이 후천성과 복합적으로 작용하거나 각각 작용함으로써 생겨났거나 나타났던 것이다.

이와 같이 인간들의 두뇌는 매우 오랜 세월 동안 누적되고 진화하여 오늘날의 수준으로 향상되었다. 이는 고립된 생활보다 여러 사람들이 상호작용을 많이 하는 사회가 진화하기 쉬웠다는 것을 의미한다. 여러 사람들이 모여 사는 사회는 후천성이 활발하게 작용함으로써 생활양식을 진보시키기가 쉬웠고 의식 수준을 향상시키기가 쉬웠다는 것이다.

오늘날 인간들은 본능과 본성이 후천성과 복합적으로 작용하면서 공동체 생활을 한다. 그러므로 오늘날과 같이 다양한 영역으로 분화가 되어 발전하고 진화하였던 것이다. 여기서 말하는 후천성은 지적인 활동을 하고 즐기는 것을 포함한다.

후천성이 작용함에 있어서 접촉과 소통, 시각과 청각, 미각과 후각을 통한 정보입력은 촉매요인이 된다. 촉매작용을 용이하게 하는 것을 오늘날 국가 차원에서 말한다면 교육과 정보, 도시와 환경, 체제의 개방과 통상, 통신기기들의 발달과 경제적 자유, 소통 등이 밀접하게 연관된다고 할 수 있다.

인간들의 본능과 본성은 후천적인 법과 제도에 의해 통제될 수 있기 때문에 국민(또는 인민)들과 조직체들의 생존활동이나 기능은 인간적이거나 공동체적으로 작용하거나 이루어질 수 있다. 이러한 후천성은 환경에 적응하는 성질로서 길러지고 변할 수 있으므로 국체의 양상과 인간들의 삶은 다양한 양상으로 전개되고 질적인 차이가 벌어지게 된다.

예를 들어보자. 선천적으로 물려받은 성격이나 기질 그리고 정신능력은 법과 제도 그리고 교육과 환경, 접촉, 소통, 경험, 노력 등으로 일정 수준 변하거나 길러질 수 있다는 것을 알 수 있다. 이는 생존하는 방식이나 습관, 성격과 적성이 환경에 따라 변할 수 있음을 의미한다.

후천성에 의해 가변적으로 변하는 예를 들어보자.

유아나 청소년들은 어떠한 사건을 접하느냐에 따라 또는 환경에 따라 인생이 달라지듯이 국민(또는 인민)들 개개인은 어떤 그룹이나 어떠한 사회 또는 어느 국가에 속해 있느냐에 따라 다르게 되고 차이가 벌어지게 된다.

인간들은 환경에 따라 후천성이 다양하게 작용하므로 의식 수준과 정신적인 능력이 차이가 나게 된다. 국가와 같은 공동체의 질적인 수준 또한 마찬가지로 다양한 양상으로 나타나게 된다.

이러한 후천성은 환경에 적응하고 변화하는 성질로서 본성과 함께 작용하면 학습과 모방을 적극적이고 집중적으로 하도록 한다. 학습과 모방한 것들은 전염되므로 다른 사람이나 다른 지역으로 퍼져 나아가게 된다.

즉 사회적으로 진보된 가치나 선진 문물은 낙후된 지역으로 퍼지게 된다. 그리고 그곳 사람들의 의식 수준을 향상시키게 된다. 이는 인간들의 생존하려는 성질로 인해 학습하고 모방하며 전염됨을 의미한다.

후천성이 작용함에 있어서 촉매와 같은 역할을 하는 것은 인간들의 두뇌에 정보가 입력되는 것과 소통이 대표적이다.

인간들의 본성이 후천성과 복합적으로 작용하면서 사람들 간에 또는 조직들 간에 소통을 하면서 융합하면 지식이 향상되기 쉽고 새로운 것을 생기게 하거나 번성하기가 쉽다. 이는 변화시키고 새로움을 창출하면서 번성할 수 있는 요인으로 작용할 수 있음을 의미한다.

후천성에 의한 작용도 반복하면 습성화되어 굳어지는 성질이 있고 자신에게 이익이 되는 쪽으로 또는 좋아하는 쪽으로 작용하는 성질이 있다.

이러한 후천성은 문화가 충돌할 때 변화가 가장 크다. 문화적 충돌은 정체성과 알고 있는 지식, 본성과 생각 그리고 성질 등이 충돌하고 융합하는 것을 말하는 것으로 다양한 양상으로 진행된다. 문화적 충돌은 남한과 북한을 비교해 보면 금방 알 수 있다.

산업의 발전과 경제적인 풍요 그리고 과학기술을 향상시키려면 후천성이 본성과 복합적으로 작용할 때 이루어지기 쉬우므로 국체의 하부구조에서 국민(또는 인민)들의 타고난 본성이 일정한 룰 안에서 활발하게 작용하도록 해야 한다.

여기서 말하는 국체는 '국가라는 생체적인 조직체'를 말하고 하부구조는 국가라는 생체적인 조직체에서 국민(또는 인민) 수준과 조직수준(공공조직은 제외)을 말한다.

탐욕성과 이기성, 소유욕과 싸움에서 이기고 지배하려는 인간의 본성을 후천적인 법과 제도로 적절하게 통제하지 못하면 사회적으로나 국가적으로 비합리적이고 인권을 유린하는 행태들이 나타나기 쉽다.

그렇기 때문에 인간들의 본능과 본성이 강하게 작용하는 사회에서는 반드시 후천성에 의해 제어되거나 통제되어야 한다. 바꾸어 말하면 국가 수준의 공동체에서는 법 규범에 의해 국가권력이 작용하여야 질서를 지키면서 평화롭게 살 수 있다는 것이다.

후천성이 작용하여 습성화된 것은 후대로 전승되므로 후대 사람들은 기질 등으로 나타나게 된다. 개인의 기질과 두뇌의 질적 수준 그리고 소질과 질병의 유발요인 등이 다음 세대로 이어진다는 것은 유전자의 작용 때문이다.

이러한 유전성은 음(여)과 양(남)의 생물적인 특성이나 성질이 융·복합하면서 그리고 인간들의 후천성(여기에는 환경도 포함됨)과 융·복합적으로 작용하면서 조금씩 변화하게 된다. 여기서 말하는 유전적인 성질은 인체뿐만 아니라 국가라는 생체적인 조직체에서도 작용한다.

예를 들어보자. 일본 사람들은 도쿠가와 막부를 지나 메이지정부가 수립될 때까지 무인세력들 간에 생존투쟁이 극심했기 때문에 위기의식이 강하고 무(武)를 숭상했다. 그리고 일사불란하게 뭉쳐야 살아남을 수 있었다. 이러한 기질은 자유민주주의 가치들이 작용한 지 70년이 지났지만 여전히 남아있다.

즉 오늘날 일본인들은 사회 또는 정치적인 분위기가 형성되면 누가 시키지 않아도 핵심 권력을 향하여 일사불란하게 뭉치고 위기의식이 강하다는 것이다. 그리고 힘의 논리에 순응하면서 무력(또는 힘)을 중시하는 정체성이 아직도 남아 있고 중화인민공화국의 지도층들은 대국주의 사상과 중화사상이 남아 있다고 할 수 있다.

후천성은 본능이나 본성과 융·복합적으로 작용하여 새로움을 잉태하고 환경에 적응해 나아갈 수 있게 된다. 그러므로 시대에 맞는 조직들을 조직하여 체계를 세우고 체계에서는 시대적 환경에 부합하는 수많은 특성과 성질들이 작용하고 기능들이 이루어지게 된다.

국가 차원에서는 시대에 맞게 체제를 개혁하는 등 향상시켜 나아갈 수 있게 된다. 그러므로 인간들은 오늘날과 같은 자유·민주적인 정치체제를 구축할 수 있었고 법을 개정하는 등 제도를 바꾸어 나갈 수 있었던 것이다.

바꾸어 말하면 인간들은 본능과 본성 그리고 후천성이 작용하므로 국가 차원에서도 체계를 세우고 체계에 따른 기능들이 행해지면서 발전하고 진화하면서 오늘날로 이어졌던 것이다.

국가 수준에서 특정 사상이나 특정 이념에 세뇌된 사람들이 국가권력을 장악하면 인간들의 본성이 억제되는 체제가 구축될 수 있다. 하지만 특정 사상이나 집단의 기속에서 벗어나면 인간들의 본성이 일정한 룰 안에서 활성화되는 체제가 구축될 수 있다.

인간들의 본성을 억제하는 체제는 폐쇄적이거나 세뇌된 것으로서 다른 가치들이나 다른 체제를 배척한다. 즉 국체가 세뇌에 의해 중독이 심하면 국민(또는 인민)들은 물론 국가 지도층 사람들까지 사상이나 이념이 다른 사람들을 그리고 다른 국가들을 배척하게 된다는 것이다.

후천성 중 중독성이 강한 공산주의 사상이나 종교를 믿을 때는 믿음의 자유가 보장되는 등 인간들의 본성과 후천성이 분화되어야 하고 다양성도 작용토록 해야 한다. 왜냐하면 국민(또는 인민)들의 두뇌는 생체 컴퓨터이기 때문에 세뇌되고 중독이 되기 때문이다.

이러한 후천성은 국체 차원에서 전 시대의 사상과 역사에 대한 인식, 지도급 인사들의 두뇌에 각인된 정치와 경제사상, 국내외의 환경이나 사건 그리고 조건에 영향을 받게 된다.

그러므로 자유·민주적인 정치체제와 중화인민공화국과 같이 공산당에 의한 피라미드 형태의 통치체제가 구축될 수 있었던 것이다. 이들 체제는 체제상의 장단점이나 효율이 상이하지만 모두가 국체 차원의 본성과 후천성이 작용한다.

그러니까 본성과 후천성은 국민(또는 인민) 수준에서의 개체들과 조직체들 그리고 국가 수준에서도 작용한다는 것이다. 이러한 후천성은 본능이나 본성과 융·복합적으로 작용하기도 하고 후천성만 작용하기도 한다.

국민(또는 인민)들의 타고난 본성이 종교와 도덕, 특정 사상이나 특정 이념으로부터 분화가 되지 않으면 국체의 후천성은 잘못된 제도로 나타나기 쉽다.

예를 들면 국가 차원에서의 후천성은 국가권력과 종교가 일체 작용하는 것으로 나타날 수 있고 관료주의로도 나타날 수 있다. 그리고 이념적이고 이상적인 학문을 인간 삶의 최고 가치나 목표로 삼기도 한다.

그러나 인간들의 타고난 본성이 억제되는 기속된 체계에서 분화되어 작용하면 사회적으로 개인주의와 자유주의, 자본주의 같은 이데올로기가 생겨날 수 있다.

인간들의 후천성은 인간들 두뇌의 질적인 수준을 향상시키는 성질이 있으므로 과학기술 등이 향상되거나 발전하게 된다. 과학기술의 발달은 초기에는 직업을 다양하고 번성하게 하지만 4차 산업과 같이 고도로 발달하면 오히려 사람들의 일을 인공지능이나 컴퓨터, 로봇 등이 하게 된다.

바꾸어 말하면 인간들의 후천성은 인간들의 본능으로 생겨나는 자연조직체인 가정을 줄어들게 할 수 있고 인구가 감소하는 요인으로 작용할 수 있다. 인간들의 본성인 탐욕성이 근로가 아닌 두뇌의 작용에 의해 이루어짐으로 빈부격차가 더 크게 벌어질 수도 있다.

인간들의 본성과 본성에 따른 후천성이 작용하여 특성별로 분화가 되었던 근대 유럽과 분화가 되지 않았던 근대 조선의 예를 들어 보자.

유럽에서는 중세 말부터 인간들의 타고난 본성이 기존의 체제인 농노제와 기사계급 등 봉건제가 무너지기 시작하면서 그리고 기독교의 기속에서 벗어나기 시작하면서 분화가 되었다.

좀 더 자세히 말하면 중세 말 이후 유럽은 여러 전쟁을 하면서 수많은 기사들이 죽었고 흑사병이 창궐하면서 인구가 감소하는 등 기존의 체제와 체계가 붕괴되었다. 그러면서 분화가 이루어졌던 것이다.

이러한 분화는 교통요지나 성곽 주변에 도시들이 생겨나도록 했다. 이렇게 해서 생겨난 도시의 시민들은 자유가 있었으며 탐욕성이 작용하는 경제활동을 자유롭게 할 수 있었으므로 평등한 가운데 능력 위주의 사회가 이루어졌던 것이다.

하지만 근대 중국과 한국의 근대 조선은 유교의 생활화가 지속되었고 관료주의와 도가사상, 사농공상의 신분체계가 작용하는 전통적인 농촌사회 체제가 근대 말까지 지속되었던 것이다.

동양의 근대 왕조국가(일본은 제외)들은 이러한 체제와 체계에서 백성들의 타고난 본성과 본성에 따른 후천성이 분화가 되지 않아 진화와 발전측면에서 근대 유럽과 달랐던 것이다.

지금까지 이야기한 후천성은 인간들 두뇌의 질적인(특히 사고영역과 감정영역) 수준을 향상시킨다. 그리고 가변적이고 다양한 양상으로 진행되는 성질이 있다. 본성과 후천성이 결합하여 작용하면 기술과 지식 등이 향상되는 속도를 빠르게 한다. 인간들의 본능이나 본성을 억제하기도 한다.

이러한 후천성은 공동체적인 수많은 것들을 향상시키는 성질도 있다. 그러므로 국가 수준에서도 성장하고 분화시키며 향상시키고 진화하는 주된 요인인 것이다.

3

인간들은 조직하고 분화하는 등 번성하려는 본능이 있다

앞장에서 인간들의 생존하려는 성질(본능과 본성, 후천성)은 번성하려는 쪽으로 작용하므로 각종 조직들을 조직하는 등 국가와 같은 공동체 조직을 조직할 수 있고 운영할 수 있게 된다고 했다.

예를 들어보자. 인간들은 본능이 주된 요인으로 작용하면서 본성과 후천성도 영향을 미쳐 가정이라는 자연조직체는 탄생된다. 가정과 같은 자연조직체들은 불어나 씨족사회가 형성되고 부족사회로 이어진다. 부족사회는 고대국가로 발전했고 고대국가는 중세의 국가들로 이어졌다.

이렇게 인간들이 사는 사회는 번성하면서 진화하였기에 오늘날과 같은 국가라는 공동체 조직은 존재하는 것이다.

오늘날 국가는 고대국가나 근대 국가보다 분화가 많이 되었으므로 자연조직체인 가정과 종교조직체들이 많아졌고 공공조직들과 영리조직체들도 많아졌다. 그리고 사발적 결사체 조직 등 수많은 조직체들까지 존재하는 것이다.

이러한 조직체들이 각각 체계를 세우면서 체계성이 작용하여 성장하고 분화해 나아가는 하나의 예를 들어보자.

성인 남성과 성인 여성이 결혼을 하면 자녀들을 낳게 된다. 자녀들도 성장하면 결혼을 하여 자녀들을 낳으므로 할아버지와 할머니, 아버지와 어머니, 손자와 손녀로 가족의 체계는 세워진다.

가족들 간에는 정과 위하는 마음, 위계질서와 같은 특성과 가치 그리고 개념과 요인 등이 작용하거나 사용된다. 이와 같이 인간들은 조직 구성력이 있다. 그리고 체계를 세우고 체계에서는 특성이나 성질이 작용하고 기능들이 이루어지면서 성장하고 분화하는 본능을 갖고 있다.

마치 인체에서 세포들이 생장, 분열하는 것과 유사하게 인간들도 생존영역에서 각종 조직들을 조직한 후 체계를 세우고 체계에서는 특성이나 성질이 작용하고 기능들이 이루어지면서 분화하고 번성한다는 것이다.

그러므로 인간들은 국민들 또는 인민들 개개인 수준에서 → 조직 수준 → 기관과 계 수준 → 두뇌신경계로 국가라는 조직체의 체계를 세우게 되었고 이러한 체계 속에서는 다양한 특성이 작용하여 분화하고 여러 가치들이나 개념들을 사용하는 기능들이 이루어지게 된다. (제2장 참조)

즉 인간들은 본능과 본성 그리고 후천성이 작용하여 각종 조직들을 조직하는 등 체계를 세우면서 그에 따른 기능을 하는 본능이 있다. 그러므로 인간들은 오늘날과 같은 사회를 이룰 수 있었고 나아가 국가라는 공동체까지 조직할 수 있었던 것이다.

인간들의 본능과 본성 그리고 후천성은 조직하고 번성하려는 쪽으로 그리고 다양한 양상으로 진행되었으므로 오늘날에는 정치와 경제, 복지와 교육, 국방과 과학기술, 종교와 예술 등으로 분화가 되었고 오늘날 수준의 법률이 제정되어 이에 따른 국가권력을 행사하게 되는 것이다.

바꾸어 말하면 인간들은 조직하면서 번성하려는 본능이 있으므로 오늘날과 같은 국가 수준의 공동체를 이룰 수 있었던 것이다. 여기서 말하는 공동체는 생명체인 인간들이 국가 수준의 조직체까지 조직하고 기능이나 생존 등의 작용을 끊임없이 하는 생체적인 조직체를 말한다.

국민(또는 인민)들이 조직하거나 분화하여 다양한 조직체들이 생겨나는 등 국체 속에서 상호작용하는 것들은 체제와 법과 제도, 경제력과 생활 수준에 따라 차이가 난다. 그러니까 선진국과 중진국 그리고 후진국들은 조직체들의 다양함과 숫자에 있어서 차이가 난다는 것이다.

예를 들어보자. 자유·민주적인 정치체제를 유지하고 있는 선진국들은 사적인 기업 등 영리조직체들이 많지만 후진국들은 적다는 것을 알 수 있다. 후진국들은 자발적 결사체 조직들이 없거나 다양하지 않다는 것도 알 수 있다.

북한과 같이 인민들의 타고난 본성과 후천성을 공산주의 사상에 의해 통제하거나 억제하는 것도 다양한 조직체들을 없게 한다. 생체적인 공동체의 생존 이치에 부합하지 않는다는 것을 알 수 있다.

오늘날 국가들의 구조적인 체계를 생물적인 측면에서 바라보면 국민(또는 인민) 수준, 조직 수준, 기관 수준, 계 수준으로 세워졌다는 것을 알 수 있고 최상위에서는 법과 제도에 의한 국가권력이 주재하며 지배하고 있는 것도 알 수 있다.

바꾸어 말하면 국가 속에서는 국민(또는 인민)들의 생존하려는 성질들이 근본 요인으로 작용하여 다양한 특성이나 추구하는 가치들이 작용하면서 체계를 세우고 체계성이 작용한다는 것이다.

이러한 국가를 생물적인 측면에서 보면 국민들의 생존하려는 성질이 작용하여 성장하고 분화하면서 다양한 특성이나 요인, 추구하는 가치들이 작용하는 등 끊임없이 상호작용을 하는 공동체 또는 생체적인 조직체라 할 수 있다.

제2장

국체의 구조에 따른 개념과 기능 등

국가라는 공동체도 인체와 같이
국민들, 조직체들, 기관들, 두뇌신경계로 체계가 세워진다.
체계 각 부분에서는 그에 따른 성질들이 작용하는 기능이 이루어진다.
체계에서 구성원들과 조직체들 그리고 부분들은
효율과 비효율이 나타나고
목적 등에 따라 기능을 하게 된다.

앞장에서 인간들의 본능과 본성 그리고 후천성은 인간이라는 생명체의 타고난 성질로서 사회적으로 또는 번성하는 쪽으로 작용하므로 사회를 이룰 수 있었고 국가를 존립시킬 수 있었다고 했다.

이러한 인간들은 대뇌와 소뇌, 해마와 편도체 영역이 진화하면서 사고능력을 향상시켰고 느끼거나 즐기는 등의 감정영역도 발달하여 오늘날에 이르렀다.

이러한 인간들은 위에서 말한 성질들이 작용하여 생존활동을 하면서 조직하는 등 체계를 세우며 성장했다. 그러므로 사회가 이루어졌고 오늘날과 같은 국가 수준의 공동체가 조직되었다.

인간들이 생존과 영역 차원에서 조직한 국가라는 조직체는 국민(또는 인민)들로 이루어졌고 조직체계로 되어 있다. 즉 국체의 구조적인 체계는 국민(또는 인민)들 개개인에서 → 조직들 → 기관들·계 → 두뇌신경계로 세워졌다는 것이다.

이러한 체계 각 단계들은 유기적으로 연관되어 작용을 한다. 바꾸어 말하면 국민(또는 인민)들과 조직체들 그리고 기관과 계 각각의 수준이나 그 속에 속하는 개체들은 국체의 부분으로서 밀접하게 연관되어 작용을 한다는 것이다.

국가 수준에서 국민(또는 인민)들과 조직체들은 소속된 곳에 기속되어 기능을 하는 속성이 있다. 즉 국민(또는 인민)들은 소속된 조직이나 기관 등에 그리고 조직들은 소속된 그룹이나 기관 등의 특성이나 목적에 따라 기능을 한다는 것이다.

인간들의 생존하려는 성질에 의해 구성되거나 조직된 조직체들도 생존하려는 성질이 작용하므로 체계가 세워져 기능을 하게 되고 두뇌신경 기능도 하게 된다. 즉 조직체들은 조직 차원의 생존하려는 성질과 가치 그리고 요인 등이 작용하여 분화하고 성장을 한다는 것이다.

사 조직체들은 이기적이고 탐욕적인 그리고 생존적인 성질이 강하게 작용한다면 공공조직체들은 공동체적 가치를 추구하고 목적을 달성코자 한다. 그러므로 사 조직체들과 공공 조직체들은 기능이나 목적 등이 다르다. 기관 수준 또한 마찬가지다.

사적인 기관들은 특성에 따라 생기거나 영리조직체들이 성장하고 분화함으로써 생겨난다. 공적인 기관들은 공적인 필요에 의해 특성별로 생겨난다. 기관들도 통제할 수 있거나 주관하는 두뇌신경이 작용하고 체계가 세워진다. 그리고 체계에서는 성질과 요인 그리고 규범이나 룰 등이 작용하는 기능을 하게 된다.

국체에서 계 수준은 기능적으로 또는 특성이나 목적 등에 따라 계통이 이루어지고 영역이 존재한다. 계 수준에서의 기능별 분화 또한 기관 수준과 마찬가지로 세분화되는 경우가 많다.

국체의 계 수준은 여러 영역이 존재하지만 최상위에서 두뇌신경계가 국가 전체를 주재하고 통치하는 기능을 함으로써 국가는 존립할 수 있고 유지된다. 외부 환경에 내해 국체는 국체 차원의 본성과 후천성이 작용하게 된다.

위에서 설명한 바와 같이 국가 안에서는 국민들 개개인과 조직체들의 생존 작용이나 기능, 공공기관과 계의 기능들이 이루어진다. 이는 국민들의 생존하려는 성질이 작용하는 것과 조직체 등의 기능이 법과 제도 안에서 작용하거나 이루어지고 국가권력의 지배를 받게 됨을 의미한다.

즉 국민(또는 인민)들과 조직체들의 존재와 생존활동, 상호작용과 분쟁 그리고 공공기관 등의 기능은 법과 제도에 따라 국가권력이 주재하고 지배하는 범주 내에서 이루어진다는 것이다.

결국 국체의 구조에 따른 기능은 국가라는 공동체를 유지·발전시키는 쪽으로 작용하지만 분쟁이나 전쟁을 하면 정체되거나 파괴될 수도 있다.

이는 국민(또는 인민)들의 생존하려는 성질이 작용하여 국가 수준의 조직체에서까지 체계를 세우고 체계에서는 다양한 특성이 작용하여 유지하거나 분화하는 등의 기능들이 이루어지는 것을 말한다.

아래에서는 영토, 국민(또는 인민) 수준 → 조직 수준 → 기관 수준 → 두뇌신경계로 체계를 세우고 특성이나 성질이 작용하고 개념과 기능 등이 사용되거나 이루어지는 것을 알아볼 것이다.

1

영토와 영역

가. 영토

일반적으로 국민(또는 인민)들과 영토, 주권은 국가가 성립하기 위한 필수요소라고 한다. 여기서 말하는 영토는 육지와 해양, 창공을 포함하는 것으로 주권이 미치는 영역을 말한다.

국가에서 영토는 지배적이기 때문에 타국에 대하여 배타적인 권리를 주장할 수 있다. 그리고 에너지를 발굴하거나 식량을 생산하고 국민(또는 인민)들이 살아갈 수 있도록 한다. 즉 영토는 국민(또는 인민)들이 삶을 살아가는 데 있어서 식물과 토양의 관계와 같다고 할 수 있다.

영토 내에 있는 토양은 국민(또는 인민)들이 살아가는 데 있어서 매우 중요하므로 참고로 알아볼 필요가 있다.

토양은 광물 입자들과 유기물들의 혼합물로서 물과 기후, 햇빛에 의해 융합작용을 함으로써 이온화 삭용이 이루어지고 물을 순화시킬 수 있다. 그러므로 식물들은 살 수 있게 된다. 이러한 토양은 대기 중의 이산화탄소와 산소 등 기체들의 순환과도 밀접하게 연관된다.

　토양과 큰 암석은 역학적 풍화작용과 화학적 작용함에 있어서 중력과 햇빛, 빗물과 기후의 영향을 크게 받는다. 이러한 토양은 광물 입자들과 유기물질들로 구성되어 있다. 토양에 포함되어 있는 유기물들은 식물과 동물들의 부패로부터 유래한 것이 대부분이다.

　이러한 토양은 화학적 성질과 물리적 성질로 나누어 볼 수 있다. 물리적 성질은 토양 입자의 크기에 따라 다양하게 나누어진다. 화학적 성질은 식물에 필요한 양분을 공급할 수 있도록 한다.

　토양의 화학적 성질과 물리적 성질은 토양 내 미생물들을 조절할 수 있고 수질오염을 정화하는 역할을 한다. 그러므로 국민(또는 인민)들은 쾌적한 자연환경 속에서 살아갈 수 있는 것이다.

　토양의 특성은 토양 입자의 성분이 무엇으로 구성되어 있는가와 어떤 종류의 유기물을 얼마나 많이 포함하고 있는가에 따라 결정된다.

　학계에서는 토양을 현세토양, 역전토양, 유년토양, 건조토양, 연조토양, 재토양, Al·Fe토양, 최후토양, 산화토양, 유기질토양으로 분류하고 있다.

　이와 같은 토양은 식물들과 수목들을 자랄 수 있게 하고 국민(또는 인민)들의 의식주를 제공하는 토대가 된다. 그리고 국민(또는 인민)들이 사용하는 원자재를 공급함으로써 각종 산업이 번창할 수 있도록 한다.

　결국 토양은 물을 정화하고 저장하며 공기를 맑게 하는 등 국민(또는 인민)들과 동식물들이 살아갈 수 있도록 하므로 매우 중요하다고 할 수 있다.

나. 영역

본 장에서 말하는 영역은 국체의 생존하기 위한 성질이 작용하는 범위나 영향력이 미치는 범위를 말하므로 앞장에서 말한 영토와는 차원이 다르다. 앞에서 말하는 영토는 물질적이고 공간적이면서 확정적이라면 본 장에서 말하는 영역은 반 물질적인 것으로서 가치적이거나 정신적인 경우가 대부분이다.

이러한 영역은 생존능력에 따라 확대되거나 축소될 수 있으므로 가변적이다. 영토는 크기로 표시할 수 있지만 영역은 범위로 또는 보이지 않게 설정되는 경우가 많다. 영토는 2차원, 3차원이지만 영역은 4차원의 세계를 초월하는 것들이 많다.

영역을 설정하는 주체는 국민(또는 인민)들과 조직체들뿐만 아니라 두뇌신경 역할을 하는 구성원들이나 국가 최고지도자도 해당한다. 개개인의 생존영역은 물론 국체가 생존 작용함에 있어서도 영역이 있다는 것이다.

예를 들어보자. 청소년들은 성장하면서 정신영역은 넓어지고 확대된다. 여기서 말하는 영역은 생존하려는 성질과 정신작용에 의해 생기는 영역 그리고 물질적으로 설정된 영역들도 포함된다.

유아기나 청소년기의 정신영역은 장년기나 노년기의 정신영역과 차이가 난다. 어른과 아이들의 정신영역을 예로 들어보자.

엄마와 아빠가 다섯 살과 일곱 살 된 자녀들을 데리고 깊은 산속에서 계곡의 물과 산세 그리고 나무들을 보면서 자연의 아름다움에 흠뻑 빠져 이를 말하고 있을 때 자녀들은 이런 자연의 아름다움을 전혀 느끼지 못한다. 이는 어른과 아이들의 정신영역이 차이가 나기 때문이다.

조직체들도 영역이 있다. 예를 들면 영리조직체들은 역량에 따라 일정한 지역이나 국가를 벗어나 전 세계적으로 활동영역을 넓혀가는 것을 보면 알 수 있다. 다른 조직체들 또한 활동영역이 있다.

이와 같이 국가 내에는 수많은 영역들이 존재한다. 그리고 국가는 다른 국가들과 상호작용을 하는 영역이 존재한다. 여기서 말하는 영역은 다른 국가들과 겹칠 수 있고 경쟁이 일어나는 현장이 될 수도 있다. 왜냐하면 생존하려는 성질이 작용하는 것과 지적인 활동을 하는 유·무형의 범위이기 때문이다.

과학과 기술영역에서 우위를 점함으로써 새로운 일자리를 창출하고 국가 경쟁력을 강하게 한 예를 들어 보자.

2010년을 전후로 미국은 과학과 기술, 자본 등이 복합적으로 작용하여 셰일가스를 채굴하기 시작했다. 미국의 셰일가스 개발은 자국의 산업 경쟁력을 강화시키면서 군사 대국인 러시아의 군사패권을 약하게 한다. 그리고 중동 산유국들의 석유 무기화 조치를 약화시키게 된다.

근대 일본을 예로 들어보자.

근대 일본은 사무라이 정신(또는 일본식 무사도 정신)에 중독된 상태에서 포르투갈 상인으로부터 조총기술을 전수받았고 이어서 네덜란드 상인들과 교역을 하면서 영주와 상인, 선각자들의 정신영역은 동남아시아를 넘어 유럽 국가들까지 넓어질 수 있었다.

근대 일본은 유럽의 대항해시대 국가들과 러시아를 통하여 새로운 사실을 알거나 여러 소식들을 접하면서 그들의 정신영역은 중국을 뛰어넘어 유럽세력들에게까지 넓어질 수 있었다. 그랬기에 근대 일본은 새로운 체제로의 개혁을 할 수 있었던 것이다.

이와 같이 과학과 기술 등 다양한 분야에서 경쟁우위를 점하거나 정신영역이 넓은 국가들은 국력이 강해지기가 쉽다는 것을 알 수 있다.

국가 내에서 영역이 생겨날 공간은 무수히 많다. 즉 과학과 기술이 문화와 예술과 융합하고 전통문화와 1차 산업이 첨단산업과 융·복합하면 새로운 영역이 생겨날 가능성은 매우 높다 할 수 있다.

한 국가의 영역은 극미 수준이든 극대 수준이든 아니면 과학적이든 기술적이든 영역을 많이 그리고 넓게 확보할수록 국력이 강한 국가라 할 수 있다.

예를 들면 다양한 영역에서 확고한 우위를 점하는 것과 영토의 크기 그리고 적정한 인구가 있을 때 강대국이 되기 쉽다는 것이다. 그리고 선진국이 될수록 소프트 영역은 분화가 많이 되어 다양한 영역들을 확보한다고 말할 수 있다.

다른 한편으로는 이러한 말을 할 수도 있다. 개인은 정신적 시야가 넓으냐 아니면 좁으냐에 따라 개인의 능력이 발휘될 수 있는 가능성이 달라지듯이 국가의 지도급 인사들 또한 정신적 시야가 넓으냐 아니면 좁으냐에 따라 국가의 발전 가능성과 영역의 크기는 달라진다고 말할 수 있다.

지금까지 이야기한 영역은 국가의 체제와 체계성, 국민(또는 인민)들의 본성과 후천성의 분화, 법과 제도에 따른 환경에 따라 달라지거나 차이가 난다.

2

국민(또는 인민) 수준

가. 생물 측면에서 본 국민(또는 인민)

국가의 구성요소인 국민(또는 인민)들은 제1장에서 설명한 바와 같이 인간으로서의 본능과 본성 그리고 후천성이 작용하여 삶을 살아간다. 이러한 국민(또는 인민)들은 국체를 구성하는 기본단위인 동시에 조직하고 분화시키며 체계를 세우고 성장하는 그리고 국가를 운영하는 근본 요인인 것이다.

국민(또는 인민)들을 생물 측면에서 보면 국가라는 공동체의 구성요소로서 생장, 증식, 분화, 대사작용을 하는 주체나 개체가 된다. 좀 더 구체적으로 말하면 국민(또는 인민)들은 본능과 본성 그리고 후천성이 작용하므로 조직들을 조직하는 등 분화하고 경제활동과 정신적인 활동을 하면서 국가라는 공동체까지 조직하고 운영한다는 것이다.

국민(또는 인민)들 개개인은 인간으로서의 본성이 작용하므로 자기중심적이고 이기적으로 행동을 한다. 그리고 탐욕스러운 마음이 생기고 경쟁을 한다. 자유롭게 행동하려 하고 욕구를 충족시키고자 한다.

한편으로는 후천성이 본능과 함께 작용하여 결합하고 상호작용을 한다. 지적인 활동을 하고 즐기기도 한다. 노력을 한다. 이성적인 행동을 할 수 있고 질서를 지키게 된다. 그러면서 국가라는 공동체에 기여한다.

이러한 인간들은 성격과 성질, 생각과 가치관 등이 달라서 충돌할 경우 상대방과 의견이 대립될 수 있고 싸움을 하기도 한다. 하지만 생각과 믿음, 가치관과 성격이 같거나 호혜적이면 화목하게 지내기도 한다.

국민(또는 인민)들은 자신의 생존에 유리한 방향으로 행동을 하면서 변하는 환경에 적응해야 하는 생명체이다. 그러므로 생존하는 방식이나 대처하는 방식도 상황에 따라 달라지는 것이 정상이다.

국민(또는 인민)들은 두뇌신경이 작용하므로 두뇌활동을 하게 된다. 여기서 말하는 두뇌신경은 생명체로서의 컴퓨터이므로 두뇌에 입력되는 갖가지 정보나 교육 그리고 경험과 환경 등에 따라 달라지고 질적인 차이가 나게 된다. 즉 인간들의 두뇌신경은 유전성과 중력의 영향을 받아 설계되지만 후천적인 요인도 영향을 미친다는 것이다.

거듭 말하지만 국민(또는 인민)들은 생체 컴퓨터인 두뇌신경이 작용하므로 기억과 인식은 물론 논리적인 사고와 학습, 모방을 하고 창의성을 발휘할 수 있다.

이러한 두뇌신경 작용은 향상되기도 하고 축적될 수 있는 것으로 세뇌와 중독이 될 수 있다. 전염을 시킬 수도 있다. 경험은 누적되어 향상될 수 있고 내성도 생길 수 있으며 다양한 양상으로 진행된다.

국민(또는 인민)들 개개인은 생각을 하고 말과 행동을 한다. 생각과 말 그리고 행동이 누적되면 습관으로 이어지고 습관은 성격을 형성하거나 운명으로 이어지기 쉽다. 그리고 성질과 기질은 인체의 DNA를 통하여 다음 세대로 이어진다.

국민(또는 인민)들 상호 간에는 반목을 하기도 하지만 협력하고 뭉치는 성질이 있다. 이러한 국민(또는 인민)들은 개성이 천차만별하고 성품과 자질이 후천적으로 길러질 수 있다. 그러므로 정신능력이 차이가 날 수 있는 국가 구성원인 것이다.

국민(또는 인민)들의 생존활동은 국가 수준에서 국체의 두뇌신경 기능이라 할 수 있는 법과 국가권력에 의해 지배를 받게 된다. 즉 국민(또는 인민)들 개개인의 행위나 조직체들의 행위는 국가 수준에서 법에 의한 국가권력의 지배를 받고 제도의 범주 내에서 이루어진다는 것이다.

바꾸어 말하면 국민(또는 인민)들이 조직체의 구성원이 되면 조직체의 두뇌신경 지배를 받고 기관에 속해 있으면 기관의 지배를 받지만 국가 차원에서는 국민(또는 인민)들뿐만 아니라 조직체들과 기관, 계의 기능들은 법과 국가권력의 지배를 받게 된다는 것이다.

태양은 자기적인 성질을 잡아주는 중심적 역할을 하고 양자들을 발산함으로써 양의 성질이 작용한다. 지구와 달은 전자기의 성질을 내포한 물질 덩어리로서 음의 성질이 작용함으로써 운행하게 된다. 마치 원자 속에서 전자(-)가 양성자(+) 주위를 돌듯이 말이다.

이러한 환경 속에서 살아가는 국민(또는 인민)들은 생·화학 유기물인 원자로 이루어져 있으므로 팽창하고 활동적인 양의 성질과 수축하거나 휴식과 같은 음의 성질에 순응해야 정상이다.

그러므로 낮에는 활동을 하고 밤에는 잠을 자야 한다. 그리고 남녀가 결혼을 하여 가정을 이루고 자녀들을 낳고 기르는 것은 음양의 이치와 인간이라는 생명체의 생존이치에 부합하는 것이다.

나아가 국민(또는 인민)들이 각종 조직체들을 조직하고 체계를 세우며 기능을 하는 것과 국가라는 공동체를 조직하고 운영하는 것도 인간이라는 생명체의 생존이치에 부합하는 것이다.

두뇌 편에서 말하는 바와 같이 국민(또는 인민)들은 프로그램이 내장되어 있는 두뇌에서 생·화학의 이온화된 전기가 통하므로 생각할수 있고 지식을 쌓을 수 있다. 그리고 정신을 통일 시켜 몰입하는 과정이 이어지면 영감을 얻을 수 있고 영적인 체험도 할 수 있다.

인간들은 누구나 일심으로 믿고 정신을 통일시키는 과정을 오랫동안 반복하여 심화되면 체질과 두뇌신경의 질에 따라 신(또는 반물질의 영역)의 영역과 통하여 과거와 미래의 이미지나 현상을 볼 수있다. 그리고 두뇌의 질에 따라 신들린 체험도 할 수 있다(우주 물리학자들은 우주의 모든 것이 물질과 반물질로 이루어졌다고 함).

이러한 국민(또는 인민)들은 개체적으로 나약하지만 끈질기고 강인한 존재다. 그리고 국민(또는 인민)들 개개인은 국체에서 식물의 뿌리와 같은 특성이 작용한다. 무슨 말이냐면 국체에서 국민(또는 인민)들은 인체에서 세포들이 끊임없이 생겨나고 분화하면서 증식해 나아가는 것과 유사하다는 것이다.

국민(또는 인민)들이 인간으로서의 본능과 본성 그리고 후천성이 작용하여 성장하고 분화하며 진화해 나아가는 체계는 개체 수준에서 조직 수준 → 기관 → 계 수준으로 진행된다.

나. 생물 측면에서 본 국민들의 인체

지구상에서 생명작용을 하는 일부 종을 분류하면 동물과 식물, 미생물로 분류할 수 있다. 동물은 포유류와 파충류, 어류, 곤충류, 양서류, 절지동물류, 연체동물류, 환형동물류, 조류로 분류된다.

인간은 포유류 중에서 영장류에 속하는데 영장류 중에서 현생 인간만이 몸무게에 비하여 가장 큰 뇌를 가지고 있다. 이러한 인간은 오랜 세월 동안 도구를 사용하고 소통하면서 두뇌 수준이 매우 진화하였다. 오늘날 인간들은 정교한 문자와 언어를 사용하는 단계를 지나 첨단과학 기술을 개발하여 이기적으로 활용하고 지구와 우주의 현상에 대해 규명하는 수준에 있다.

이러한 인간들은 하드웨어적인 육체와 소프트웨어적인 기능을 하는 두뇌를 가지고 있는데 이 둘을 합쳐 인체라고 한다.

인체의 극소단계에서는 생·화학 유기물인 분자들과 전자 등 입자들이 생명활동을 한다. 이는 입자와 전자들이 생명적인 작용을 유전적으로 하는 것을 의미한다. 이러한 활동은 세포들이 생명활동을 할 수 있게 하고 인체를 살아있는 생명체로 존재게 한다.

제1장에서 말한 바와 같이 인체는 세포 → 조직 → 기관 → 계, 두뇌신경계의 체계적 구조로 이루어졌다. 그리고 인체는 세포들로 구

성되어 있고 세포들 속에서는 분자와 전자 등 입자들이 생명작용을 한다. 두뇌의 기억세포들 간에는 이온화된 전기가 통하는 작용을 하므로 인간들은 본능과 본성이 생기고 후천성이 작용할 수 있다.

인체에서 세포는 생명체의 최소단위로서 크기와 모양이 다양하고 소속에 따라 독특한 기능을 한다. 이러한 특성은 국가라는 공동체에서도 유사하게 이루어지거나 작용한다.

인간이 탄생될 때 세포 수는 약 3조 개에서 점점 늘어나 26~27세 때는 약 60조 개 정도로 불어난다. 몸무게는 탄생 시 대략 2.5~3.5 kg에서 50-130kg까지 불어난다. 이러한 인체는 수많은 특성이나 기능들이 통합되는 한 개체로서의 생명체임을 알 수 있다.

국가라는 공동체 속에서 살아가는 인간들은 일반적으로 유아기, 청소년기, 장년기, 노년기를 거쳐 사망하는데 도표로 나타내면 아래와 같다.

어린이		청소년기	성인기		
유아기 2-6세	아동기 6-12세	12-20세	장년기 20-48세	초로기 49-69세	노년기 70세 이상
•생물학적으로 행동함 •본능적 충동기 •형성기 •입력기	•기본개념의 형성기 •입력기	•신체적, 정신적 성숙기 •정신적으로 갈등기 •사회적 적응 준비기 •자아관 확립 시기 •주변적 성격 형성기 •야망기 •성장기	•사회적 관계 즉 상호작용이 가장 많은 시기 •활동기	•인생완숙기 •신체적 쇠퇴 시작 •결실기	•사고 판단력 저하 •신체적 쇠퇴기 •활동력 저하

※ 위에서는 2020년을 기준으로 하여 보편적인 사항을 생물학적 측면에서 분류한 것이다. 앞으로 보건위생과 영양보충, 의학기술의 발달에 따라 늘어나거나 연장될 수 있다고 본다.

다. 과학 측면에서 본 국민(또는 인민)들의 두뇌

고대에는 인간의 마음이 심장이나 간장에서 나온다고 생각했지만 현재에는 마음이 뇌에서 생성된다고 판명되었다.

인간의 뇌는 8개 영역들 간에 네트워크가 이루어지는 생명적 시스템으로 기억세포들 간에 생·화학의 이온화된 전기가 순간적으로 통하여 감정이 생기고 논리적인 사고와 상상을 할 수 있다. 그리고 두뇌 특정 영역이 활성화되면 영적인 체험도 할 수 있다(오늘날까지 인간의 두뇌에 대해 밝혀진 것은 2~5%가 되지 않는다고 함).

즉 감정이 생기고 논리적인 사고와 계산을 할 수 있는 것은 물론 성격과 적성이 생기고 행동을 하게끔 주관하는 것들이 모두 뇌의 기능에 의해 이루어진다는 것이다.

이러한 인간들의 두뇌를 생물적이고 과학적인 측면에서 보면 인체라는 생명체의 본능과 본성 그리고 후천성이 작용하도록 프로그램이 설계된 생체 컴퓨터라고 할 수 있다.

인간들은 두뇌신경 작용함으로써 기억하고 인식할 수 있으며 세상에 존재하는 것들을 알 수 있다. 또한 공유할 수 있는 가치와 기준을 정하고 개념화할 수도 있다. 새로움을 생각해 낼 수 있는 능력도 있다.

필자는 인간들의 두뇌신경 프로그램과 환경이 인간의 운명을 좌우하게 된다고 생각한다. 바꾸어 말하면 인간들의 삶과 성공 여부는 두뇌 8개 영역에서의 프로그램과 인간들이 살아가는 환경이 좌우한다는 것이다.

이러한 인간들의 두뇌는 앞장에서 말한 바와 같이 대뇌, 소뇌, 간뇌, 중뇌, 연수, 척수, 편도체, 해마의 영역으로 되어 있다. 두뇌신경을 연구하는 학자들은 감정과 논리적 사고가 이루어지는 주요한 영역은 대뇌와 간뇌, 편도체와 해마의 영역이라고 한다.

이들 4개 부분의 영역이 다른 4개 부분의 영역과 네트워크적으로 생·화학의 이온화된 전기가 통함으로써 감정이 생기고 사고를 할 수 있다. 그리고 신체를 컨트롤할 수 있다.

바꾸어 말하면 두뇌신경 다발에는 인체의 생체시계적인 프로그램이 설계되어 있으므로 인체의 각 부분들을 제어하고 작용시킬 수 있다는 것이다. 그뿐만 아니라 성격과 기질, 적성이 생기고 작용시킬 수 있다는 것이다.

이러한 국민(또는 인민)들의 두뇌는 생화학 유기물인 기억세포들로 이루어져 이온화된 전기적 입자가 작용하는 생명적 컴퓨터로 추정되기 때문에 가상의 정보라도 두뇌가 믿으면 현실이 된다.

즉 인간들의 두뇌는 생체 컴퓨터이므로 특정한 정보를 반복적으로 입력하고 사용하면 그 정보를 사실로 인식한다는 것이다. 그러므로 국민(또는 인민)들은 세뇌(국체는 체화)가 될 수 있고 중독이 될 수 있다. 그리고 전염이 되고 전파시키는 개체가 된다. 여기서 말하는 정보는 옳고 그름 또는 좋고 나쁨을 따지지 않는다.

이렇게 말할 수도 있다. 모든 인간들은 교육이나 종교, 문화에 의해 세뇌가 되고 중독이 되어 가면서 세상을 살아간다고 말이다. 그리고 생존하려는 성질(본능과 본성 그리고 후천성)이 작용하여 살아간다고 말이다.

이러한 인간들의 두뇌를 물리학과 화학 그리고 기존의 명리학을 복합하여 생각해볼 수도 있다.

청동기 시대 동이족의 선조인 복희씨가 창안한 팔괘와 음양오행 원리는 중국대륙 농경사회로 퍼져 수천 년을 거치면서 발달했다. 이러한 원리는 주역이나 명리학, 풍수지리설로 분화되었는데 명리학에서는 인간의 운명을 4주, 8자로 풀어서 설명을 하고 있다.

이를 자세히 살펴보면 대뇌와 간뇌, 편도체와 해마의 4개 영역에서 기둥(주된)과 같은 기능을 하고 8개 영역이 네트워크적으로 작용하는 것이 아닌가 할 정도로 유사함을 알 수 있다.

어머니의 배 속에 있는 태아는 어머니의 영양 상태와 심리상태가 영향을 미친다고 한다. 필자는 지구와 달의 중력도 태아의 두뇌신경이 설계되는 데 영향을 미친다고 생각한다.

특히 태아가 출생할 때는 두뇌신경의 구조와 프로그램이 확정되는 것으로 추정되는데 명리학에서는 연도마다 바뀌는 해를 천간(60갑자)으로 그리고 지구가 회전하여 중력이 미치는 정도(또는 시간이 바뀌는 것)를 12지지로 나눈다.

명리학에서는 천간과 12지지로 구분된 것을 특정한 문자로 규정한다. 그리고 글자마다 특성과 성질 등의 뜻을 부여한 후 그것에 태아의 출생 시간대인 년, 월, 일, 시(음력과 양력)를 대입하여 인생의 총운과 초년, 중년, 말년 운을 그리고 성격과 적성, 길흉화복 등을 알아본다.

이는 태아의 출생된 해와 달 그리고 일자와 시간대를 음력이나 양력으로 정하고 계산하는 것이므로 중력이 태아 두뇌의 프로그램이 설계되는 것에 영향을 미친다는 것을 짐작할 수 있다.

좀 더 자세히 말하면 해와 달, 지구의 물리적인 힘(중력)이 미치는 정도(시간대)에 따라 두뇌의 신경물질인 입자와 전자는 전하의 성질이 있으므로 태아의 두뇌신경 프로그램 설계를 달라지게 한다는 것이다.

즉 전하 성질이 있는 생화학 물질인 전자와 양성자의 작용으로 인하여 두뇌 8개 영역별 성능과 두뇌신경세포들의 구조 그리고 프로그램의 내용이나 질을 달라지게 한다는 것이다.

이는 태아 두뇌의 주된 기능을 하는 4개 영역(대뇌와 간뇌, 편도체와 해마)과 전체적으로 기능할 때의 8개 영역에서의 프로그램이 확정되는 것을 말하는 것으로 성격이나 적성, 연도와 월별 또는 초년, 중년, 말년의 운을 예측할 수 있고 인체를 컨트롤하는 생체적인 프로그램의 설계가 완성된다는 것을 의미한다.

일란성 쌍둥이라 할지라도 인간들은 동적으로 활동을 하므로 처한 환경과 상호작용을 하는 대상 그리고 조건이나 사건에 따라 운명은 달라지고 누적된다. 그러므로 다른 결과로 나타난다.

바꾸어 말하면 유전인자가 똑같은 사람일지라도 인간들은 후천성이 작용하므로 처한 환경이나 조건, 상호작용을 하는 대상에 따라 변하게 되고 다른 결과가 나오게 된다. 환경과 상호작용을 하는 대상(또는 사람)이 누구냐(또는 무엇이냐)에 따라 변한다는 것을 알 수 있고 중요함도 알 수 있다.

국민(또는 인민)들 개개인의 성격이나 운명은 자신의 두뇌신경 프로그램과 환경의 영향이 크다는 것을 알 수 있고 두뇌는 기억세포들로 이루어졌으므로 자신의 노력과 교육 그리고 두뇌에 입력되는 정보가 영향을 크게 미친다는 것도 알 수 있다.

이러한 인간의 두뇌를 국체 차원의 두뇌신경과 비유해서 생각해보면 국체의 두뇌에서는 국가권력의 구조와 인사권이 분화된 국가권력 작용, 법과 제도 그리고 정치가 행해지는 프로그램이 중요해진다.

국체는 생명체인 국민들로 이루어졌다. 국민들의 행위는 생체 컴퓨터인 두뇌신경 작용에 의해 이루어진다. 국가체제의 프로그램은 국민들의 두뇌에 입력된 사상이나 이념 그리고 가치관이 영향을 크게 미친다.

그러므로 사상과 이념 그리고 종교의 다양함이 중요함을 알 수 있다. 주변 국가들이 해당되는 외부 환경도 중요한 요인으로 작용함을 알 수 있다.

3

조직 수준

가. 국체에서의 조직

본 장에서 말하는 국체에서의 조직체들은 생명체인 인간들이 결합과 상호작용 등을 하여 가정이라는 자연조직체가 탄생하는 것과 생존영역에서 본성과 후천성이 작용하여 생겨나는 조직체들을 말하는 것이다.

인간들은 조직체들을 구성하거나 조직하면서 성장하고 분화하는 본능이 있으므로 사람들은 많아지고 사회를 이룰 수 있다. 나아가 국가라는 생체적인 공동체까지 조직할 수 있다.

자연조직체인 가정은 인간의 본능이 주요 요인으로 작용하여 생겨나지만 본성과 후천성도 영향을 미친다. 그 밖의 조직체들은 인간들의 본성과 후천성 그리고 공동체 차원의 본성과 후천성이 주요 요인으로 작용하여 생겨난다.

그러므로 국체에서의 조직체들은 국민(또는 인민)들의 본능과 본성, 후천성 그리고 공동체 차원의 본성과 후천성이 작용하여 생겨나는 것이다. 이러한 조직체들은 조직 차원의 생존하려는 성질이 작용하여 성장하고 분화한다.

바꾸어 말하면 내 환경이 조성되어 있는 조직체들은 기능을 하면서 성장하고 환경에 적응을 하게 된다. 그리고 분화한다. 그러므로 사회를 이룰 수 있었고 국가 수준의 공동체까지 조직할 수 있었다. 이러한 조직체들은 국가 수준에서 법과 국가권력의 지배를 받으면서 기능을 하게 된다.

구석기 시대에는 인간들의 삶이 본능에 의해 주로 이루어졌기 때문에 다양한 조직체들이 없었다. 인구가 증가하고 사회가 발달함에 따라 인간들의 본성과 후천성이 작용하여 다양한 조직체들은 생겨났다. 오늘날 인간들이 사는 사회는 발달했고 진화했으므로 사적인 조직체들과 공적인 조직체들이 많아졌다.

이러한 조직체들은 국가가 진화함에 따라 또는 발전하고 번성함에 따라 다양하게 생기거나 질적인 수준이 다르다는 것을 알 수 있다. 그러니까 선진국과 개발도상국 그리고 후진국들은 조직체들의 질적인 수준이나 숫자 그리고 다양함에 있어서 차이가 나거나 다르다는 것이다.

조직체들은 국가라는 공동체의 부분이 되어 기능을 하는 것으로 상호작용에서 힘의 논리가 작용하게 된다.

예를 들면 국민(또는 인민)들 간에는 영향력이 강한 자와 약한 자가 있듯이 조직체들도 영향력이 강한 조직체와 약한 조직체가 있다. 그리고 개인 한 사람의 힘보나는 조직제의 힘이 강하고 소직제보다는 조직들이 결합하여 이루어진 기관 수준의 조직연합체나 재벌그룹의 힘이 강하다.

이러한 힘의 작용은 국체의 구조와 체계에 순응하고 국체의 두뇌신경에 의해 지배를 받는 것이 정상이다. 하지만 사회가 혼란하고 국체의 두뇌신경이 정상적으로 작용하지 않을 때는 강한 힘이 지배하기 쉽다.

국체는 국민(또는 인민)들 → 조직들 → 기관들, 계 수준 → 두뇌신경계의 체계가 피라미드 형태로 되어야 정상이므로 국민(또는 인민)들의 숫자가 많고 다음에는 조직체들이 많아야 정상이다. 그리고 사적이거나 공적인 기관들이 존재해야 정상이다.

그러므로 국체에는 기관 수준인 글로벌적 대기업들도 있어야 한다. 그리고 태어나는 아기들이 사망하는 사람들의 숫자보다 많아야 한다. 나아가 국체에서 작용하는 가치들과 기능 등은 생체적인 이치에 부합해야 한다.

오늘날 국가 안에는 사적인 조직체들뿐만 아니라 공적인 목적을 달성하기 위한 조직체 등 다양한 조직체들이 존재해야 정상이다. 선진국과 후진국들은 조직체들의 다양함과 질적인 측면에서 차이가 나는 것을 알 수 있다. 그 이유는 후진국들은 진화하지 못했거나 경제와 산업 등이 발달하지 못했기 때문이다.

조직체들은 조직 차원의 두뇌신경이 작용하므로 체계가 세워지고 체계에서는 특성이나 성질들이 작용하고 기능을 하게 된다. 이러한 조직체들은 본성이 강하게 작용하는 것도 있고 후천성이 강하게 작용하는 것도 있다. 그리고 융·복합적으로 작용하는 것도 있다.

국민(또는 인민)들 개개인의 본성과 후천성의 작용은 사람들마다 차이가 나고 다르게 작용하므로 탐욕성이 강한 사람이 있는가 하면 어떤 사람은 사회성이나 공정심이 강할 수 있다. 그러므로 사람들은 적성에 따라 다양한 조직체들을 조직하거나 각종 조직체들에서 일을 하게 된다.

기업과 같은 영리조직체들은 이기성과 탐욕성이 주요 요인으로 작용하여 생겨난다면 공공조직들은 공공의 필요에 의해 생겨난다. 그리고 자연조직체인 가정은 인간들의 본능이 주요 요인으로 작용하고 본성과 후천성도 영향을 미쳐 탄생된다고 했다.

이러한 조직체들은 동류일지라도 구성원의 숫자가 다르고 질적인 수준이 차이가 난다. 그리고 수평적인 체계가 작용하는 조직체들과 수직적인 체계가 작용하는 조직체들은 기능을 함에 있어서 방식이나 성질 등이 다르게 작용한다.

대부분의 조직체들은 책임자가 있거나 대표하는 사람이 있다. 즉 조직체들은 우두머리나 대표하는 사람이 지휘하거나 영향력을 행사하게 된다. 바꾸어 말하면 조직체 차원에서도 두뇌신경 기능이 이루어진다는 것이다.

이러한 조직체들은 학습과 모방을 할 수 있고 환경에 적응하게 된다. 그리고 유지하거나 생존하기 위해 내외적으로 상호작용을 하게 된다. 그러므로 전염도 될 수 있고 내성도 생길 수 있다.

생체적인 측면에서 조직체들의 특징을 규정한다면 외부 환경과 구별되는 내부 환경이 조성되어 있고 경계가 있다. 그리고 내적으로는 체제가 세워지고 체계에서는 특성과 요인 그리고 개념 등이 작용하는 기능이 이루어진다. 이러한 조직체들은 자신이 필요한 것은 받아들이고 필요 없는 것은 받아들이지 않으려는 특성도 있다. 그리고 환경을 인식하고 유지하거나 살아남고자 한다.

나. 조직체들의 분류와 기능 등

1) 조직체들의 분류

조직체들을 외형적인 크기로만 본다면 소조직, 중조직, 대조직, 거대조직으로 분류할 수 있다. 하지만 공(公)과 사(私)로도 분류할 수 있다.

아래에서는 공공조직과 영리조직 그리고 공공조직과 사조직의 중간에 속하는 준정부 조직, 자발적 결사체 조직, 자연적인 조직으로 분류했다.

- 공공조직들은 대부분 행정부에 속해 있지만 의회와 사법부 그리고 헌법재판소 등에도 존재한다. 이들 조직들은 특성에 따라 기능한다. 공공조직들 중 분화가 많이 되고 기능이 다양하게 이루어지는 곳은 행정부다.
- 준정부 조직체는 민간부문의 조직체들이 정부로부터 권한과 업무를 위탁받아 공공부문의 기능을 수행하는 경우가 있고 공공조직들이 경쟁력을 높이기 위하여 또는 국세의 낭비를 막기 위해 사 조직체의 체질로 바꾼 경우도 있다.

준정부 조직체는 공공조직과 사조직의 중간 형태의 조직체로서 공단, 공사, 재단, 기금 등의 명칭으로 운영되는 것이 대표적이다. 이외에도 다양한 방식으로 조직될 수 있다.

- 사적인 조직체는 국민(또는 인민)들 개개인의 본능과 본성 그리고 후천성이 작용하여 생겨난다. 영리조직체들은 인간들의 본성이 작용하여 생기는 경우가 대부분이다.

  영리조직체의 경우 사람과 자본 그리고 기술 등이 결합된다. 이들 조직체는 상법과 회사법 등의 규정에 따라 설립된 조직체들을 말한다. 비영리 조직체들은 민법의 규정에 의해 생겨나고 기능을 하게 된다.

- 자발적결사체 조직들은 원칙적으로 사조직에 포함된다. 자발적 결사체 조직은 이익단체와 공익단체 그리고 친목단체 등의 조직이 있다. 이익단체에는 의사회, 약사회, 노동조합, 변호사회 등이 있고 공익단체에는 각종 시민단체, 각종 봉사단체 등이 있다. 그리고 친목단체에는 동창회, 동우회, 산악회, 향우회, 음악회, 각종 계 등이 있다.

- 자연 조직체로는 가정과 종교조직이 있다. 자연조직도 원칙적으로는 사조직에 포함된다. 자연스럽게 생기는 자발적 결사체 조직들 중 일부는 자연조직체로 분류할 수 있다고 본다.

2) 조직의 개념과 기능 등

아래에서는 기업경영이나 사회적 연구 또는 관찰 측면에서 알아보려는 것이 아니고 특성 측면에서 조직들을 분류하여 기능들을 개괄적으로 알아보려고 한다.

가) 공공조직

공공조직들의 기능은 국가권력 작용을 하는 것으로 특성에 따라 기능들이 다양하게 이루어진다. 예를 들면 행정부 산하의 조직들뿐만 아니라 입법부와 사법부 등에서 기능을 하는 조직들도 있다는 것이다.

국민(또는 인민)들이 많아지고 조직체들의 분화가 많이 이루어진 국가 수준에서는 피라미드형의 체계로 두뇌신경이 통하고 기능이 이루어져야 정상이다.

대한민국을 예로 들면 중앙 행정기관의 업무는 지방자치단체인 특별시청이나 광역시청 그리고 도청으로, 광역시청이나 도청 등은 시청이나 구청으로, 시청이나 구청은 주민자치센터나 면사무소의 체계로 명령이 하달되어 기능들이 이루어져야 한다는 것이다.

공공조직들은 인간들의 이기적이고 탐욕적인 본성보다 공동체성이 강하게 작용한다. 이러한 공공조직들은 공적인 목적을 달성하기 위해 특성에 따라 다양한 기능을 하게 된다.

공공조직은 엄격하고 규정에 얽매이는 등 경직성이 있고 위계질서가 강한 가운데 기능이 이루어지고 있다. 이러한 기능은 후진국으로 갈수록 정치권력의 영향을 받는 비율이 높고 선진국으로 갈수록 정치권력의 영향을 적게 받고 특성에 따라 본연의 기능을 하는 비율이 높다.

공공조직들은 공공기관 산하에 속하는 조직으로서 역사와 문화 그리고 체제에 따라 체계를 달리하고 있고 기능을 하는 데 있어서는 차이가 난다.

대체적으로 영국과 미국은 수평적인 질서 아래 민주형으로 지방 분권적인 조직들이라면 한국의 경우 과거에는 수직적인 질서 아래 중앙 집중적인 체계로 기능을 했지만 오늘날에는 수평적인 질서 아래 지방분권적인 방향으로 나아가고 있다.

한국의 경우 행정부 산하의 조직들은 질서유지와 국가안보, 국민들의 안전과 재산보호, 교육과 경제, 복지 등의 업무를 처리한다. 의회 밑에 있는 조직들은 법률의 제정과 개정, 의결과 결정, 합의와 동의 등을 하도록 돕는 기능을 하게 된다. 재판부 밑에 있는 조직들은 법과 제도에 따라 재판하는 것을 돕는다.

한국의 공공기관은 입법부, 사법부, 행정부, 청와대와 같은 중앙의 기관이 있고 지방정부와 유사한 지방자치단체에는 특별시청, 도청, 광역시청과 같은 기관이 있다.

행정부 산하의 공공조직들은 기관에 소속되어 특성에 따른 업무와 관리 등의 기능을 한다. 이들의 업무는 규범성과 강행성을 내포한 법률과 대통령령, 부령, 부칙, 조례 등에 의해 이루어진다. 즉 이들 조직들은 공법상 특별권력 관계가 성립되어 업무를 처리하는 것이다.

행정부 산하의 공공조직은 중앙 집중형과 지방 분권형으로 구분할 수 있다. 이들 조직들을 수평적 질서가 작용하느냐 아니면 수직적 위계질서가 작용하느냐로 나누어서 살펴보면 기능을 하는 데 있어서는 체계와 방식이 나르나는 것을 알 수 있다.

질서 측면에서 기능을 바라보면 수평적인 질서가 작용하는 조직들은 토론과 세미나 청문회와 의견표결 등의 절차를 거쳐 합의하는 기능이 이루어지지만 위계질서가 강한 조직들은 지시와 하명, 명령과 통제 그리고 우두머리의 결정에 따라 기능을 하게 된다.

지역구 주민들이 지방자치 단체장과 지방의회 의원들을 선출하는 지방자치단체는 법률에 의해 또는 상부기관에 의해 통제나 제어가 되지 않으면 필요 없는 조직들이 생겨나기 쉽고 절차적 정당성을 결여한 직원들이 채용될 수 있다.

바꾸어 말하면 선거에 의해 선출되는 지방자치 단체장과 지방의회 의원들에 대한 상부기관의 통제나 제어가 되지 않으면 지방자치단체는 비대해지기 쉽고 기관장이나 의원들이 불법행위를 하기가 쉽다는 것이다.

지방자치단체에서는 다양한 업무를 추진하는 조직들이 많다. 예를 들면 서울특별시청 산하에는 수십 개의 구청과 수천 개의 동사무소나 주민자치센터가 있다. 상수도사업소, 개발공사, 예술회관, 여성회관, 노인회관 등과 같은 조직들도 있다.

지방자치단체들은 국민들의 삶과 관련되는 일반행정과 세금, 복지와 건설, 병무 등의 일을 보는 것으로 기관과 계의 일들을 맡아본다.

공공조직들 가운데에는 경계가 불분명한 것도 있다. 예를 들면 사법부 산하의 법원 판사와 검찰청 검사들의 기능은 소프트웨어적인 가치 창출로 볼 때 두뇌신경계에 속하지만 구성원 측면에서 보면 조직에 해당된다.

본서에서는 ○○지방법원, ○○지방검찰청까지만 공공기관으로 포함시키기로 한다. 지방법원에 소속되어 있는 판사나 지방검찰청에 소속되어 있는 검사들은 조직체의 두뇌이거나 공공기관의 구성원으로 보았다. 법원 산하에서 재판기능을 돕는 ○○○법원 행정조직이라든지, 등기소와 같은 조직체는 공공조직이다.

나) 영리조직

영리조직체는 이익 창출을 목적으로 하는 조직과 영리 아닌 사업을 목적으로 하는 조직으로 구분할 수 있다. 비영리조직들은 대부분 민법의 적용을 받지만 영리목적으로 조직된 기업들은 상법과 회사법 등의 규정에 따라 생겨나며 기능을 하게 된다.

비영리 조직들은 학술이나 종교, 자선, 기예 등에 따라 구성되고 활동하며 이익이 생겨도 구성원들에게 분배되지 않는다. 즉 시설임대와 기금마련, 사용료 수입과 전시회 개최 등으로 생겨난 이익 말이다.

영리조직체들의 형태와 기능은 국가들마다 다르다. 예를 들면 산업발달의 정도에 따라 기업들의 기능이나 질적인 수준이 다르다는 것이다.

산업화 이전 단계를 살아가는 아프리카 국가들의 사조직들과 개발도상국들의 사조직들 그리고 첨단산업화되어 있는 선진국들의 사조직들을 비교해 보면 단순한 구조에서 복잡한 구조로 진행되었다.

그리고 세분화와 전문화가 이루어지는 쪽으로 기능이 이루어지고 있는 것을 알 수 있고 선신국으로 살수록 인공지능이나 빅데이터, 공장의 자동화 설비와 같은 4차 산업 비중이 크다는 것도 알 수 있다.

영리조직체들의 체계와 체계에서의 성질과 기능은 문화에 따라 달라진다. 즉 수평적인 질서가 작용하는 서구사회의 조직문화와 수직적인 위계질서가 강하게 작용하였던 동양 사회의 조직문화는 다르다는 것이다.

대량생산이나 추진력에서는 위계질서가 강한 동양의 조직체들이 유리할지 모르지만 자율성과 창의성이 이익을 창출하는 요인으로 작용하는 데 있어서는 수평적인 질서에서 통합되는 조직체들이 유리하다.

영리조직체들은 사회적인 환경이나 기술적인 환경, 법과 제도적인 환경과 문화적인 환경에 따라 생존 활동을 하여야 하므로 타국에 진출하려는 기업은 진출하려는 지역의 문화와 법과 제도를 파악한 후 진출하여야 한다.

기업과 같은 영리조직체들은 리더십과 첨단기술 확보가 생사에 크게 영향을 미치는 것을 알 수 있다. 그리고 시장의 흐름을 정확하게 파악하고 상대 기업들에 대해 적절하게 대처하는 조직체들은 성장하기 쉽다고 말할 수 있다.

기업의 경우 최고 책임자나 오너가 사회와 글로벌적 시장의 흐름과 변화에 대해 예견하는 능력이 부족하면 장기적으로 경쟁 환경에서 살아남기 어려우므로 뛰어난 인재들의 식견 등에 대해 경청하는 노력을 기울여야 한다.

대부분의 영리조직체들은 공공조직들보다 환경변화에 민감하게 대응한다. 경쟁 또한 치열하고 탐욕적이다. 이러한 본성이 있는 영리조직체들은 국민(또는 인민)들의 삶과 직결되기 때문에 각국의 정부에서는 기업하기 좋은 환경을 조성하려고 한다.

영리조직체들 중 자산이 막대하고 글로벌적으로 활동을 하는 다국적 기업들은 정보력과 소프트 부분의 질적인 수준이 매우 높다. 경제적인 파급력 또한 강력하다.

오늘날 선진국의 거대 기업들은 빅데이터나 인공지능, 로봇과 3D 프린팅 같은 4차 산업에 대규모 투자를 하고 있다. 글로벌적으로 치열한 경쟁을 하므로 연구개발을 소홀히 하는 기업들은 살아남기 어려울 것 같다.

다) 준정부 조직

준정부 조직체는 자율적 비정부조직, 감추어진 공공영역의 조직, 공유된 정부조직, 그림자 국가조직으로 불리는 것으로 정부조직이 아니면서 공적인 기능을 수행하는 조직체를 말한다.

준정부 조직은 정부가 글로벌적 경쟁력 강화를 위해서 또는 국민 혈세 절감 측면에서 국민(또는 인민)들에게는 서비스를 향상시키고 경제적인 비용은 최소화시키려는 목적에서 생겨나는 경우가 많다.

준정부 조직체는 공공조직의 운영프로그램들을 사조직화시키는 경우가 있고 사조직들이 정부로부터 권한과 업무를 위탁받아 공공부문의 기능을 수행하는 경우도 있다.

이러한 조직체들은 국민(또는 인민)들이 저렴한 비용으로 서비스를 최대한 많이 받을 수 있도록 하는 것이 정상이므로 준정부 조직체들 직원들의 임금과 사업추진 등에 대해 감시와 통제가 필요해진다.

준정부 조직체로서 중요한 것은 정부와 국민(또는 인민) 간에 고압적인 관계에서 수평적인 관계나 대등한 입장에서 상호작용을 하는 상태로 넘어올 수 있다는 점이다.

하지만 민원이 많거나 말썽의 소지가 많은 일을 직접 다루지 않으려는 의도 아래 준정부 조직으로 이관되는 경우도 있다. 국민(또는 인민)들에 대한 서비스를 제공하려는 목적보다는 기업인들의 탐욕성과 정치권력이 유착되어 생기는 경우도 있다.

중앙정부나 지방자치 단체가 정치적인 영향력 아래 준정부 조직체들을 조직한다면 국민(인민)들의 납세부담이 증가하기 쉽고 비효율을 증가시키기도 쉽다.

라) 자발적 결사체 조직

자발적 결사체 조직은 공동의 목적을 추구하는 사람들이 자발적으로 조직한 조직체들을 말한다. 이는 공익실현(각종 시민단체, 각종 봉사단체)과 동종 업종의 이익 실현(노동조합, 의사회, 변호사회 등) 그리고 친교를 목적(산악회, 동창회, 계 등)으로 한 조직체들을 말한다.

미국과 유럽, 제3세계 국가들에서는 NPO(Non-Profit Org.: 비영리조직)과 NGO(Non-Governmental Org.: 비정부기구)로 구분하여 정의하고 있다.

이들 조직체들은 연대로 인한 이익과 공적인 목적을 실현하고 사회봉사를 하기 위한 조직으로 자리매김을 하였다. 하지만 동종 업종의 공동 이익 실현을 목적으로 하는 단체들도 있다. 이들은 자기 직종 이익과 기득권을 지키기 위해 기능을 하는 곳이 많다.

자발적 결사체 조직들이 공공조직, 사조직체, 자연조직체들과 다른 점은 자발성에 의하고 비영리성, 비정부성의 특징이 있다는 것이다. 이러한 특징이 있는 이들 조직체들은 이익이 있을 경우 회원들에게 배분하지 않고 공익목적 또는 공동의 이익 실현을 위해 사용한다. 정부에서는 이들 조직체에게 세금을 부과하지 않는다.

자발적 결사체 조직은 초기에는 동종 업종의 이익 실현을 위한 의사회, 약사회, 노동조합, 변호사회와 같은 조직들이 생겨났지만 오늘날에는 공익실현을 목적으로 한 각종 시민단체와 각종 봉사단체들이 생겨나고 활동을 하고 있다. 하지만 정치적인 목적이나 성향 아래 생겨나는 시민단체들도 있다.

개발도상국 중반부터는 민(또는 인민)주적이고 인간적인 그리고 자연친화적인 가치 실현을 위해서 또는 국가의 공적인 기능이 올바르게 운영되도록 하기 위해 자발적 결사체 조직들이 생겨나는 경우가 많다.

이들 조직체들은 명령계통 체계가 구축되어 있지 않고 자발적으로 참여하는 것으로 생겨날 공간은 넓고 많다고 할 수 있다.

친목단체와 봉사단체 조직들은 국민(또는 인민)들의 여가시간 증대라든지 노인문제, 어려운 사람들을 돕는 문제, 환경과 생명존중 등을 위하여 생겨난다. 친목단체 조직들이 이익을 추구하게 되면 분쟁을 하기가 쉽다.

자발적 결사체 조직 중 각종 시민단체와 노동조합 그리고 새마을단체가 정치권과 유착되면 민심을 왜곡하기 쉽다. 그리고 정치세의 당파싸움에 가세되므로 데모나 시위를 대규모로 하게 된다.

자발적 조직체들 중 국민들로부터 후원금을 받는 조직체들은 후원금 내역과 사용내역 그리고 활동을 한 내역을 시민들에게 투명하게 공개하도록 법으로 규정해야 한다. 그래야만 국민들로부터 지지를 받을 수 있다.

자발적 결사체 조직들 특히 시민단체들이 정당이나 정부로부터 자금과 건물 등 여러 방식으로 지원을 받으면 조직의 순수한 목적이나 가치가 변질되기 쉽고 정치계의 정당 하부조직으로 전락하기가 쉽다. 그러므로 시민단체들은 순수한 목적을 일탈했는지 또는 투명하게 운영되는지를 살펴보아야 한다.

마) 자연조직

가정이라는 조직체는 남녀 간에 결혼함으로써 생겨난다. 신혼부부 사이에서 자녀가 탄생하면 가족관계가 성립한다. 이러한 가정은 태어난 자식과 부모로 맺어진 혈연 공동체로서 자연발생적이다.

가정이라는 자연조직체는 외부 환경과 구분되는 내 환경이 조성되어 있다. 내 환경에서는 위계질서와 공동체성이 작용하고 모성애와 같은 본능과 정, 위하는 마음과 협력하는 성질도 작용한다.

가정은 삶의 보금자리로서 자녀들을 탄생시킨다. 이들이 성장하면 새로운 가정을 이루게 되므로 끊임없이 재생산된다. 이러한 가정은 폐쇄적이고 본능적인 특성이 작용한다.

가족들 간에는 어려움에 처할 때 소생할 수 있도록 도와주고 정을 나누며 살아간다. 부모들은 태어난 자녀들을 훈육하고 교육 시킨다. 이는 오래 지속되는 기억으로 남기도 하고 습관으로 이어지기도 한다.

다른 조직체들이 생기는 것도 사람이 있어야 하므로 아기가 탄생하는 가정은 모든 조직체들의 근원이 된다. 즉 가정은 각종 조직체들의 구성원들을 탄생시키고 길러내는 보금자리라는 것이다.

모든 조직체들은 건강한 구성원이 필요한데 이러한 구성원을 자연조직체인 가정에서 배출한다. 가정은 우수한 인재를 길러내는 보금자리 역할을 하므로 건전한 사회와 건강한 국가는 가정과 유기적으로 연관되어 있음을 알 수 있다. 자연조직체인 가정이 번창하면 종중(宗中)이 생긴다. 이는 자연조직체 차원에서 기관과 유사한 수준이 된 것이다.

이러한 가정이 사회가 변천하면서 바뀌어 온 과정을 보면 모계사회 → 부계사회 → 대가족 → 소가족으로 진행되어 왔음을 알 수 있다. 오늘날에는 독신자들이 점점 많아지므로 가정이 소멸하는 시대라고 할 수 있다.

종교조직체들 또한 자연 발생적인 조직이다. 종교는 사람에 의해 생겨나서 신격화시키는 과정을 거치는 경우가 많다. 처음에는 한 사람의 인간으로서 말하지만 그 말을 믿고 따르는 사람들이 많아지면 조직화 되어간다. 교세가 확장되어 조직체들의 숫자가 많아지면 기관 → 계 이상의 수준으로 성장하게 된다.

이러한 종교는 당 시대의 문화적인 토대 위에서 시간과 공간을 초월하는 반물질인 신의 영역과 통하여 자연의 섭리나 이치, 인간세상의 신리 등을 인산의 음성으로 설파함으로써 생겨나는 경우를 대표적으로 말할 수 있다.

종교는 기도와 수행을 하므로 신의 영역과 통하여 자연의 섭리와 인간세상의 진리를 말하는 경우가 있고 윤리와 도덕적 가르침이 종교화되는 경우도 있다. 후진국으로 갈수록 특정 집단의 우두머리를 신격화시키거나 국가의 왕을 우상화하여 종교화시키는 경우도 있다.

이렇게 생겨난 종교조직체들은 분쟁 지역에서는 평화를 주장하고 원수를 사랑하라는 말씀을 한다. 약육강식의 전쟁시대에는 인과 예의 말씀을 하게 된다. 그리고 신분제가 강한 곳에서는 자비를 베풀 것을 주장했다. 오늘날과 같이 지구 환경이 변하는 시대에는 변혁기에 살아남을 수 있는 길을 안내하는 종교가 생길 수 있다.

이러한 자연 발생적인 종교는 종교 창설자의 말씀과 뛰어난 제자들의 영적인 체험 그리고 가르침이 체계의 성질과 추구하는 가치로 작용하면서 교세는 확장되어 기관 수준 이상으로 성장하기도 하고 그렇지 못한 경우도 있다.

객관적인 측면에서 종교를 바라보면 종교의 교리에 따른 설교가 신자나 신도들에게 일방적으로 이루어지므로 이유를 따질 수 없고 논증과 증명에 대한 토론을 자유롭게 할 수 없다.

즉 목회자나 성직자 그리고 스님 등의 설교가 자연법칙이나 사실과 다르더라도 반박을 할 수 없다는 것이다. 일방적으로 주입되는 과정을 반복하니 세뇌되는 것이다. 종교가 다른 사람들 간에 배척하거나 비하하는 것을 보면 알 수 있다.

증명이 되지 않으므로 비과학적이라 할 수 있지만 모든 사람들은 어느 종교가 되었든 일심으로 믿고 정신을 통일시키면 심신이 안정되고 의지를 하게 되므로 정신적으로 든든하고 풍요로울 수 있음은 사실이다. 아마 인간들의 두뇌 8개 영역에서의 두뇌신경 작용임을 짐작할 수 있다.

다. 두뇌신경 측면에서 본 조직체들의 형태

조직체들은 체계가 세워지고 체계에서는 특성이나 성질 그리고 요인 등이 작용한다. 두뇌신경 작용도 하게 된다. 이러한 조직체들을 두뇌신경이 작용하는 측면에서 형태를 알아볼 수 있다.

1) 피라미드형

피라미드형의 조직체는 상층에서 하층으로 내려갈수록 구성원 숫자가 많다. 두뇌신경적인 기능은 이에 따라 이루어진다. 즉 조직체의 두뇌신경이 피라미드형의 체계로 작용하는 조직체들을 말한다.

피라미드형의 조직체들은 위계질서가 정연하고 기율이 엄격하다. 그러므로 윗사람의 말과 행동이 아랫사람들의 지침으로 작용하기도 한다.

대한민국의 공공조직들은 대부분 피라미드형의 체계에 의해 명령이 전달되고 업무가 행해진다. 공공조직의 업무가 행해지는 법 규범도 헌법 → 법률 → 대통령령 → 부령 → 시행규칙 → 조례의 체계로 되어 있다. 시청의 명령체계와 업무도 시장 → 부시장 → 국장 → 실, 과장 → 평직원 체제로 이루어지는 것을 알 수 있다.

기업과 같은 조직체에서는 사장 → 부사장 → 전무 → 상무 → 팀장 → 부장 → 차장, 주임(또는 반장) 순으로 체계가 세워진 경우가 많다. 하지만 피라미드 형태를 띠면서도 상황변화에 민첩하게 대응할 수 있는 복합적인 체계를 유지하는 곳도 있다.

피라미드형의 조직체는 위계질서가 강한 특성이 있으므로 기강을 세우기가 용이하고 질서유지와 통제기능을 하는데 효율적이다. 하지만 유연성이 적고 타율성이 작용하는 단점이 있다.

피라미드 형태를 취하는 조직체들은 수직적이고 위계질서가 강한 국가들에서 많이 나타난다.

2) 수평형

조직체 구성원들의 자격이나 권한이 평등하다. 이러한 상태에서 기능이 이루어진다. 미국과 유럽 국가들은 본래 수평형의 조직문화가 정착되어 있으므로 대부분 조직체들의 두뇌신경 기능은 수평형으로 이루어진다.

정치의 경우 토론과 세미나, 청문회와 같은 절차를 거쳐 합의를 이루는 체계로 작용하므로 평등하고 합리적이다. 영리조직체들 또한 수평형의 조직문화가 조성된 곳은 구성원들이 평등한 가운데 자유롭고 소통을 중요시하므로 창의성을 이끌어내기가 용이하다.

대한민국의 경우 국회, 지방의회 또는 각종 위원회와 같은 합의체 형식의 조직들은 수평형의 조직체들이다.

수평형의 조직체들은 개인주의와 자유주의를 거치면서 생겨난 것으로 구성원들 간에 평등성이 작용한다. 동등한 권리가 주주들에게 주어지는 주식회사도 권리측면에서는 여기에 속한다. 수평형의 조직문화는 개인, 자유, 평등과 같은 요인들이 체계에서 가치와 성질로 작용하므로 자연스럽게 토론문화가 발달하게 된다.

자유·민주적인 정치체제와 시장주의 경제체제는 수평형의 조직문화를 바탕으로 해서 구축된 것이다. 오늘날에는 수평형의 체계와 피라미드형의 신경체계가 융·복합적으로 작용하는 경우가 많다.

3) 거점형

각 지역에 거점을 두고 뻗어 나간 구조로 거대기업이나 다국적 기업들에서 많이 나타난다. 영리조직체들이 거점형태로 뻗어 나가기 시작한 지는 꽤 오래된다.

대한민국의 경우 통일신라 시대의 장보고를 생각해 볼 수 있고 중국은 워낙 지역이 방대하므로 여러 곳에 거점을 두어 상인 조직체들이 활동을 했던 것을 역사를 통해 알 수 있다. 서양에서는 거점형태의 조직들을 활용하여 상행위를 한 대표적인 조직으로 네덜란드와 영국의 동인도 회사가 있다.

오늘날 글로벌적 대기업들은 각 대륙 또는 각국에 거점을 두고 여러 곳에서 수십, 수백 개의 조직들을 운용한다. 영업활동이 이루어지는 것을 보면 거점형을 이해하기 쉬울 것이다.

4) 복합형

중심적 조직과 주변부의 조직들 그리고 수평형의 조직들과 피라미드형의 조직들이 네트워크식으로 연결되어 최상층 또는 총수로부터 지휘를 받는 것은 복합형에 속한다.

피라미드 형태의 영리조직체가 경영자문회의를 둔다든지 연구개발 조직을 회사 밖에서 극비로 운영하는 경우와 위원회와 사정 팀 등을 복합적으로 운영하는 것도 복합형에 속한다.

복합형은 기관 수준 이상으로 성장한 재벌과 대기업집단에서 나타나는 경우가 많다.

라. 조직체의 분화

조직체의 분화란 기존의 개체에서 떨어져 나아가 새롭게 조직체가 탄생하는 것을 말하지만 본 장에서는 기능이 분리되거나 소프트적인 가치들이 분화하는 것도 포함해서 말하려고 한다. 그러므로 전문화, 세분화되는 것을 분화작용으로 보고 지식과 기술 등이 향상되거나 새로운 영역을 창출하는 것 등을 분화작용으로 보는 것이다.

예를 들면 경제가 활성화되어 영리조직체들이 성장하고 분화하여 새로운 조직들이 생겨나는 것과 산업이 발전하여 세분화되거나 전문화되는 것도 분화성이 작용한 것이라고 본다는 것이다.

조직체들의 기능들이 초기에는 단순하게 이루어졌다면 성장하면서 분화하게 된다. 이는 조직체들이 성장하고 발전함에 따라 양적으로 불어나거나 질적인 상태가 향상되어 나아가는 것을 말하는 것이다.

자연조직체인 가정의 경우 자식들이 결혼하여 새살림을 꾸리는 것은 당연히 분화인 것이다. 그리고 창업자들이 기업을 설립하는 것도 분화인 것이다.

기업가 정신이 살아나 영리조직체들이 많아지고 번성하려면 시장주의 아래에서 법률의 제·개정과 경제정책으로 인간들의 본성과 이에 따른 후천성이 활성화되도록 해야 한다. 그래야만 영리조직체들의 분화는 자연스럽게 이루어질 수 있다.

기업은 리더가 기능별로 분화시키고 전문화로 이끄는 능력이 부족하거나 분화된 각종 기능들을 통합할 수 있는 능력이 부족하면 조직체의 생존 경쟁력은 떨어지게 된다.

영리조직체를 예로 들면 기능적으로 분화가 많이 될수록 국민(또는 인민)소득이 높고 분화가 적을수록 국민(또는 인민)소득이 낮다고 할 수 있다. 그러므로 정부와 의회는 조직체들이 분화하기 쉬운 환경을 조성하는 것이 중요해진다.

특히 후진국 등 개발을 하기 이전의 국가들은 국민(또는 인민)들의 본성을 활성화시키면서 저 수준의 산업들을 활성화시키기 위하여 외국의 기업들을 유치하는 정책을 적극적으로 추진해야 한다.

인체에서 다양한 특성을 지닌 세포들이 생장 증식 분열하면서 인체가 성장하는 것을 국민(또는 인민)들이 각종 조직들을 조직하는 등 분화작용을 활발하게 하여 국가가 성장하고 발전하는 것과 비유할 수 있다.

국체 내에서의 흐름이 원활하지 않을 경우와 근로자들이 비정규직과 같이 근로조건이 나쁘고 임금을 차별받는 경우는 가정과 같은 자연소식체들의 분화가 정상적으로 이루어지지 않게 된다.

예를 들면 근로조건이 나쁘고 임금을 차별적으로 지급받는 비정규직이 많아지면 결혼하는 청년과 처녀들이 적어지므로 가정이라는 자연조직체들은 줄어들게 된다는 것이다.

자연조직체인 가정이 줄어들면 인구가 감소하는 것이고 국가는 노령화 사회로 가게 된다. 노령화 사회는 국체의 대사작용이 원활하지 않게 되고 국가적 비용을 많게 한다.

기업과 같은 산업체 조직들의 분화는 국가의 체제와 국내외의 경제적 환경 그리고 정부의 정책이 영향을 크게 미친다. 그리고 오늘날에는 기업과 같은 영리조직체들의 분화가 글로벌적으로 이루어지고 있고 인종 간 교류와 혼합이 많아지고 있다.

예를 들면 다국적 기업들은 인건비와 사회적 인프라 등 여러 조건을 감안하여 후진국이라도 자회사를 설립하는 경우가 빈번해졌고 국제결혼을 하여 다문화 가정이 많이 생겨나고 있다는 것이다.

위에서 이야기한 조직체들의 분화는 후진국과 중진국 그리고 선진국이냐에 따라 다양함과 숫자가 다르다.

즉 가정과 같은 자연조직체들의 숫자에 비해서 자발적 결사체 조직들의 숫자와 기업과 같은 영리조직체들의 숫자의 비율이 다르다는 것이다. 다양함도 다르다는 것이다.

오늘날 선진국들에서는 스마트 공장과 인공지능 등 4차 산업 혁명이 확산되고 있으므로 일자리가 감소하고 있다. 이렇게 되면 결혼하는 숫자가 적어지고 태어나는 아기들이 없게 된다. 바꾸어 말하면 가정이라는 자연조직체가 생겨나지 않고 분화도 이루어지지 않게 된다는 것이다.

마. 조직체의 생존에 있어서 영향이 큰 것

공동의 목적을 달성하기 위하여 두 사람 이상이 조직을 구성하였을 때 조직체의 생존에 있어서 중요한 가치나 요인은 무엇일까? 인재냐 시스템이냐 기술이냐 등 여러 가지를 생각해볼 수 있지만 어느 한 가지만 중요하다고 말할 수는 없다.

왜냐하면 국가에는 수많은 조직체들이 존재하고 다양한 특성과 다양한 방식에 의해 조직체들이 생겨나고 활동을 하고 있기 때문이다.

이러한 조직체들이 생존활동을 함에 있어서 중요하게 생각되는 것 중 본서에서는 리더십과 학습, 신뢰성과 환경에 대해서만 개략적으로 알아본다.

1) 리더십

리더십(Leadership)은 지휘자로서의 지휘력이나 능력을 발휘하는 것을 말하는 경우가 많다. 다른 한편에서는 공동의 목적 달성이나 내부적으로 변화시키기 위하여 기능들을 분화시키거나 통합시키면서 위기를 돌파하거나 비전을 제시하는 등 구성원들을 이끄는 능력이라고도 한다.

자유·민주주의 국가에서 리더십은 소통하고 통합하는 과정을 통해 결과로 나타나기 때문에 길러질 수 있다. 이는 경직되지 않고 고정된 틀이 없이 소통과 포용 등으로 협력을 이끌어내면서 공유성을 넓혀가는 능력인 것이다.

리더(Leader)란 지휘의 권한이나 영향력을 발휘할 수 있는 사람을 의미하기도 하는데 관리자와 혼동하는 경우가 있다. 관리자는 업무 담당자로서 기획, 예산편성, 통제 등을 통해 업무를 일관성 있게 처리하는 사람이라면 리더는 환경에 대한 흐름을 읽고 판단하여 구성원들이 따라올 수 있게 영향력을 행사함으로써 변화를 이끌어 내는 사람이라 할 수 있다.

리더는 결단력과 용기가 있고 책임성이 강해야 한다. 통찰력 또한 있어야 한다. 이러한 리더는 조직 수준에서는 조직 수준에 맞아야 하고 기관 수준에서는 기관 수준에 맞아야 한다.

해외 시장과 연관된 영리조직체들은 글로벌 시장의 흐름에 대한 통찰력이 있는 사람과 열정이 있는 사람을 필요로 한다. 다른 기업들 또한 열정이 있고 조직원들에게 영감을 주며 책임감이 강하고 효율을 극대화시킬 수 있는 사람을 리더로 삼을 것이다.

봉사단체의 리더들은 사회적 약자들을 위하는 마음이 우러나와야 할 것이고 자발적 결사체 조직들에서는 해당 분야의 전문지식이나 이끄는 능력이 있어야 리더로서 환영받을 것이다.

이러한 리더들이 훌륭한 리더십을 발휘하려면 진실을 바탕으로 해야 하고 열정이 있어야 한다. 자신의 목표의식을 보여주고 다른 사람에게 영감을 주며 동기를 부여해야 한다. 또한 행동과 결과, 실패에 대해 책임의식이 강해야 한다.

리더가 세습되는 경우 자신의 능력보다 혈통이나 부모의 업적 때문에 물려받거나 선택되는 경우가 많다. 이러한 리더는 자질이나 능력이 부족한 경우가 많다.

관리자형의 리더는 기존의 방식을 유지하는 경우가 많다. 비전형의 리더는 환경과 국내외의 흐름을 파악하고 자신의 소명의식을 가진다. 그리고 목표를 설정하고 변화를 시키기 위하여 이끌어 나아간다.

어느 조직체에서든 리더는 사전에 훈련되어 길러질 수 있다. 여기에서 말하는 리더는 지식이 높고 경험이 많다고 해서 모두가 리더가 될 수 있는 것을 말하는 것이 아니라 결단력과 추진력, 책임감과 열정이 있고 삿됨이 없는 사람을 말하는 것이다.

영리조직체의 경우 시장에 대한 흐름을 읽을 수 있으려면 끊임없이 배우고 노력하는 열정이 있어야 한다. 이러한 리더는 직감력이 매우 뛰어난 가운데 다양한 의견을 경청할 줄 알아야 한다. 그리고 판단이 정확하고 미리 대처해 나아가는 능력도 탁월해야 한다.

그리고 구성원들의 개성을 존중하면서 통합시키는 능력이 필요하며 전체에서 중요한 부문을 선별해내는 능력과 시대흐름을 파악하고 대처하는 능력도 필요하게 된다. 나아가 내부적으로 리더들을 길러내는 능력도 필요하며 구성원들의 창의력을 가치 창출로 이어지게 할 수 있는 지혜도 필요하게 된다.

리더의 행동은 리더의 생각에서 나오고 리더의 생각은 뇌에서, 뇌는 정보를 입력함에 의해 기억되고 소멸, 융합되기 때문에 천부적 재능에 후천적인 교육과 노력 그리고 다양한 경험이 중요하게 된다.

소식제를 이끄는 지노자는 소식이 저한 환성과 전체를 보는 능력 그리고 시장의 흐름을 읽을 수 있으면 좋겠다. 그렇기 위해서는 객관적이고 과학적인 사고를 할 수 있어야 하고 고정관념에서 벗어나야 한다.

왜냐하면 숲속에서 사슴을 쫓다 보면 산 전체를 보기가 어렵듯이 자신의 믿음에 따른 편견 된 시각은 자신이 좋아하는 사람 그리고 생각하고 믿는 것 이상의 것들을 볼 수 없기 때문이다.

인간의 뇌에서 이루어지는 결정이나 판단은 관행이나 습관으로 인하여 잘못되는 경우가 많기 때문에 리더는 다양한 시각이나 객관성이 필요하고 혼자보다는 여럿의 의사가 우월하다는 것을 알아야 한다.

왜냐하면 생체 컴퓨터인 인간들의 두뇌는 대부분이 감정영역으로 이루어져 있어서 자기가 좋아하거나 친한 것을 선호하는 경향이 있기 때문이다. 그리고 선입관에 의해 편견이 생기기 쉽기 때문이다. 그러므로 훌륭한 리더십을 발휘하려면 소통하고 반대편의 의견을 수용하는 도량이 필요한 것이다.

본 장에서는 국체 내의 조직체 수준에서 리더십을 말하는 것이지만 국가 차원에서도 알아볼 수 있다.

국가 최고 지도자는 특정 종교나 특정 사상을 초월하여 국가 전체를 이끌어야 하므로 자신의 견해와 반대편에 있거나 믿음이 다른 사람들의 의견까지 경청하고 설득해야 한다. 마치 당태종 이세민이 자신을 능멸하는 위징을 포용하여 국정을 함께 운영했듯이 말이다.

국가와 같은 공동체 조직의 리더십을 말한다면 각 부처의 장들에게 권한을 대폭적으로 위임하고 각 부처의 장들이 리더십을 발휘할 수 있도록 하는 것이다. 그리고 의회와 소통을 잘할 수 있는 것도 대통령과 수상의 리더십인 것이다.

대한민국의 남북한을 통일시킬 수 있는 리더십은 북한의 인민들이 본성적으로 변하는 숫자가 많아지고 체제의 잘못을 아는 것 그리고 공산주의 사상과 주체사상에서 벗어나는 인민들이 많아질 때 발휘되기 쉽다.

지금까지 이야기한 리더십은 국민(또는 인민) 수준과 조직 수준은 물론 기관 수준과 두뇌신경 영역에서도 작용한다는 점이다. 바꾸어 말하면 국민(또는 인민)들 사이에서도 리더십이 발휘될 수 있고 봉사단체나 영리조직체 등 조직 수준에서도 리더십은 발휘되므로 다양하다는 점이다.

2) 학습

본 장에서 말하는 학습이란 조직체의 구성원들이 경험하고 습득함으로써 목표에 근접한 행동을 할 수 있게 하든지 아니면 변할 수 있게 배우는 것을 말하는 것이다.

어느 조직체든 생존적인 기능을 하여야 하기 때문에 구성원들을 교육시키거나 경험토록 하여 조직체의 생존에 기여할 수 있도록 한다. 이러한 학습이 필요한 대상은 자발적 결사체 조직 등 일부를 제외하고는 대부분의 조직체들이 해당된다.

자연조직체인 가정에서는 어린 자녀들이 부모의 말과 행동 그리고 가정 내 분위기 등을 보고 학습을 하게 된다. 자라서는 학교생활과 사회에서 교육을 받거나 접촉과 경험 등을 동하여 학습을 하게 된다.

영리조직체들은 구성원들에게 교육이나 훈련, 연습 또는 여러 방법으로 학습을 시키게 되는데 이는 영리조직체들이 생존경쟁에서 살아남기 위한 방법인 것이다.

즉 경쟁이 치열하거나 환경변화가 심할 때는 학습시킬 필요성이 증가하는데 이때의 학습은 환경변화에 적응하면서 경쟁에서 살아남기 위한 방법이라는 것이다. 그러므로 영리조직체들은 법제적인 문제와 시장의 요구 그리고 경쟁업체들에 대해 끊임없이 연구하고 대처하는 노력을 해야 한다.

관료조직에서는 구성원들의 역할이 바뀔 때와 기능의 변화에 따른 새로운 내용을 배워야 할 때 그리고 법·령의 개폐와 새로운 직책에 따라 업무를 수행하기 위해 학습이 필요하게 된다.

다른 조직체들 또한 학습의 내용이나 방법은 다양하겠지만 현실의 상황에 적응해 가는 것이기 때문에 현실적이면서 미래 지향적인 그리고 시대 흐름에 맞는 학습이 되어야 한다. 이러한 학습은 경직되고 획일적인 방식보다 개방적이고 소통하면서 공감하여 알아가는 방식으로 진행되는 것이 오늘날의 실정에 부합한다.

예를 들어보자. 자녀들에 대한 문제도 자녀들과 대화를 많이 하고 공감을 이끌어내는 방식으로 설득하는 것이 효과적임을 알 수 있다. 학교에서 학생들을 교육시키는 방식 또한 같다고 본다. 학생들 입장에서 이해하고 소통하는 것이 학생들이 거부감 없이 받아들일 것이기 때문이다.

폐쇄적이고 수직적인 위계질서 아래 하는 학습이나 교육은 형식적이거나 암기하는 방식으로 진행되기 쉽다. 이러한 학습은 타율성이 증가하므로 비효율적이다. 그러므로 자유로운 가운데 소통을 하고 이해하며 공감하는 학습이 되어야 한다.

이를 문화적인 측면에서 말하면 수평적인 질서가 이루어지는 문화와 수직적인 체계가 작용하는 문화에 따라 학습하는 방식이 달라진다고 할 수 있다.

예를 들면 수평적인 질서가 이루어지는 사회에서는 자유스러운 분위기 속에서 토론과 설득을 하는 과정을 통해 알아가기 쉽다면 수직적인 위계질서가 강한 사회에서는 지시와 명령, 주입 등으로 학습을 하기가 쉽다는 것이다.

위계질서가 강한 조직체들은 획일적이고 형식적인 교육이나 학습을 하기가 쉬우므로 자율성과 창의성이 발휘되기 어려운 것은 물론 변화가 심한 상황에서는 능동적으로 대처하지 못하게 된다. 하지만 수평적인 질서가 이루어지는 조직체들은 공감하면서 이해하는 자율적인 학습을 하기가 쉬우므로 변화된 상황에 대처하기가 쉽다.

토론을 통하여 비평하고 통합해 나아가는 방식은 각종 조직체들도 해야 하고 국가의 상층부에서도 해야 한다.

3) 신뢰성

조직체들은 타 조직체들과 상호작용을 하면서 생존해야 하기 때문에 신뢰를 하여야 통할 수 있고 하는 일이 이루어지기 쉽다. 신뢰를 하지 않으면 통할 수 없기 때문에 거래는 물론 약속도 지켜지기가 어렵다.

신뢰를 한다는 것은 상호 간에 믿는다는 것으로 소통과 상호작용을 활발하게 한다. 이는 조직체들은 물론 국가의 상층부에서도 신뢰하는 가운데 기능이 이루어져야 함을 의미한다.

　이러한 신뢰성이 국민 수준과 조직 수준에서 강하게 작용하면 구성원들 간에 협조가 잘 되고 상호작용이 순조롭게 진행되지만 상호간에 믿음이 깨지면 하고자 하는 일들을 성사시키기가 어렵게 된다.

　국민(또는 인민)들이 상호작용함에 있어서 신뢰성을 높이려면 진실하고 성실해야 하며 솔직하여야 한다. 남을 속이거나 거짓으로 대하지 말아야 한다는 것이다. 조직체들 또한 마찬가지다.

　예를 들어보자. 가정이라는 자연조직체도 부부간에 믿음이 깨지면 의심하게 되고 무슨 말을 하여도 믿지 않게 된다. 어찌 가정에 있어서 부부간의 문제만 해당되겠는가? 영리조직체 조직들이든 자발적 결사체 조직들이든 모든 조직체들은 내·외적으로 신뢰가 쌓이지 않으면 믿지를 않으니 원활한 상호작용이 이루어지기 어렵다.

　기업이 신뢰성을 높이려고 한다면 기업운영이 투명하고 개방적이며 적법해야 한다. 그리고 생산한 제품에 흠결이 생기면 회수하고 그 물건을 산 사람에게 보상해주어야 고객들은 자회사 제품에 대해 신뢰를 하게 된다.

　시민단체들이 신뢰성을 높이고 사회로부터 인정을 받으려면 시민들로부터 후원금을 받은 금액과 사용내역 그리고 활동에 대해 진실하고 투명하게 공개하여야 한다.

　국민(또는 인민)들 간이나 조직체들과 국민(또는 인민)들 간의 신뢰성은 국가권력 작용과 연관되어 있다. 그러므로 국가권력은 특성별로 분화가 많이 되어야 하고 인사권도 분화되어 기능이 이루어져야 한다.

이러한 것들이 시스템적으로 정착되면 검찰과 경찰(또는 공안) 등 공공조직들의 기능 그리고 판사들의 판결이 진실하고 공정하게 된다. 그리되면 국민(또는 인민)들은 정직하고 성실하게 생존활동을 하기가 쉽고 기업들은 적법하고 투명하게 운영되기가 쉽다.

지금까지 말한 신뢰성은 조직체들 간은 물론 국민(또는 인민)들 간에도 작용하고 국가권력과 영리조직체들 간에도 작용해야 정상이다. 국체 차원에서 신뢰성이 강하게 작용하면 사회적 정의와 국가적 정의를 이루기가 쉽다. 그리고 국체의 안정성이 높아지기도 쉽다.

4) 환경

개인의 행동과 조직체들의 활동을 야기하는 근본 요인은 국민(또는 인민)들과 조직체들의 생존하려는 성질이다. 이러한 성질이 활성화될 수 있느냐 아니면 침체하느냐는 법과 제도 그리고 체제에 의해 좌우된다.

즉 법과 제도에 따라 국민(또는 인민)들의 삶과 조직체들의 활성화 나아가 국가의 번영이 좌우되므로 법과 제도에 의한 환경을 알아볼 수 있다.

법과 제도에 의해 조성되는 환경은 국가 내의 환경으로 국민(또는 인민)들의 삶과 영리조직체들의 활동에 직접적으로 영향을 미친다. 법률의 제·개정은 국회에서 이루어지므로 정치인들의 역활과 정부의 정책이 국민(또는 인민)들의 삶과 영리조직체들의 생존에 직접적으로 영향을 미치게 된다는 것을 알 수 있다.

조직체 내에서의 환경은 수평적 질서가 이루어지는 것을 대표적으로 말할 수 있다. 이는 모든 직원들이 평등하며 소통을 자유롭게 하는 것을 말한다. 그리고 상급자는 하급자의 의견을 존중해 주고 이끌어 주면서 협력해 나아가는 것을 말한다.

이러한 조직체들이 생겨날 수 있었던 환경은 사회구조의 변혁과 연관되어 있으므로 중세 말부터 근대까지의 동서양을 통해 살펴보자.

중국의 왕조국가에서는 한나라 이후 사서(논어·맹자·중용·대학), 오경(시경·서경·주역·예기·춘추)을 최고 이념으로 하는 교육제도와 이에 따른 관료들 선발 그리고 유교의 생활화와 사농공상의 신분적인 체계가 작용하는 환경이 대체적이었다.

하지만 유럽은 인간들의 본성과 본성에 따른 후천성이 중세 말부터 장원경제 등 봉건제가 붕괴되기 시작하면서 그리고 기독교의 기속된 삶에서 분화되면서 수 세기 동안 활발하게 작용했다. 이는 성곽 주변과 교통요지에서 상행위가 이루어지면서 도시가 형성되어 발전했음을 의미한다.

도시에서는 상공업이 발달함으로써 시민사회는 성장했고 시민들의 주장은 강해지기 시작했다. 즉 유럽의 초기 시민사회에서는 자유롭게 행동하고 개인적인 삶을 살아가는 환경을 조성하면서 탐욕성이 기존의 제도나 종교의 기속에서 분화되어 작용하기 시작했다.

이러한 환경은 계속 이어졌기에 자유주의와 개인주의 그리고 자본주의라는 이데올로기가 생겨날 수 있었다. 이러한 환경 속에서 영리조직체들은 생겨나기 쉬웠던 것이다.

이는 시민들이 수평적인 질서를 유지하면서 살게 되었고 경제적 자유와 종교의 자유가 이루어지는 쪽으로 나아갔음을 의미한다.

그러므로 근대 유럽에서는 토론하면서 합의해서 결정하는 문화가 생겨났던 것이다.

이러한 문화는 근대 유럽에서 전쟁을 치룬 후에도 지속적으로 작용하였다. 즉 국가들 간에 여러 조약들이 맺어져 새로운 질서 체계를 이루어 나가면서도 개인과 자유는 계속 분화되어 활발하게 작용했고 시장주의 경제는 이어졌던 것이다.

이러한 환경을 경제적인 측면에서 바라보면 경제적 자유와 경쟁, 탐욕이라는 가치가 활성요인으로 작용하였으므로 기업과 같은 조직체들이 생겨나기 쉬웠던 것이다.

이는 시민들의 의식 수준이 향상되는 쪽으로 작용했고 여러 분야의 산업이 발전하고 진화하는 쪽으로 작용했음을 의미한다.

바꾸어 말하면 유럽은 장원경제와 종교의 기속된 체계로부터 개인과 자유, 탐욕성이 분화하는 쪽으로 진행되었다면 근대 중국과 한국의 근대 조선은 유교의 생활화와 도가사상 그리고 관료주의와 신분적인 체계에서 백성들의 본성이 분화되지 않은 환경이었다.

이를 성질로 보면 유럽은 중세 말에서 근대까지 인간의 타고난 본성이 활성화되기 쉬운 환경이 조성되었다면 근대 중국과 한국의 근대 조선은 형이상학적인 관념과 이상적인 덕목 그리고 신분적인 체계가 인간의 타고난 본성과 이에 따른 후천성을 억제하는 환경이었다.

그러므로 근대 유럽은 영리조직체 등 다양한 조직체들이 많았다면 근대 중국과 근대 조선은 영리소식체 등 다양한 소식체들이 없었던 것이다.

오늘날과 같이 평화로운 상태가 이어지고 글로벌 환경이 안정기에 있을 때는 법과 제도가 환경 역할을 하므로 자국의 법제가 국민(또는 인민)들과 각종 조직체들의 생존 활동에 적합한지가 중요해진다.

기업 등 영리조직체들의 경쟁력을 강하게 하려면 재산권이 보장되고 경제적 자유와 사적자치가 이루어져야 한다. 그리고 기회균등이 보장되고 노력에 따른 신분상승을 쉽게 할 수 있도록 자유·민주주의와 시장주의 환경이 조성되어야 한다.

바. 조직체들의 탄생과 성장 그리고 소멸

국가는 국민(또는 인민)들이 전체를 이루고 있고 조직체계로 되어 있다. 여기서 말하는 조직체들은 스스로 활동하는 것도 있고 기관과 계에 소속되어 기능을 하는 것도 있다.

이러한 조직체계 안에서는 다양한 조직체들이 탄생하고 성장하며, 소멸한다. 본 장에서는 이에 대해 개략적으로 알아본다.

1) 조직체의 탄생

조직체들의 탄생을 일률적으로 말할 수는 없다. 왜냐하면 국가에 있는 조직체들은 매우 다양하고 상이한 조건과 방식으로 탄생하기 때문이다.

자연조직체인 가정은 인간의 본능이 주요 요인으로 작용하고 본성과 후천성도 영향을 미쳐 탄생된다. 영리조직체들은 탐욕성과 이기성이 주요 요인으로 작용하여 탄생된다. 그리고 공공조직은 공적인 필요에 의해 탄생되고 자발적 결사체 조직들은 뜻이 같거나 공동이익과 취미, 가치관과 목적에 따라 탄생된다.

자연조직체와 영리조직체가 탄생하는 것을 좀 더 구체적으로 말하면 가정이라는 조직체는 서로 다른 개체인 성인 남자와 성인 여자가 양가 부모의 승낙을 받고 당사자의 합의에 의하여 결혼식을 올린 후 결혼신고서를 관공서에 제출함으로써 탄생된다.

기업과 같은 영리조직체는 한 사람이 주도하여 여러 요소를 결합시키거나 두 사람 이상이 공동의 목적을 달성하기 위한 합의로 시작된다. 이러한 조직체는 구성원과 자본 등 법규에서 정하는 요건을 갖추어 관공서에 신고함으로써 탄생하는 경우가 대부분이다.

가정과 같은 자연조직체들이 줄어들고 인구가 감소하는 근본적인 이유는 비정규직으로 일을 해서는 결혼 생활을 할 수 없는데 비정규직과 임시직에 종사하는 젊은이들이 불어나고 있기 때문이다.

4차 산업혁명 또한 산업 근로자들을 감소시키고 비정규직을 증가시키기 쉽기 때문에 결혼하는 숫자가 줄어들고 인구가 감소하는 요인으로 작용하게 된다.

자연조직체를 제외한 여러 조직체들은 탄생 초기에 공식적이고 문서화된 방침이나 기능이 미진할 수 있지만 시간이 경과됨에 따라 기능은 정상적으로 이루어진다.

공공조직과 준정부 조직체 그리고 자발적 조직체들은 기능에 따른 구성원 충원이 이루어지면서 소식체로서의 체계를 갖추어 기능이 이루어지는 경우가 많다는 것이다.

이와 같이 대부분의 조직체들은 합의나 절차적인 정당성 그리고 합법성을 확보하여야 탄생된다.

공익단체들은 중진국 이상에서 생겨나기 쉽고 친목단체들은 경제사회의 발전과 의식 수준의 향상에 따라 생겨나기 쉽다. 이러한 조직체들의 탄생과 활동은 국민(또는 인민)들이 인간으로서의 기본권을 보장받느냐에 따라 달라진다.

자발적 결사체 조직인 친목단체들은 구성원들 간의 합의에 의해 탄생된다면 자연조직체인 가정과 영리조직체들은 법적 요건을 갖추어 관공서에 신고한 후 인가나 허가가 나와야 탄생된다.

영리조직체의 경우 국가들마다 탄생 조건이 다르기 때문에 타국의 기업들이라 할지라도 유리한 조건을 찾아 그곳에서 자회사를 설립한다. 즉 조세문제와 행정규제 또는 수출입 문제, 사회적 인프라 등에 따라 영리조직체들은 타국이라도 자회사를 설립하게 되므로 영리조직체들은 글로벌적으로 연관되어 탄생하고 있는 것이다.

영리조직체들은 탄생 초기에는 역량에 따라 특정 지역에서 점차 활동영역을 넓혀간다. 자체 역량이 강화된 영리조직체들은 글로벌적으로 영역을 확장해 나아가려는 속성이 있으므로 국내 조직체라 할지라도 해외에 있는 자회사와 연관되고 타 조직체들과 치열한 경쟁을 하면서 성장하는 경우가 많다.

탄생된 조직체들은 외환경과 구별되는 내 환경이 조성된다. 이러한 조직체들은 생존하려는 성질이 작용하여 기능이 이루어지면서 성장하고 환경에 적응하게 된다.

글로벌화되어 있는 오늘날은 과학기술의 발전과 시대의 흐름에 따라 또는 사람들의 필요성과 생활패턴의 변화에 따라 다양한 영리조직체들이 탄생한다. 시대의 흐름에 따라 새로운 기술이나 새로운 방식으로 탄생된 영리조직체가 시장을 선점할 때는 폭발적으로 성장을 하기가 쉽다.

공공조직과 자발적 결사체 조직들을 제외하고는 인간들의 본성이 작용하므로 탄생 초기부터 탐욕적이고 경쟁하는 속성이 있다. 특히 영리조직체들은 약육강식과 같은 동물적인 본성이 강하게 작용하는 환경 속에서 탄생하는 경우가 많다.

국가 내에 조직체들이 다양한 것과 단조로운 것에 따라서 선진국과 중진국 그리고 후진국으로 분류할 수 있다. 그러니까 가정과 같은 자연조직체들의 비중이 크고 자발적 결사체 조직과 기업과 같은 영리조직체들의 다양함과 숫자가 적으면 후진국으로 분류될 수 있다는 것이다.

2) 조직체의 성장

모든 조직체들은 생존체로서 생명력이 있으므로 성장한다. 조직체들은 다양한 방식으로 성장을 하므로 일률적으로 말할 수는 없다. 하지만 기능적으로 분화하면서 물질의 증가와 소프트 부분의 향상 그리고 구성원이 증가하거나 기술 등이 향상될 때는 성장한다고 할 수 있다.

영리조직체를 예로 들면 자본과 비용이 증가하는 것은 물론 소프트 부분의 향상과 구성원들이 많아지는 것도 성장이라는 것이다. 자연조직체를 제외한 조직체들의 성장을 기능 측면에서 보면 세분화와 전문화가 이루어지면서 활성화되는 경우가 많다.

대부분의 조직체들이 성장할 때는 탄생 초기보다 기능들이 분화하고 소프트적인 가치들을 더 많이 활용하게 된다. 즉 기능의 양은 불어나고 비용이 증가하는 등 양적으로나 질적으로 불어나거나 향상되는 현상이 나타난다는 것이다.

예를 들어보자. 관료 조직에서 새로운 부서가 생겼다면 그에 따른 직원 충원이 이루어져야 하고 직제도 생겨야 한다. 여기에는 당연히 급여나 운영비 등이 증가하게 된다. 이러한 현상은 공공조직들의 성장에서 일반적으로 나타난다.

가정이라는 자연조직체의 성장을 말할 때 아기가 탄생되어 식구가 불어나고 자녀들이 성장하면서 학교교육을 받는 것을 말할 수 있다. 학교를 졸업한 후에 직장을 잡는 등 결혼하기 전까지는 성장하는 과정인 것이다.

자발적 결사체 조직들과 자연조직인 종교조직체들은 구성원 숫자가 많으냐에 따라 성장한다고 할 수 있다. 자발적 조직체들 중 시민단체들은 후원금을 받은 내역과 사용한 내역을 투명하게 공개하여야 성장할 수 있다.

영리조직체의 경우 성장기에는 공식화되고 문서화된 가치가 증가하기도 하고 가치 창출이 늘어나거나 이익이 증가하기도 한다. 이때는 기능이 확대되고 분업화가 이루어지며 소프트 부문이 질적으로 향상된다.

이러한 영리조직체들은 리더들의 오만과 과욕이 생기기 쉽기 때문에 오판을 못하도록 하는 시스템이 중요해진다. 바꾸어 말하면 영리조직체들의 성장기에는 과식하거나 잘못 먹어서 탈이 나기 쉬운 것과 같은 현상이 나타나기 쉽다는 것이다.

과거에 영리조직체들의 경우 구성원 숫자가 불어나면 성장한다고 했지만 앞으로는 그렇지 않다. 왜냐하면 구성원 숫자나 하드적인 크기만 가지고 좋은 성장이라고 말할 수 없기 때문이다.

양적인 성장과 비례해서 질적인 성장을 이루어야 한다는 것이다. 이를 비유해서 말한다면 청소년들이 정신적인 능력이나 사람 됨됨이를 빼고 몸의 체구만 크다고 좋은 성장이라고 말할 수 없는 것과 같다.

영리조직체들의 성장을 과학기술 측면에서도 이야기할 수 있다.

오늘날은 정보통신기술의 발달로 지구촌화를 급속히 앞당기고 있다. 이러한 환경에서 글로벌 기업체들은 인수합병은 물론 혁신적인 기술을 개발하여 성장을 하는 경우가 많다.

이러한 일들은 기업집단이나 재벌들이 하기가 쉽다. 하지만 창의력이 강하고 모험을 두려워하지 않는 사람들은 창업을 하여 새로운 영역을 개척하면서 성장을 하기도 한다.

기업과 같은 영리조직체들의 성장은 국가의 인구수와 규제 정도 그리고 사회적 흐름과 기술적 흐름에 부합하는 첨단기술의 개발에 따라 달라진다. 정부의 정책과 지원도 조직체들의 성장에 영향을 미친다.

규모가 작은 국가에서 중소기업들은 대기업이나 재벌들의 그늘 아래에서는 성장이 어려워질 수 있기 때문에 성상하는 데 한세가 있고 타율적인 성질이 작용하기 쉽다. 그러므로 중소기업들은 연구하고 개발하는 것에 매진해야 한다.

기업체들의 경우 감성과 인문학이 첨단 과학기술과 융·복합하여야 성장하기 쉽다. 왜냐하면 인공지능이나 로봇, 3D 프린터나 빅데이터 같은 4차 산업혁명이 시작되었기 때문이다. 이때는 창의성이 있는 연구원과 과학자들이 기업들의 성장에 영향을 크게 미치게 된다.

국체 차원에서 바라볼 때 공공부분이 비대해지면 민간부분이 위축되기 쉽다. 바꾸어 말하면 관료조직들이 비대하면 영리조직체들을 통제하는 쪽으로 그리고 국민들과 기업들의 납세부담이 증가하는 쪽으로 작용하기 때문에 영리조직체들의 성장에 부정적 요인으로 작용한다는 것이다.

3) 조직체의 사멸(死滅)

조직체가 사멸한다 함은 소멸되거나 법적으로 청산되어 해체된 경우를 말한다.

대부분의 조직체들은 국가 내의 환경과 글로벌적 환경에 적응하여 번성하려고 한다. 하지만 조직체들의 생존환경은 경쟁이 치열하고 위험이 상존하기 때문에 조직체들은 사멸하게 된다.

과학기술 측면에서 보면 제조업의 기술이 첨단화될수록 연구개발을 소홀히 하는 기업은 사멸하기 쉽고 연구개발을 활발히 하는 기업은 살아남기 쉽다.

중견 기업들과 거대 기업들은 자체 개발한 첨단 기술이 외부로 유출되거나 경쟁업체에 넘어갈 때 사멸하기 쉬우므로 기술에 따른 기밀이 상대 기업에 유출되지 않도록 해야 한다.

조직체들의 사멸이 평상적인 수준이라면 별문제가 없겠지만 국민

(인민)들 전체에게 또는 국가경제 전체에 파급력이 크다면 대책이 필요하다. 조직체들의 경쟁력은 곧 국가의 경쟁력과 직결되기 때문이다. 조직체들의 사멸이 적정 수준을 넘을 때는 정부가 조치를 취해야 하는 이유다.

조직체의 구성원이 죽거나 바뀌어도 조직체는 생존할 수 있으나 조직체가 청산되거나 소멸되면 구성원들은 그곳에 소속될 수 없기 때문에 정부는 조직체들이 건강하고 활성화가 되도록 정책을 펴야 한다는 것이다.

왜냐하면 영리조직체들 중에서 사멸하는 숫자가 많아지면 실업자들이 많아지고 경제성장이 멈춰버리기 때문이다.

영리조직체들은 자연환경 요인보다는 인위적인 요인으로 사멸하는 경우가 많다. 예를 들면 글로벌적인 파동과 변화하는 산업의 흐름에 적절하게 대처하지 못해서 사멸하는 경우를 말할 수 있다.

여기서 말하는 자연환경 요인은 기상이변이나 자연재해 등을 말하고 인위적인 요인은 리더십 부족과 산업의 흐름이나 분석력 부족, 경쟁력 약화, 분쟁, 법규위반 등을 말한다.

기업의 경우 리더의 고지식한 사고방식 때문에 혁신을 하지 못하여 사멸하는 경우를 볼 수 있고 과도한 욕심을 부려 사멸하는 경우도 볼 수 있다. 그리고 기업의 총 책임자가 글로벌적 산업의 흐름을 예측하는 능력이 부족하여 서서히 사멸하는 경우도 있다.

거듭 말하시반 서대 기업십난이나 재벌들은 글로벌적 흐름에 맞추어 혁신을 하지 않았거나 부채비율이 높아 글로벌적 파동에 대처할 수 없을 때 사멸하기 쉽다.

그리고 국가 간 분쟁이나 경제전쟁, 감염병이 창궐할 때는 소재와 부품수입이 중단되거나 판로가 막혀 중소기업들이 사멸하기가 쉽다.

자발적 결사체 조직들의 경우는 시대정신에 맞지 않거나 더 이상 필요성이 없을 때 또는 국민들로부터 지지를 받지 못할 때 사멸하기 쉽다. 이러한 조직체들은 법과 제도에 따라 사멸하는 경우가 다르다.

자연조직체인 가정이 줄어드는 근본 요인은 비정규직과 임시직이 점점 불어나기 때문이다. 즉 결혼할 수 없는 조건에 처한 청년과 처녀들이 많아지기 때문이라는 것이다.

좀 더 자세히 말하면 결혼하는 사람이 줄어드는 것은 비정규직과 임시직으로 일을 해서는 결혼생활을 할 수 없는데 이들의 숫자가 점점 불어나기 때문이라는 것이다.

조직체들이 사멸하는 숫자가 많아지면 국체의 대사작용이 원활해질 수 없다. 국가의 성장 동력도 약해진다. 그러므로 정부는 조직체들에 대해 각별히 신경을 써야 한다.

국민(또는 인민)들의 삶과 국가의 경제는 각종 조직체들의 성장과 분화 그리고 사멸이 직결되어 있으므로 신경을 써야 한다는 것이다.

자유·민주적인 정치체제와 자유 시장주의 경제체제를 유지하고 있는 국가들에서 조직체들의 사멸은 국내외의 환경적인 요인과 리더십 등 인위적인 요인이 영향을 크게 미친다.

지금까지 이야기한 조직체들의 탄생과 성장 그리고 사멸은 국가의 체제와 체계성, 사상과 이념, 종교에 따른 문화와 국민(또는 인민)

들의 의식 수준, 경제, 사회적인 환경과 정부의 정책이 연관되거나 영향을 미친다.

4

기관(機關) 수준

 본 장에서 말하는 기관은 국가에서 공적인 기능을 하는 조직체들을 지휘하거나 주관하는 관청을 말한다.

 국가에는 공적인 기관과 사적인 기관 그리고 공사가 복합된 기관이 존재하지만 본 장에서는 공적인 기관들을 말하는 것이다. 공적인 기관이 생겨야 하는 이유는 기능함에 있어 특성별로 분화가 될 필요성이 있고 국민(또는 인민)들과 조직체들의 숫자가 많아져 이들을 지휘하거나 관리할 필요성이 있기 때문이다.

 공적인 기관 내에서는 여러 분야의 특성들에 따른 후천성이 작용하므로 국가의 진화 정도에 따라 또는 발전 정도에 따라 내용이나 질적인 수준이 국가들마다 차이가 난다.

 공적인 기관들은 형태적으로는 분화된 상태에서 기능을 하는 것이 합리적이다. 국가권력 기관들은 특성별로 분화되어 분립 기능을 하는 것이 국가권력의 작용시스템 이치에 부합한다는 것이다.

 이러한 공공기관들의 기능은 국체의 두뇌신경인 법과 제도에 따른 대통령과 수상, 주석과 위원장 등의 통치행위와 내각수반으로서의 행위 그리고 의회의 결정과 대법원과 헌법재판소의 판결에 따라 이루어지는 것이 정상이다.

국가권력을 분립시켜야 한다는 주장은 영국의 존 로크가 가장 먼저 한다. 미국은 1787년 필라델피아 헌법제정회의에서 국가권력을 3권으로 분립시켰다. 이후 미국은 입법부와 사법부, 행정부라는 분권형 권력구조가 오늘날까지 이어져 오고 있다.

오늘날 자유·민주적인 정치체제가 구축된 국가들의 국가권력 작용은 법과 제도에 의해 그리고 공공기관들을 통해 이루어진다. 바꾸어 말하면 국가권력은 공공기관을 통해서 작용한다는 것이다.

이러한 기관 중 행정부는 국민(또는 인민)들과 조직체들 그리고 국가 전체와 관련된 다양한 기능을 한다. 즉 국정운영에 관한 정책과 예산 등이 정치계에서 확정되면 추진할 수 있는 권한이 주어진다.

그러므로 행정부는 국가를 지키고 국민(또는 인민)들이 안전하고 풍요롭게 살 수 있도록 하면서 공동체의 질서를 지키도록 하는 등 집행하는 성질이 작용하게 된다.

입법부라는 기관에서는 법률 제·개정과 국가의 중요 사항에 대한 의결, 확정, 동의, 승인 등이 이루어지는 기능을 한다. 즉 국민(또는 인민)들에 의해 국회의원(또는 하원의원이나 참의원 등)들이 선출되면 합의체 기관인 입법부에서 위와 같은 일을 한다는 것이다.

재판부(헌법재판소와 사법부)라는 기관에서는 재판을 하여 판단하고 결정하는 기능을 하게 된다. 선거관리위원회에서는 법률에 따라 대통령 선거와 국회의원 선거를 관리하고 당선자가 확성되노톡 한다.

이러한 기관들의 분립된 기능은 국가권력 작용을 공정하게 할 뿐만 아니라 신뢰성을 높이게 된다. 특성에 따라 업무의 내용이 다르게 작용하는 기관들의 분립 기능은 국가권력 작용을 민주적이고 공정하게 그리고 효율적으로 하는 체계인 것이다.

공적인 기관들은 국가의 중추적인 역할을 하는 것으로 기능별 특성이 작용하고 경계가 있다. 그리고 기관들마다 체계가 세워지고 체계에서는 공적인 특성이 작용하는 기능들이 이루어진다. 이러한 기관들의 시스템에서는 부처별 특성과 공정성, 투명성과 민(또는 인민)주성이 작용하는 것이 정상이다.

아래에서는 의회와 행정부, 사법부라는 기관의 개념과 기능 등을 대한민국을 예로 들어 간략하게 알아본다.

가. 의회

현대와 같은 의회라는 기관은 근대 이후 영국과 프랑스 등에서 국왕과 영주 또는 귀족들이 참여하는 회의가 점차 자본계급이 참여하는 회의로 진행되다가 결국은 시민계급이 참여하면서 생겨났다. 이를 달리 표현하면 국가권력이 왕 → 귀족 → 자본계급 → 시민계급으로 이동하면서 의회가 진화하였다고 할 수 있다.

이러한 국가권력의 이동은 의회정치의 발전을 가져왔다. 근대 영국에서 의회정치의 발전은 유럽의 내륙 국가들과 미국 등에 영향을 미쳤다. 제2차 세계대전 이후에는 미국과 영국 등 유럽 국가들의 의회제도가 전 세계로 전파되었다.

오늘날 대부분의 국가들은 국민(또는 인민)들이 선출하는 의원들이 의회를 구성하여 국가권력을 생성하고 설계하며 결정한다. 그러므로 국가권력은 국민(또는 인민)들로부터 나오고 있는 것이다.

국회의원(또는 하원의원, 참의원 등)들과 대통령, 주석 등 국가 최고 지도자를 국민(또는 인민)들이 직접 선출하고 임기제로 제어하면 민주성과 통합성이 높아진다. 다른 한편으로는 정권교체를 하기가 쉬우므로 국체 차원에서 보완과 갱신을 제도적으로 할 수 있게 된다.

의회 의원들은 국민(또는 인민)들의 대표자로 선출되어 의회 안에서 본연의 기능을 하게 된다. 예를 들면 토론과 청문회 등을 거쳐 의결하는 기능을 하게 된다는 것이다.

의원 개인의 의정활동은 조직체와 같은 규모이지만 기관으로서의 기능도 하게 된다. 하지만 회의가 개최되어 의결, 동의 등의 정치행위를 하는 것은 두뇌 본연의 기능이다. 그러므로 의원들이 의정활동을 함에 있어서는 의원 자신과 영리조직체들의 본성적인 행위들을 경계해야 한다.

대한민국 의회는 정당이라는 정치조직체를 중심으로 운영된다. 이러한 의회에서는 정당 간 경쟁을 한다. 그리고 기능은 토론과 청문회 등을 거쳐 합의를 이루는 체계로 이루어진다.

의회는 대략 2개의 표준에 따라 운영되는데 미국 영국 일본 등은 양원제를 채택하고 있고 대한민국 덴마크 뉴질랜드 등은 단원제를 채택하고 있나.

단원제를 채택하고 있는 대한민국에서는 법률 제·개정과 예산심의, 국정감사, 국가의 중요사항에 대한 승인과 동의 그리고 의결기능을 하는 의회를 '국회'라고 한다. 그리고 광역시와 도에서 지방자치에 대한 입법과 재정 등에 관하여 의결기능을 하는 의회를 'ㅇㅇㅇ광역시 의회'와 'ㅇㅇㅇ도 의회'라고 한다.

1) 국회의 구성

대부분의 국가들은 국민(또는 인민)들이 보통·평등·직접·비밀선거를 4년(또는 5년)마다 하여 의원들을 선출한다. 대한민국 국회는 지역구에서 선출한 의원과 비례대표제에 의해 선출된 의원으로 구성된다.

합의체 형식이 하나로 되어 있으면 단원제(單院制)이고 둘의 합의체로 되어 있으면 양원제(兩院制)라고 한다. 양원제는 영국과 미국·일본·독일 등이 채용하고 있다.

의회의 양원제와 단원제의 장·단점에 대하여 기존에 주장되었던 것들을 알아보면 아래와 같다.

■ **양원제의 장점**

① 연방국가일 경우 지방의 이익을 옹호할 수 있다.

② 상원이 직능적 대표로 될 수 있고 직능적 이익을 대변할 수 있다.

③ 다양한 의견을 대변할 수 있고 신중한 국정처리를 하도록 한다.

④ 견제와 균형으로 국정이 안정된다.

⑤ 전제정치를 억제하고 다수자의 횡포를 막을 수 있다.

■ **양원제의 단점**

① 국회의 비용이 과다해진다.

② 상원의 견제작용으로 하원의 대정부 견제기능이 약화될 수 있다.

③ 연방제 국가에서 상원의 경우 지방의 이익을 옹호하기 때문에 전체 국민의 의사를 왜곡할 소지가 있다.

④ 의사결정이 지연된다.

■ **단원제의 장점**

① 국정이 신속하게 처리된다.

② 국민의 의사가 국회에 직접 전달된다.

③ 책임소재가 명확하다.

④ 국회의 비용을 절약할 수 있다.

■ **단원제의 단점**

① 국정 심의와 법률제정을 경솔하게 처리할 수 있다.

② 의회의 정부에 대한 횡포를 방지하기 어렵다.

③ 국민의 다양한 의견을 반영하기 어렵다.

④ 여러 의사가 공정하게 대표성으로 나타나기 힘들다.

⑤ 국회에서의 분쟁 시 해결하기 어려운 구조다.

단원제는 신속한 의사결정이 이루어지므로 규모가 작은 국가들이 수용하는 경우가 많다. 국체가 경량급이면 속도라도 빠르고 비용이 적게 드는 것이 유리하기 때문일 것이다.

2) 국회의 정치적 기능 등

근대 동양에서는 충효사상과 수직적인 위계질서가 정체성으로 작용하고 있었기 때문에 대신들이 국왕의 권력을 제한하기에는 한계가 있었다. 바꾸어 말하면 동양의 근대 왕조들은 대부분 유교사상과 충효사상이 복합적으로 작용했기에 왕의 권력을 제한하고 호족이나 지방의 유력인사들이 합의적으로 결정하는 의회정치가 뿌리를 내릴 수 없었던 것이다.

하지만 근대 영국에서는 국왕의 전제정치를 봉건영주 또는 귀족들이 제한하면서 의회제도가 발달하게 된다. 이러한 의회제도의 발전은 영국에서 수 세기를 거치면서 오늘날로 이어졌다.

아래에서는 대한민국 국회에서 행해지는 기능들에 대해 요점만 나열해 본다.

가) 집행권력에 대한 견제

국민(또는 인민)들에 의해 선출된 대통령이나 수상 등은 정책을 국민(또는 인민)들에게 약속하기도 하고 새로운 일들을 추진하게 된다. 이때의 일들은 검증된 것이 아니므로 국민(또는 인민)들에게 부담이 가는 것인지 아니면 국가에 해를 끼치는지 모르기 때문에 의회(또는 국회)에서 견제하게 된다.

즉 대통령과 수상 등의 권력행사는 오·남용될 수 있고 각 부처들도 잘못할 수 있으므로 의회가 견제하는 것이다.

나) 대표의 원리

국회는 국민(또는 인민) 전체를 대표하는 대표기관으로서 입법권과 재정권이 있고 국가의 중요사항에 대한 결정권이 있다. 그리고 동의, 승인, 요구권 등을 행사한다.

다) 행정감독의 원리

행정부에 대해 의회는 견제와 함께 감독기능을 한다. 국정감사·조사권은 이 원리에서 비롯된 것이다.

라) 민주정치 교육효과 등

의회에서 이루어지는 심의·청문회·각종 위원회가 하는 기능들을 투명하게 공개하므로 국민들에게 민주정치를 교육시키는 효과와 인식능력을 향상시키는 효과가 있다.

이러한 효과가 있기 위해서는 국회의원들을 국민(또는 인민)들이 직접 선출해야 하고 임기제로 제어해야 한다. 그리고 의회에서의 활동 등을 국민(또는 인민)들에게 투명하게 공개해야 한다.

3) 대한민국 국회의 운영

대한민국 국회는 국회의원이라는 구성원들로 구성되어 있다. 내부 조직으로는 국회의장과 부의장 그리고 각종 위원회가 있으며 일정한 수의 국회의원으로 구성되는 교섭단체가 있다. 그리고 국회 내에서는 의사원칙이 있다.

- 국회의장은 국회를 대표하고 회기 중 의사(議事)를 정리하며 질서를 유지하고 사무를 감독한다. 의장이 사고 시에는 의장이 지정하는 부의장이 그 직무를 대리한다.

  의장과 부의장이 모두 사고 시에는 임시 의장을 선거한다. 이때는 출석의원 중 최연장자가 의장의 직무를 대리한다. 임시 의장은 재적의원 과반수의 출석과 출석의원 다수의 표를 얻은 자가 된다.

- 위원회: 오늘날 국가들은 수많은 영역으로 분화가 되어 기능이 다양해지고 복잡해졌다. 이에 따라 국회의 기능도 광범위한 영역 전반으로 확대될 수밖에 없게 되었다.

  국회의원들이 국가 내·외에서 일어나는 모든 일들에 대해 심의하기에는 비합리적이고 적절하지 않다. 그러므로 각 분야별로 위원회를 구성한 후 의원들은 실질적으로 알 수 있는 분야의 일들을 위원회를 통하여 먼저 심의한 후 본회의에 상정여부(上程與否)를 결정한다. 바꾸어 말하면 본회의에 앞서 예비적인 심의를 하는 것이 필요하게 되었기 때문에 상임위원회 제도를 둔 것이다. 대한민국에서는 본회의 중심주의를 지양하고 상임위원회 중심주의를 취하고 있다. 법안심의는 상임위원회에서 하고 본회의에서는 심사보고를 한 후 가부투표를 하도록 하고 있다. 위원회는 상임위원회와 특별위원회가 있는데 상임위원회는 일정한 의안을 심사하기 위하여 상설적으로 설치된 위원회를 말하고 특별위원회는 임시적인 조직으로 상임위원회에 속하지 않은 특별한 안건을 처리하기 위하여 일시적으로 설치하는 위원회를 말한다. 여기에서 처리하는 안건은 국회에서 의결될 때까지만 존속한다. 입법과정에서 위원회의 역할은 상당히 중요하다. 위원회는 소입법부라고도 한다. 영국을 제외한 많은 국가에서는 위원회가 법률안 심의에 중요한 역할을 하고 있는 것으로 알고 있다.

그 이유는 법률안 심의에 있어서 시간의 절약과 중요 안건의 깊은 토의 그리고 능률적인 의사(議事)운영이 가능하기 때문이다. 이는 전문적인 지식을 가지고 심의하므로 국정의 전반적인 기능이 전문화·복잡화·다양화되어가는 추세에 부합하는 것이다.

• 교섭단체: 한국의 국회에서는 20인 이상의 소속의원을 가진 정당은 하나의 교섭단체를 구성할 수 있다. 정당을 같이하는 국회의원으로 구성된 교섭단체는 정당의 정책을 실현하기 위하여 투쟁할 수 있다. 그리고 의원총회와 원내총무 등의 조직을 구성할 수 있다.

교섭단체는 소속의원이 연서·날인한 명부를 의장에게 제출해야 하고 소속의원의 이동이나 정당의 변경이 있을 때와 어느 교섭단체에도 속하지 아니하는 의원이 당적을 취득하는 때는 그 사실을 즉시 의장에게 보고하여야 한다. 교섭단체는 입법 활동을 보좌하기 위하여 정책연구원을 둘 수 있다.

• 회기: 국회는 상설기관이 아니다. 의회 내에서 국회가 활동할 수 있는 일정한 기간을 회기라고 한다. 회기는 정기회와 임시회 및 특별회가 있다.

정기회는 법률이 정하는 바에 의하여 매년 1회 집회하는 것으로 국회법에서 집회일을 정하고 있다. 정기회는 매년 9월 10일에 집회한다. 정기회의 회기는 100일을 초과할 수 없고 임시회는 30일을 초과할 수 없다. 정기회의 업무는 일반적으로 법안과 예산안을 심의·확정하고 통과시킨다.

임시회의 업무는 대통령이나 국회의원이 제안한 안건을 처리하고 법률안의 심의, 추경예산안의 심의 등을 한다. 대통령의 요구로 소집된 임시회는 정부가 제출한 의안에 한하여 처리하며 국회는 대통령이 집회 요구 시에 정한 기간에 한하여 개최한다.

특별회는 국회가 해산된 다음 새로이 선출된 국회의원이 최초로 집회하는 것을 말한다. 대한민국의 경우 국회의원 총선거 후 최초의 임시회가 이에 해당한다. 이는 국회의원 임기 개시일로부터 30일 이내에 집회함을 말한다.

회기 내에서 활동하는 국회는 헌법 또는 법률에 특별한 규정이 없는 한 재적의원 과반수의 출석과 출석의원 과반수의 찬성으로 의결한다.

우리나라는 헌법과 법률에서 특별정족수를 규정하고 있다. 법률안의 재의(再議)는 재적의원 과반수의 출석과 출석의원 3분의 2이상의 찬성을 요한다. 국무총리·국무위원의 해임결의, 일반적인 탄핵소추권 결의, 대통령의 비상조치 해제요구, 계엄의 해제 요구는 재적의원 과반수를 요하고 국회의원 제명처분, 대통령의 탄핵소추, 헌법개정의 의결은 재적의원 3분의 2이상의 찬성을 요한다. 그리고 표결 결과가 가부 동수인 경우 부결된 것으로 간주한다.

• 회의의 원칙: 회의의 원칙에는 회의공개원칙, 회기계속의 원칙, 일사부재의(一事不再議)원칙, 정족수 원칙, 폭력배제 원칙, 다수결 원칙, 소수의견 존중 원칙이 있다.

국민들에 의하여 선출된 국회의원들의 의정활동은 국민들의 감시와 비판을 받을 수 있다. 회의공개 원칙은 국회의 본회의에만 적용되는 것이고 위원회에서는 공개하지 않을 수도 있다.

의사공개 원칙은 방청의 자유를 인정하며 의사에 대한 보도의 자유, 국회의사록의 공포나 배부자유의 원칙 등을 포함한다. 의사공개 원칙은 출석의원 과반수의 찬성이 있거나 의장이 국가의 안전보장을 위하여 필요하다고 인정한 때는 공개하지 아니할 수 있다.

회기계속의 원칙은 국회에 제출된 법률안 기타의 의안은 회기 중에 의결되지 못한 이유로 폐기되지 아니한다. 그러나 국회의원의 임기가 만료되거나 국회가 해산된 때는 회기가 계속되지 아니한다.

일사부재의 원칙은 회의운영에 있어서 회기 중에 부결된 의안을 그 회기 중에는 다시 제출하지 못하는 것을 말한다. 즉 부결된 안건은 같은 회기 중에 다시 발의 또는 제출하지 못함을 말한다.

4) 국회의 권한

대한민국 국회는 법률제정과 개정 그리고 정부에 대해 견제와 제어기능을 한다. 그 밖의 사항 등도 의결하고 확정시킨다. 이러한 기능을 하는 의회는 아래와 같은 권한이 있다.

가) 입법에 관한 권한

입법이란 국가의 통치·경영·관리 등에 관하여 일반적·추상적인 법규를 제정하는 것이라고 할 수 있다. 대한민국의 헌법에서는 "입법권은 국회에 속한다."고 하여 국회의 입법에 관한 권한을 규정하고 있다. 헌법이 규정한 법규사항과 법률사항은 반드시 법률로 정하여야 한다.

헌법은 죄형법정주의(罪刑法定主義) 구속적부심사청구권(拘束適否審査請求權) 국선변호인 선임권, 재산권의 내용과 한계 및 공용수용, 보상의 기준, 공무담임권, 선거권, 재판청구권, 청원권, 국가배상·형사보상청구권, 교육제도, 근로의무, 생활보호청구권, 기본권제한입법, 납세의무, 국방의무, 국적, 정당, 대통령선거, 국군조직편성, 통수(統帥), 대통령령, 계엄(戒嚴)사면, 국가안전보장회의, 민주평화통일자문회의, 국민경제자문회의, 행정각부, 감사원, 국회의원선거, 법관의 자격, 연임, 퇴직, 행정심판절차, 헌법재판소, 선거관리위원회, 지방자치단체, 국민경제의 규제와 조정, 국토개발이용, 지하자원, 수산자원, 산지(山地), 소비자 보호 등을 법률로서 규정하도록 하고 있다.

이외에도 헌법개정발의권, 헌법개정심의권, 조약체결, 비준에 대한 동의권을 가진다.

나) 재정에 관한 권한

재정입법권은 국회의 고유권한이다. 대한민국 헌법은 "조세의 종목과 세율은 법률로서 정한다."고 하여 조세법률주의를 선언하고 있다.

정부가 편성하여 국회에 제출한 예산안에 대한 심의 확정권, 국가의 세입부족을 보충하기 위하여 재정적 채무를 지는 기채동의권(起債同意權), 예산외에 국가에 부담이 될 계약체결에 대한 동의권, 예산외의 재정적 부담이 되는 조약체결에 대한 동의권, 예비비 지출에 대한 승인권, 정부의 결산에 대한 심사권을 가지고 있다.

다) 국정감사·조사권(國政監査·調査權)

국회는 국정을 감사하거나 특정한 국정 사안에 대하여 조사할 수 있다. 필요한 서류의 제출 또는 증인의 출석과 증인이나 의견의 진술을 요구할 수 있다. 그리고 요구받는 자 또는 기관은 국회에서의 증언·감정 등에 관한 법률에서 특별히 정한 경우를 제외하고는 누구든지 이에 응하여야 하며, 위원회의 검증 또는 기타의 활동에 협조하여야 한다.

감사 또는 조사를 마치면 위원회는 그 결과에 대한 보고서를 작성하여 의장에게 제출하여야 하고 의장은 바로 본회의에 보고하여야 한다. 국회는 본회의의 의결로 감사 또는 조사 결과를 처리하도록 규정하고 있다.

라) 대정부 견제권

정부에 대한 견제권의 구체적인 내용은 국무총리 임명동의권, 국무총리, 국무위원 출석요구권 및 질문권, 국무총리·국무위원 해임결의권, 대통령·국무위원 기타 법률이 정한 공무원에 대한 탄핵소추권, 비상조치승인권과 해제결의권, 계엄해제요구권, 선전포고 및 국군해외파견·외국군 주둔에 대한 동의권, 일반사면에 대한 동의권 등이 있다.

기타 국회의 권한으로는 중요 공무원 선임권과 임명동의권이 있고 국회 내부 사항에 관한 자율적 권한이 있다.

5) 국회의 지위

의회제도는 영국과 프랑스 등에서 오랜 세월을 거치면서 발전하였다고 했다. 처음에는 왕권과 영주, 귀족들의 정치적인 또는 권력적인 대립에서 시작되지만 자본가들이 참여하고 확대됨으로써 결국에는 시민들이 참여할 수 있는 의회로 발전하였다. 이러한 의회제도를 대한민국은 1948년 정부를 수립하면서 수용하였다.

대한민국 국회는 법률 제·개정권을 갖고 있으며 대통령을 포함한 정부에 대해 감시와 견제기능을 하고 있다. 그리고 심의기관으로서 거르고 보완하는 역할도 하고 있다.

즉 대한민국 국회는 국민(또는 인민)의 대표기관이요 입법기관으로서의 지위를 가지며 국가권력이 오·남용될 때는 견제하거나 제어할 수 있는 역할을 한다. 아래에서는 이에 대해 개괄적으로 알아본다.

가) 국민의 대표기관

국회의원들은 지역 단위에서 또는 비례대표로 선출되어 국가 전체를 위한 합의체를 구성한다. 즉 국회는 국민들이 주권을 행사하여 구성시킨 합의체로서 국민의 대표기관이다.

대부분의 국가는 헌법이나 기본법 제정 때부터 의회를 국민(또는 인민)들의 대표기관으로 규정하고 있다.

나) 입법기관

국회의 가장 본질적인 권한은 입법에 관한 권한이다. 하지만 오늘날 국회는 정부에서 작성한 법안을 통과시키는 역할을 하기도 한다.

입법과정에서 압력단체와 로비스트가 발달한 국가에서는 입법이 국민(또는 인민)들의 의사를 반영하는 것이 아니고 이익단체나 정당의 이익, 지역의 이익, 산업별 특정 기업의 이익을 옹호하기도 한다.

다) 정부정책 통제기관

국민(또는 인민)들에 의하여 선출된 대통령이나 주석 등이라도 정부에서 추진하는 정책은 다시 심의하여 견제를 받아야 한다. 정책통제기관으로서의 국회는 정국의 혼란을 야기(夜氣)시킬 목적이 아니라 수정하여 올바른 방향으로 이끌거나 제어하여 더 이상 국민(또는 인민)들이 부담을 지지 않도록 하고자 함이다.

정부에 대한 정책통제는 불신임권, 출석요구권, 질문권, 해임권, 동의권, 승인권, 탄핵소추권, 국정조사권 등에 의하여 이루어지고 있다.

6) 선거제도와 임기제

선거제도가 필요한 이유는 국가를 운영하는 대표자들을 뽑아야 하기 때문이다. 그리고 국민(또는 인민)들 개개인은 의견이 다르기 때문에 엄정하고 공정한 선거제도가 필요하게 된다.

공정하고 엄정한 선거가 되기 위해서는 정치사상이나 각종 종교 그리고 인종이나 성별 등으로 인한 영향을 받지 않아야 한다. 그러기 위해서는 신거관리위원회가 정당들과 내동령 그리고 시빈난제들한테 영향을 받지 않도록 해야 하므로 인사권이 분화되어야 한다.

즉 선거관리위원회의 기능은 객관적이고 중립적어야 한다는 것이다. 그리고 선거로 인한 분쟁은 엄정하고 공정하게 그리고 신속하게 판단해야 한다.

대표자들을 선출하는 선거는 각종 조직이나 기관들이 잘못 운영되는 것을 바로 잡기도 하고 전임자가 완결하지 못한 것을 후임자가 완결하기도 한다. 그리고 현실에 맞지 않는 것을 바꾸고 새로운 정책 등을 추진할 수 있게 한다.

선거제도는 민주주의의 꽃이라 불리지만 국가를 생체적으로 보는 필자는 국체의 하부구조에 의해 갱신을 하는 제도적 시스템으로 본다.

임기제는 업무를 맡아보는 일정한 기간을 법률로 규정한 것을 말한다. 임기제는 임명한 사람에 대해 충성하는 것보다는 국가에 대해 충성하도록 한다. 공정하고 투명한 업무를 수행하도록 하는 제도라 할 수 있다.

가) 선거의 기본원칙

선거하는 방식은 여러 가지가 있을 수 있다. 하지만 본서는 현재 대부분의 국가들이 채택하고 있는 보통·평등·직접·비밀선거에 대해서만 알아본다.

■ 보통선거

성별·재산·인종·교육·신앙·사회적 신분 등에 의한 자격요건에 제한을 두지 않고 일정한 나이에 달한 모든 국민(인민)에게 선거권을 부여한다. 제한선거에 반대된다.

■ **평등선거**

선거인의 투표가치를 평등하게 취급한다. 그러므로 모든 유권자에게 1인 1표의 투표권을 인정하는 것이다. 불평등 선거는 신분 또는 인종에 따라 다르게 투표권을 준다든지 교육이나 재산의 정도 등에 따라 차등 있게 투표권을 행사하게 하는 것을 말한다.

■ **직접선거**

선거권자가 중간 선거인을 선출하지 아니하고 직접 피선거권자를 선출하는 것을 말한다. 직접선거와 반대되는 것은 간접선거가 있다. 직접선거는 국민(인민)의사와 직결되어 있어 민주적인 방식이라고 할 수 있다.

■ **비밀선거**

선거인이 어느 후보에게 투표를 하는지 알 수 없게 하는 선거이다. 공개선거와 반대된다. 공개선거는 호명(呼名), 기명(記名). 거수(擧手), 기립(起立) 등이 있다.

현재 대부분의 국가는 무기명투표, 투표용지 관급주의 그리고 비밀선거를 보장하고 있다.

나) 선거구(選擧區)

독립하여 선거를 할 수 있는 단위구역(單位區域)을 선거구라 하는데 대부분 딩파직인 타협에 의해 획정되고 있는 것이 오늘날의 현실이다.

■ 소선거구제

하나의 선거구에서 1인의 당선자를 선출시키는 제도. 장점으로는 대(大)정당에 유리하고 소(小)정당에 불리하다. 군소정당의 난립이 방지되므로 정국안정에 도움이 된다. 지방적 명망가에 유리하고 선거인의 후보자 파악이 유리하다. 선거비용이 비교적 소액으로 지출된다. 선거관리가 용이하다. 단점으로는 사표가 많이 발생하고 지방적 세력가의 당선으로 의원의 질이 저하된다. 신진 인사의 정계 진출에 불리하고 선거운동이 과열되기 쉽다. 지역이 좁아 선거간섭과 정실·매수 등 부정선거 가능성이 높다.

■ 중선거구제

하나의 선거구에서 2~4인의 당선자를 선출하는 제도. 장점으로는 대정당과 소정당의 정계진출이 공정하다. 광범위한 지역에 기반을 둔 인물이 진출하기 용이하다. 소선거구제와 대선거구제의 단점을 보완할 수 있다. 단점으로는 선거비용이 비교적 많이 들고 후보자의 식별이 어렵다. 동일 정당내의 당원끼리 경쟁하는 폐해가 발생한다. 부정선거 방지가 소선거구제보다 어렵다. 하지만 오늘날은 정보·통신기술이 발달하였기 때문에 단점이 적어질 것이다.

■ 대선거구제

하나의 선거구에서 5인 이상 당선인을 선출하는 제도. 장점으로는 정당정치의 발전을 가져올 수 있다. 새로운 인사나 새로운 정당의 진출이 용이하다. 전국적인 인물이 당선되기 쉽다. 사표가 감소된다. 정실·매수 등의 부정방지가 용이하다. 단점으로는 선거비용이 과다하게 지출된다. 소수당의 난립으로 정국이 불안정하기 쉽다. 대표(의원)와 선거구민간에 유대관계가 긴밀하지 못하다.

다) 당선 결정 방법

선거를 통하여 뽑는 방식 즉 당선결정 방법을 어떻게 하느냐의 문제다. 이는 국민(인민)들의 의사를 어떻게 반영시킬 것인가? 자유와 평등의 원리에 충실한가? 대표성이 확실하게 반영되고 있는가? 가 중요하게 된다.

현재는 평등의 원리가 작용하는 다수결 제도를 대부분의 국가에서 채용하고 있다. 하지만 소수의견 또는 소수파를 존중하기 위한 방식도 있다.

■ 다수대표제(多數代表制)

다수표를 획득한 자를 당선시키는 제도. 일정한 선거구에서 유권자의 다수표를 득점한 후보자가 전체를 독점한다. 정국의 안정을 가져오는 장점이 있지만 사표가 많다. 내각책임제에서는 다수의 표를 얻은 정당이 전체를 지배하는 경향이 있다. 양대 정당의 기능이 잘 발휘될 수 있고 정권교체 가능성이 높아 의회정치가 가능한 영국에서 채용하고 있다. 다수대표제에서는 소선거구제나 대선거구연기투표제를 취하고 있다.

■ 소수내표세(少數代表制)

유권자의 소수파에게도 득표수에 알맞게 의원을 낼 수 있게 하는 제도. 다수대표제의 결점을 보완할 수 있는 제도로 한 사람에게만 투표하는 단기명

투표제(單記名投票制), 2명 이상의 후보에게 투표할 수 있는 연기명투표제(連記名投票制) 여러 장의 투표권을 가지고 한 후보에게 누적적으로 투표할 수 있는 누적투표제(累積投票制)가 있다. 소수의 의견을 존중하고 사표를 방지하는 장점이 있으나 집권여당의 동반 당선을 쉽게 하고 절차가 복잡한 단점이 있다.

■ **비례대표제(比例代表制)**

정당들의 득표수에 비례하여 당선자의 수를 공평하게 배정하는 선거제도. 소수대표제에서는 공정한 비율에 의한 국민(인민) 의사를 반영시키지 못하므로 이러한 제도가 고안되었다. 사표를 방지하는 장점이 있으며 대선거구제를 전제로 한다. 비례대표제의 방법으로는 단기이양식(單記移讓式)과 명부식(名簿式)이 있는데 유권자의 선택에 중점을 두는 단기이양식과 정당 중심의 선거에 중점을 두는 명부식이 있다.

■ **직능대표제**

직능별로 의원을 선출하는 제도. 장점으로는 전문적인 의견이나 직능별로 이익을 어느 정도 반영할 수 있다. 단점은 선거라는 방법을 통하지 않고 선출되는 것으로 의회정치의 기본원리인 대표성의 원리가 무시된다.

나. 행정부(行政府)

행정부라는 기관의 기능은 일반적으로 입법 사법 행정으로 분리했을 때 '행정에서의 기능'을 말한다. 즉 대통령중심제나 내각책임제 또는 이원정부제 등에서의 내각 또는 장관 및 그에 부속된 부처에서 하는 기능을 말한다.

이러한 행정부를 생체적인 측면에서 보면 관장하고 집행하는 성질이 있다. 바꾸어 말하면 국가의 안보와 경제, 복지와 치안, 교육, 과학기술, 외교와 무역 등에 대해 실질적인 일을 한다는 것이다.

1) 행정

본 장에서 이야기하는 행정은 국가작용 중 입법부와 사법부에서의 행정을 제외한 정부에서 담당하는 행정을 말하는 것이다.

행정부에서는 영토를 지키고 교육과 복지, 치안, 통상 등 수많은 일들을 한다. 법적인 측면에서는 법을 개별적·구체적으로 집행하여 국가작용을 실현한다고 말할 수 있다.

이러한 기능을 하면서 추구하는 것을 가치 측면에서 볼 때 미국과 유럽 국가들의 행정은 개인의 인권과 자유, 재산권 보장이 중요한 가치로 자리매김을 한 가운데 치안을 유지하면서 통상을 중시하고 있다고 할 수 있다.

그러니까 유럽과 미국 등 서구 국가들의 행정은 중세 말 이후 인간들의 본성과 본성에 따른 후천성이 종교의 기속과 기존의 제도에서 분화되어 나와 국민(또는 인민)들의 정체성으로 자리매김하면서 발달하였나.

이러한 행정에서는 개인의 인권과 자유 그리고 안전과 재산권 보장 같은 가치들을 지키거나 보장하기 위해 기능을 하고 있다.

1945년에 해방된 대한민국은 6·25전쟁을 치르면서 모든 것은 파괴됐고 국민들은 빈곤에서 굶주려야 했다. 이러한 가운데 정치사상간 대립이 심했으므로 장악하고 통제하는 행정과 경제개발 계획을 수립하고 시행하면서 권위적인 행정이 행해졌다. 2000년대 이후에는 국민들의 일자리를 늘리고 복지사회를 지향하는 행정으로 변화했다고 할 수 있다.

대한민국의 행정 기능이 획기적으로 변화하여 오늘날에 이른 것은 1961년 군부 쿠데타로 집권한 군사정부에 의해서 이루어졌다고 해도 과언이 아니다. 당시 군사정부는 산업과 과학기술, 농촌사회뿐만 아니라 행정기능에서도 혁명적인 개혁을 단행하였다.

그러니까 조선말의 전통적인 행정 체계와 체계에서의 내용이나 기능을 서구적으로 개혁하였다(일부에서는 군사문화라고도 했음). 박정희 전 대통령을 포함한 당시 엘리트들은 경제개발과 새마을 운동 등 수많은 분야에서 앞장서서 권위적으로 이끌었으므로 1960~1970년대까지는 권위적이고 체계적인 행정이 행해졌다고 할 수 있고 2000년 이후부터는 분권적이고 수평적인 성질이 작용하는 행정이 행해지고 있다고 할 수 있다.

2020년대인 오늘날의 행정은 중앙집중형 행정과 지방분권형이 복합적으로 행해지고 있다. 지방자치 행정은 지방의회의 견제를 받거나 연계되는 등 정치적인 성향으로 나아가고 있다. 오늘날 지방자치단체들과 정부는 국가의 살림살이를 글로벌적인 안목에서 생각하기 때문에 관리적인 행정에서 경영적인 행정으로 변하고 있다.

행정의 관리적이고 지배적인 기능은 오래전부터 해오던 것이지만 오늘날은 있는 그대로의 관리가 아니고 효율적인 관리, 예측적인 관리, 복지적인 관리, 민생적인 관리로 나아가고 있으므로 공무원들의 전문성과 봉사정신 그리고 국민(또는 인민)들의 납세부담이 밀접하게 연관된다.

특히 청년들의 실업률이 상당히 높으므로 이를 해소하는 차원에서 일반 공무원들을 계속 증원하면 기업들과 국민(또는 인민)들의 세금부담이 증가하게 된다. 공무원들의 비대함은 국민(또는 인민)들의 징세부담과 국가 경쟁력이 연관된다는 것이다.

정책수행에 따른 행정은 불가피할지 모르지만 행정부로서의 본연의 기능이 당파적으로 휘둘려서는 아니 된다. 그리고 검찰과 경찰, 공수처와 국가 정보원이 내 편은 죄가 되지 않고 상대편만 죄가 되는 식으로 기능을 해서는 아니 된다.

기존의 틀을 벗어나 생산적이고 진보적인 행정기관이 되려면 격식에 얽매이는 일반적인 행정을 줄이고 사회의 취약계층을 돕는 복지행정과 산업을 번영케 하는 행정이 이루어져야 한다.

즉 국민(또는 인민)들이 먹고사는 것이 가장 중요하므로 관리적인 행정보다는 경제를 살리는 행정이 되거나 복지사회가 이루어지도록 하는 행정이 되어야 한다는 것이다.

오늘날 대한민국 지방의 경우 광역시 시장과 구청장, 광역시 의원과 구 의원들을 시민들과 구민들이 선거에 의해 선출하기 때문에 이들은 정치적으로 행정을 하기가 쉽고 불법을 서슴기도 쉽다.

예를 들면 일부 기관장들은 선거에서 자기를 도와주었거나 선거자금 등과 관련된 사람들을 임시직이나 고용직으로 채용하여 정규직화 시키는 경우가 있고 일부 지방의원들은 권한을 이용하여 불법행위를 하는 경우도 있는 등 부작용이 일어나고 있다는 것이다.

대통령과 지방자치단체장들 그리고 정치인들의 단체인 정당은 정치적으로 작용하므로 공공부문이 비대해지기 쉽고 시민단체들을 직·간접적으로 지원하기도 한다. 이는 국민들과 기업체들의 세금부담을 증가시키는 요인으로 작용한다. 그리고 국가 경쟁력을 떨어트리는 요인이 된다.

2) 행정의 법적 근거

정부는 국가의 살림살이뿐만 아니라 영토를 지키고 교육시키며 다른 국가들과 통상과 외교 등 수많은 일들을 한다. 미래에 대한 준비까지 해야 한다. 이렇게 많은 일들을 해야 하는 행정부의 기능은 어떠한 근거에 의해 행해지는지 간략하게 알아볼 수 있다.

대한민국은 성문법전을 가지고 있는 국가로서 헌법과 법률, 조약, 대통령령, 부령, 시행규칙, 조례와 자치법규를 행정의 법원으로 하고 있다.

헌법은 국가의 기본법으로 행정조직·행정작용·행정구제 등 행정에 관한 사항을 법률에 정할 것을 규정하고 있다(행정법의 최고법원). 그러므로 헌법과 법률은 행정의 중요한 법원인 것이다.

헌법상 절차에 따라 체결·공포된 조약과 일반적으로 승인된 국제법규도 행정의 법원이 된다. 그리고 대통령령과 부령, 시행규칙, 지방자치단체의 조례와 규칙도 행정의 법원이 된다.

공공조직들은 법과 부령 그리고 시행규칙에 따라 직제가 생기고 그에 따라 행정 업무를 처리하므로 법과 부령 그리고 시행규칙은 행정의 중요한 법적 근원이 된다.

이러한 근거에 따라 이루어지는 행정부의 기능은 대통령이나 수상을 행정수반으로 한다. 이와 같은 행정은 한국의 경우 부처별로 장관들이 지휘, 감독하고 책임을 지는 중앙행정과 광역시와 도지사, 시장과 구청장, 군수 등을 기관장으로 하는 지방자치단체의 행정으로 구분되지만 연계되어 기능이 이루어지고 있다.

즉 중앙정부 행정과 지방정부 행정으로 나눌 수 있지만 일정한 사항이나 부분에서는 연계되어 행정업무가 행해지고 있다는 것이다.

선거사무를 지방자치단체 공무원들이 맡아 보지만 선거법이 행정의 법원은 아니다. 왜냐하면 선거관리위원회는 행정부에 예속된 기관이 아니라 분화되어 있는 독립된 기관이기 때문이다. 그러므로 선거법에 따라 행해지는 절차적 규정들은 일반 행정의 법원이 될 수 없다.

3) 행정의 신경체계(한국의 경우)

대한민국의 경우 행정부라는 기관 아래에는 수많은 행정조직들이 있다. 이들 조직들은 상위적으로 작용하여 통합되는 체계로 되어 있다.

법률의 규정에 의한 부령과 시행규칙에는 기구와 직제 같은 체계를 세울 수 있는 근거가 규정되어 있으며 행정부 기능의 주요 내용과 목적 등을 실현하거나 작용시킬 수 있는 세부적인 규정들을 담고 있다. 즉 행정의 체계와 체계에서의 기능과 목적 등은 법률에 근거하여 부령과 시행규칙에서 구체화하고 있다는 것이다.

법률의 제정과 개정은 선거를 통하여 선출된 국회의원들이 다수결로 결정하는 등 절차적 정당성과 합법성을 갖추어야 한다.

합법적으로 제정된 법률에 따라 대통령령을 발할 수 있고 부령과 시행규칙을 제정하고 개정할 수 있다. 지방자치단체의 조례 또한 법률과 부령, 시행규칙의 규정에 따라 지방자치단체 의회에서 제정하고 개정할 수 있다. 이렇듯이 행정부의 행정은 규범적 체계에 의해 생겨나고 기능을 하게 된다.

바꾸어 말하면 한국의 법제는 상위 수준의 규범에 반하여 제정될 수 없다. 무슨 말이냐면 지방자치단체의 조례는 부령에 반하여 제정되어서는 아니 되고 부령은 대통령령에 반해서 제정되거나 시행되어서는 아니 된다. 대통령령 또한 헌법과 중요한 법률에 반하여 제정되거나 시행되어서는 아니 된다는 것이다.

행정관청의 조직들은 기구와 같은 틀을 짜고 직제가 편성되는 체계로 되어 있다. 이에 따라 직원들은 업무를 수행한다. 업무를 수행하는 공무원들은 소속된 기관과 직책에 따라 법률 → 대통령령 → 부령 → 시행규칙 → 조례의 체계로 이루어진 규범과 규정들에 의해 업무를 처리하게 된다.

군대조직과 치안을 담당하는 경찰조직은 위계질서가 정연하고 규율이나 기강이 일반 행정조직들보다 강하다. 이들 조직들의 기구와 직제 편성은 지휘권과 밀접하게 연관된다. 다른 조직들 또한 구성원들에 대한 지휘권과 명령권은 법·령에 근거하므로 이는 국체의 신경작용임이 분명하다.

지방자치단체의 행정기능은 광역시장 → 부시장 → 국장 → 실장 → 과장(또는 팀장) → 계장 →직 원의 체계로 이루어진다. 이러한 신경작용과 업무의 체계는 밑으로 내려갈수록 층이 두껍고 구성원 숫자가 많다.

군대의 기능이나 명령(또는 신경체계)은 국방부 장관 → 육군·해군·공군참모총장 → 사령관 → 군단장 → 사(여)단장 → 연대장 → 대대장 → 중대장 → 소대장 → 분대장 → 사병 체계로 이루어지고 있다.

이러한 체계는 다른 부처로부터 명령이 통하지 않는 것이 원칙이다. 이는 분화된 직무의 특성과 체계가 다르기 때문이다.

그러므로 행정부의 기능은 법률과 령, 조례 등에 따라 행해져야지 의회의 규칙이나 사법부의 재판규정이 적용되어서는 아니 된다. 행정의 체계 또한 생체적으로 작용하여야 하므로 상위적으로 작용해야 한다.

서양과 동양은 체계성과 문화가 다르기 때문에 행정체계와 체계에 따른 행정의 방식이나 기능이 다르게 이루어진다.

하나의 예를 들면 서양은 수평적인 질서에서 평등한 가운데 대표자들을 선출하기 때문에 의회 의원들의 권한이 강하다면 대한민국은 전통적으로 수직적인 위계질서가 이루어졌기 때문에 기관장들의 권한이 강했었다고 할 수 있다.

수평적인 제세가 삭용하는 국가와 수식석인 제세가 삭용하는 국가는 행정 조직들이 생겨나는 방식도 다르다는 것을 알 수 있다.

예를 들면 영미에서는 하부조직들이 생겨난 후 상위 수준의 조직이나 직제가 생겨나는 경우가 많았다면 대한민국은 상부에서 필요하다고 생각할 때 상위 부서가 생긴 다음에 하위 조직들이 생겨나는 경우가 많았다.

4) 대한민국 행정부의 기능

정부는 경제성장을 추진하면서 국가를 지키고 복지사회를 이루는 등 여러 가지 일들을 한다. 이러한 일들은 해당되지 않는 것이 없을 정도로 다양하고 방대하다. 아래에서는 대통령과 국무총리 그리고 각 부처의 기능 등을 요점만 나열해 본다.

가) 대통령

대통령은 통치행위를 하고 내각수반으로서 각 부처의 기능을 총괄한다. 즉 국가의 안보와 외교, 경제와 통상, 복지와 치안, 교육, 과학기술 등을 주관하고 운영한다.

대통령은 법률에서 구체적으로 범위를 정하여 위임받은 사항과 법률에 따라 필요한 사항에 관하여 대통령령을 발할 수 있다(대통령령).

대통령은 헌법과 법률이 정하는 바에 따라 공무원을 임명한다.

나) 국무총리

대한민국의 국무총리는 대통령을 보좌하는 정부의 2인자로 되어 있다. 국무총리에게는 장·차관 등 주요 공무원들에 대한 인사권이 주어져 있지 않으며 정년 규정 또한 확고하지 못하다. 청와대의 눈치를 보거나 뜻에 따르는 하부 조직체와 같다고 할 수 있다.

현행 대한민국의 국무총리 제도는 대통령중심제에 내각 책임제적 요소를 가미시킨 것으로 정권에 따라 국무총리의 권한이 차이가 난다.

헌법에 규정되어 있는 국무총리는

① 대통령을 보좌한다.
② 행정에 관하여 대통령의 명을 받아 행정 각부를 통할한다.
③ 정부의 권한에 속하는 중요 정책을 심의하는 국무회의 부의장이 되며 국무회의에 안건을 제출할 수 있는 권한을 가진다.
④ 행정 각부 장의 임명제청권을 가진다.
⑤ 소관 사무에 대하여 법률이나 대통령의 위임 또는 직권으로 총리령을 발할 수 있다.
⑥ 국무위원 해임 건의를 할 수 있다.

다) 행정 각부(各部)

대한민국은 새로운 정부가 탄생될 때마다 행정 부처들이 통합되거나 세분화되는 경향이 있다. 대통령 후보자가 약속했던 정책을 추진하려고 하니까 정권이 바뀔 때마다 정부 부처들이 변하고 있는 것 같다.

다음에서는 과거에 편제되었던 부처늘 위수로 분류하였으므로 참고하면 된다.

① 재정경제부: 경제정책의 수립·조정·화폐금융·국고·정부회계·경제협력 등에 관한 사무와 국유재산에 관한 사무를 맡아 본다.

② 외교통상부: 외국과의 통상 교섭 및 외교에 관한 총괄을 조정하고 외국과의 조약과 국제협정을 체결하고 외국에 사는 교민들을 보호하는 일 등을 한다.

③ 산업자원부: 산업발전, 전기, 석유, 태양광, 원자력 등 에너지와 지하자원 등에 관한 일을 담당한다.

④ 정보통신부: 전산망, 전화, 전파, 이동통신 등 첨단 정보통신 정책과 그에 따른 일들을 맡아 본다.

⑤ 행정자치부: 국민들의 안전을 위한 치안과 재난방지, 선거, 지방자치, 국민들의 일반 행정에 대한 서비스 제공한다. 그리고 공무원 선발과 각 부처의 설치 인·허가 사업 등을 한다.

⑥ 교육, 과학기술부: 학교교육, 평생교육, 학술연구 등의 교육과 기초과학과 산업 등 과학기술과 관련된 연구 등의 일을 한다.

⑦ 국방부: 나라를 지키는 것과 관련된 일을 한다. 육군, 해군, 공군, 우주방공, 최첨단방위산업 연구와 무기생산 등의 일을 한다.

⑧ 보건복지부: 사회적으로 소외되거나 어려운 가정의 생계를 돕고 국민들의 건강과 복지에 관련된 일들을 한다.

⑨ 환경부: 자연환경과 생활환경의 보전과 환경오염 방지에 관련된 일들을 한다(공기오염, 수질오염, 연근해오염 등).

⑩ 건설교통부: 국토의 종합개발, 항만, 항공, 도로건설 및 교통 등에 관한 일을 한다.

⑪ 노동부: 근로기준, 직업안정, 직업훈련, 실업대책, 근로자의 복지후

생, 노사관계의 조정 등의 일을 맡아서 한다.

⑫ 해양수산부: 항만건설, 해양환경 보전, 해양자원조사 수산업 육성 등의 일을 한다.

⑬ 통일부: 우리나라에만 있는 부처로 통일 및 남북대화, 교육, 통일정책 등에 관한 일을 한다.

⑭ 문화관광부: 문화와 예술청소년 육성, 체육발전 등에 관한 일을 한다.

⑮ 법무부: 법을 집행하는 일을 하는 곳으로 검찰과 각종 교도소 일을 맡아서 보고 사회가 건강하도록 범죄예방활동에 힘쓴다.

⑯ 여성가족부: 여성정책을 종합적으로 기획하고 조정하는 기능을 맡아서 본다.

기타 산하에는 처와 청이 있다.

다. 사법부

제3장 '국체의 생물적인 특성'에서 기술하는 바와 같이 국민(또는 인민)들 개개인의 인체와 국가도 진화했듯이 법률도 진화했다는 것이 필자의 견해다.

기원전 2300년경 메소포타미아 우르시역 고대 국가들의 법들은 그 당시 공동체 수준에 맞는 규범으로 제정되었음을 점토판에 새겨진 규정들을 통해 짐작할 수 있다. 이러한 고대의 법들은 제정일치로서 백성들을 지배하기 위한 수단으로 왕이 제정하므로 백성들은 반대하지 못하고 받아들였다.

기원후에도 법의 존재와 재판의 기능이 왕이나 귀족들의 지배수단으로 사용되었던 경우가 비일비재한 것은 그 당시 백성들의 의식수준이 낮았음을 의미한다. 즉 글자도 모르고 근본 원인을 알지 못하는 백성들이 많았다는 것이다.

하지만 근대 이후 영국에서는 독점적이고 자의적인 통치권력이 변화하기 시작한다. 즉 왕의 통치수단으로 작용했던 법에서 점차 의회에서 제정한 법에 의해서만 과세와 징병 등을 할 수 있다는 것으로 바뀐다.

이렇게 근대 유럽에서는 국가권력 작용의 변화와 함께 인간들의 본성과 후천성이 활성화되면서 사회는 발달했고 국민(또는 인민)들 간의 분쟁과 영리조직체들 간의 분쟁은 증가하였다.

즉 국가권력의 기속력이 약한 가운데 사적인 분쟁에 대한 재판이 증가하기 때문에 이를 판결하면서 사법부라는 명칭으로 부르게 되었던 것이다.

미국에서는 연방헌법을 제정하여 의회라는 분립된 기관에서 법을 제정하거나 개정하도록 했고 사법부라는 분립된 기관에서 재판하도록 했다.

20세기 초반에는 일부 선진국들부터 사법부가 정치권력으로부터 분화되어 독립된 기관으로 기능을 하기 시작한다. 아직까지 사법부의 인사권이 대통령이나 수상에게 있어 분쟁을 공정하게 처리하지 못하고 있는 국가들이 많다.

하지만 선진국들은 사법부가 실질적으로 분립하여 기능하므로 국민(또는 인민)들은 권리를 보장받게 되었고 자의적인 국가권력 행사를 방지하게 되었다. 이는 지배하기 위한 재판 방식에서 국민(또는 인민)들을 위해 공정하고 투명하게 재판을 하는 것으로 바뀌었음을 말한다.

사법부에서의 재판은 저울에서의 추와 같은 성질이 작용하므로 간섭을 받지 않는 것이 정상이다. 이는 헌법재판소의 헌법재판관이나 대법원의 대법관 인사권을 정치권력을 갖고 있는 대통령이나 수상에게 있어서는 아니 된다는 것을 의미한다.

재벌이나 종교 그리고 각종 단체들이 영향을 미쳐서도 아니 된다. 왜냐하면 재판은 분화된 상태에서 간섭을 받지 않는 것이 정상이기 때문이다.

앞에서 말한 바와 같이 사법부라는 명칭은 근대 서부유럽에서 자유주의와 개인주의 그리고 자본주의를 거치면서 사적인 분쟁이 많아졌기에 이들을 재판하면서 생겨났다.

하지만 동양의 근대 중국이나 한국의 근대 조선은 개인과 자유, 탐욕성과 경쟁성 등 인간으로서의 본성이 유교사상과 관료주의, 도가사상과 신분적인 체계 그리고 전통적인 공동체 규범의 기속에서 분화되지 못했기에 근대 유럽에서와 같이 사적인 재판을 주로 담당하는 사법부와 같은 국가권력 기관이 생겨날 수 없었던 것이다.

오늘날 내한민국의 법적인 분생은 공석인 사건과 사석인 사건, 정치적인 사건을 재판해야 하므로 사법부라는 명칭보다는 재판부라는 명칭으로 불리는 것이 정상이다.

1) 성질 측면에서 본 법(法)

오래전 선조들이 살던 때는 천·지·인의 일체사상과 제천문화가 있었다. 그리고 천손사상과 세상을 널리 이롭게 하는 홍익인간 사상도 있었다. 이러한 선조들은 초기의 상형(형상) 문자들을 만들어 사용한 것으로 알고 있다.

신석기 시대 이후 동이족의 선조들이 살던 문명은 수천 년을 거치면서 중국 대륙의 농경사회로 퍼졌고 발달됨으로써 법(法) 자로 정착된 것으로 알고 있다. 이러한 법 자를 선조들의 사상적인 측면에서 추정해볼 수 있다.

법(法) 자에서 물(水, 수변)은 생명을 잉태하고 높은 곳에서 낮은 곳으로 흐르는 성질이 있다. 새싹을 돋아나게 하고 키우는 성질도 있다. 이러한 물은 누구에게나 공평하고 평등하며 먹어야 하고 통해야 한다. 가두면 평평해지는 성질도 갖고 있다. 인간은 물을 먹어야 살 수 있으므로 존재할 수 있고 행동할 수 있다.

위에서 말한 의미를 내포하고 있는 물(氵, 수변)을 국체 차원의 성질로 보면 국민(인민)들과 조직체 등 모두가 지키고 따라야 하는 규범성인 것이다.

법(法) 자에서 갈 거(去) 자는 선과 악을 판단하고 악을 응징한다는 견해와 갑골문에서는 활과 화살을 나타내는데 활과 화살은 종교의식을 진행하는 절차를 의미한다는 견해가 있다.

또한 활과 화살은 상징으로서 일종의 신(神)표를 의미한다는 견해와 신판에 사용된 동물을 물에 떠내려 보낸다는 견해도 있지만 필자는 공동체의 규범에 반하는 행위나 범죄에 대해 몰아내거나 죽이는 것으로 본다.

　부족사회 이전의 거(去) 자의 의미를 오늘날 국체 차원의 성질로
보면 국가라는 공동체의 존립과 질서를 지키기 위한 강행성의 성질
임이 분명하다.

　오늘날 국가 수준의 공동체에서는 규범성과 강행성의 성질을 내
포하고 있는 법(法)이 제정되고 지켜져야 국가는 존립할 수 있다. 국
민(인민)들 개개인과 조직체들은 법 앞에 평등하고 법에 의한 국가권
력의 지배를 받아야 한다. 그래야만 국가라는 공동체는 유지될 수
있다.

　이러한 법은 국민(또는 인민)들의 기본권(헌법 교재 참조)을 보장할
수 있고 특성이 다른 것을 분화시킬 수 있다. 그리고 국가권력을 합
리적으로 작용시킬 수 있다. 상호작용에 관한 수많은 사항들도 규
정할 수 있다.

　이러한 법은 국민(또는 인민)들을 풍요롭고 안전하게 살도록 하며
질서를 지키는 등 국가라는 공동체를 유지하고 번영케 하기 위한
강행적 규범인 것이다.

2) 법의 개념과 기능, 기본원리 등

가) 법의 개념

■ 법은 행위의 준칙이다

　법의 대상으로서 행위는 사람의 의사(意思)에 근거한 신제의 농적(動的)인 행
위와 정적(靜的)인 행위 그리고 조직체와 기관, 계 수준에서 조직체들이나
각 개체들의 행위까지 포함한다. 국민(또는 인민)들과 각종 조직체의 구성원

들은 의사에 근거하지 않는 행위나 의사가 있더라도 신체나 조직체의 적극적·소극적인 행위로 나타나지 않는 것은 법의 대상으로서의 행위가 아니다.

준칙이란 국민(또는 인민)들과 조직체들이 판단함에 있어서 기준이 되는 표준을 말한다. 따라서 법이란 사람이나 조직체 등의 의사에 기하여 하는 행위의 준칙인 것이다.

■ 법은 규범(規範)이다

규범이란 어떠한 목표를 향하여 사람들이 하여야 할 바를 요구하며 당위(當爲)를 내용으로 하는 명제로서 어떠한 존재적 사실이나 행위의 옳고 그름을 판단하는 기준을 말한다.

규범은 틀림없이 그렇게 된다는 필연을 예상하지 않으며 자연법칙과 구별된다.

■ 법은 국가권력에 의하여 강행되는 규범이다

법은 국가적으로 또는 사회생활을 함에 있어서 필요하여야 하고 절차적 정당성을 갖추어야 한다. 나아가 국가가 인정한 것이어야 한다. 즉 절차적 정당성을 갖추고 공정하여야 강행규범으로 인정받을 수 있다는 것이다.

법은 그 요구하는 바를 실제로 준수하게 하기 위해서 국가권력에 의해 강행되는 특성이 있다. 여기에서 '강행'은 법의 준수를 강요하며, 위법행위가 있을 때는 예정된 결과를 실현하는 것을 의미한다. 형벌, 손해배상, 민사상의 강제집행, 행정상의 강제집행 등이 이를 말해준다.

■ **법은 국체의 생존 프로그램이다**

법은 국민(또는 인민)들과 조직체 등의 존재와 상호작용 등을 규율하는 규범이다. 법은 국가권력을 통하여 실행되는 규범으로서 보편성과 목적성, 규칙성과 전체성의 성질을 내포하고 있다.

선거제도와 임기제, 예산책정과 국정감사, 교육제도와 국민(또는 인민) 등 수없이 많은 규정과 제도들이 이를 말해준다. 이러한 법은 국가라는 공동체가 유지되고 생존하기 위한 규범인 동시에 생존 프로그램인 것이다.

나) 법의 기능

법은 국민(또는 인민)들과 조직체들 그리고 기관들을 규정하고 분쟁을 종결시키거나 질서 등을 유지하여 국가가 존립되고 국체가 생존 작용을 하도록 하는 규범이다.

법이 있어도 이를 적용하여 진정한 권리자를 가려줄 법관이 있어야 하고 집행 권력이 필요하다. 즉 법과 법관 그리고 집행력이 연계되어야 법의 지배가 제대로 이루어질 수 있다. 이러한 법은 주로 어떠한 기능을 하는지 알아볼 수 있다.

■ **질서유지**

법은 사회의 평화와 질서를 유지하는 규범으로서 기능을 한다. 즉 법은 수많은 국민(또는 인민)들과 조직체 등이 상호작용함에 있어서 질서가 유지되도록 한다.

일반적으로 법의 질서유지 기능은 공적인 영역에서의 질서와 사적인 영역에서의 질서로 나누어 볼 수 있다. 대체로 공적인 영역에서의 질서는 헌법이나 형법 또는 형사소송법 등에 따라 이루어지고 사적인 영역에서의 질서는 민법이나 상법, 민사소송법 등에 따라 이루어진다.

■ 분쟁해결

사회나 국가는 국민(또는 인민)들과 조직체들로 이루어졌기 때문에 상호작용함에 있어서 분쟁을 하는 경우가 생긴다. 즉 국민(또는 인민)들 간에 또는 조직체들 간에는 분쟁이 있을 수밖에 없기 때문에 법에 의해 해결하거나 조정을 하는 것이다.

분쟁의 당사자들은 저마다 나름의 논거를 제시하면서 분쟁을 자신에게 유리한 방향으로 이끌어 간다.

■ 공익추구

법은 공익과 국민(또는 인민)들의 복리를 추구한다. 법치주의 원리는 사익을 보호하면서 공익을 달성하기 위한 적합한 수단으로 작용하기 위한 것이다.

오늘날 여러 국가들의 의회에서는 국민(또는 인민)들이나 조직체 등으로부터 법안을 제출받는 경우가 많다. 이는 국가 전체 이익과는 거리가 먼 이익단체나 지역 그리고 재벌과 같은 기업집단들에게 유리한 법들이 생겨날 수 있음을 의미한다.

■ 정의와 인권 수호

법은 정의와 인권을 수호하는 기능을 한다.

근대 유럽의 시민혁명에서 시민들의 인권을 법에 규정하므로 약속받았던 것에서 알 수 있듯이 법은 인권을 보장하는 쪽으로 진화하였다.

오늘날 대부분의 국가에서 이루어지고 있는 법치 즉 각종 재판제도와 청원 제도 등은 사회적 정의와 인권수호를 위한 제도라고 할 수 있다. 이는 국민 (또는 인민)들이 공권력으로부터 인권침해를 받으면 재판이라는 공식적인 절차에 따라 보상받는 것을 대표적으로 말할 수 있다.

다) 법의 기본원리

■ 상호관계에서의 비례의 원칙

공법과 사법 전반에 걸쳐 널리 통용되는 법의 일반 원칙으로 비례원칙이 있다. 비례원칙은 두 사람 이상의 이해관계가 충돌할 경우에 어느 한쪽에 치우치지 않고 균형 있게 양자를 보호하기 위한 원칙이다.

대한민국 헌법재판소에서는 법률의 위헌성을 판단함에 있어서 해당하는 법률이 국민(또는 인민)들의 기본권을 제한하는 정도를 결정하는 기준으로 사용한다. 대한민국 헌법재판은 비례원칙의 내용을 아래와 같이 정하고 있다. 국가가 정책 등의 달성을 위해 국민(또는 인민)들의 기본권을 법률로 제한할 경우에는 목적이 정당해야 하고 그 방법이 적절해야 하며, 국민(또는 인민)들의 피해를 최소화하는 수단을 사용해야 한다.

이러한 요건이 모두 충족된다고 하더라도 국민(또는 인민)들이 권리침해로 인한 마이너스 효과와 정책 달성으로 인한 플러스 효과를 최종적으로 저울질해 보아 국민(또는 인민)들의 권리 침해의 비중이 더 크다면 비례의 원칙에 위배된다.

대한민국 헌법 제37조 제2항에 "국민(또는 인민)들의 모든 자유와 권리는 국가 안전보장, 질서유지 또는 공공복리를 위하여 필요한 경우에 한하여 법률로서 제한할 수 있으며, 제한하는 경우에도 자유와 권리의 본질적인 내용을 침해할 수 없다."라고 명시한 것은 '과잉금지의 원칙'이라면 비례의 원칙은 주로 판례를 통하여 형성된 원칙으로 대한민국 헌법에 명시되어 있지는 않다. 요즈음에는 국민(또는 인민)들의 기본권 제한이 법적 정당성을 가질 수 있는 요건들을 제시한다는 점에서 두 원칙이 거의 같은 의미로 쓰이고 있다(예: 비례원칙에 위배되는 군복무 가산점 제도는 위헌이다).

■ 죄형법정주의

사회적으로 비난받을 만한 행위라 할지라도 국회에서 제정한 법률이 그러한 행위를 범죄로 규정하고 있지 않으면 처벌할 수 없으며, 범죄에 대해 법률이 규정한 형벌 이외에는 처벌할 수 없다는 원칙을 죄형법정주의라고 한다.

이러한 죄형법정주의는 법치국가들의 형법 기본원리로 되어 있다. 이는 형벌권을 자의적으로 행사할 수 없어야 국민(또는 인민)들의 자유와 권리를 보호받을 수 있다는 것을 의미한다.

죄형법정주의에 따르면 법이 제정되기 이전의 사건을 법이 만들어진 뒤에 소급하여 처벌할 수 없으며 선고를 할 때는 반드시 형의 기간을 정해야 한다. 그리고 법률에 있는 명확한 내용으로 처벌해야 하고 비슷한 내용을 유추·해석해서도 안 된다. 다만 이 원리는 국가에 대해 개인의 인권과 권익을 보장하기 위한 것이므로 피고인에게 유리한 소급적용이나 유추해석은 허용될 수 있다.

■ 적법절차의 원칙

적법절차의 원칙이란 법령의 내용은 물론 그 집행절차도 정당하고 합리적이어야 한다는 원칙으로 대부분의 국가에서 헌법이나 법률에 명시하고 있다.

원래는 국가의 형벌권으로부터 신체의 자유를 보장하기 위한 목적에서 출발한 것이지만 현재는 공권력과 관련된 모든 행위에서 꼭 지켜져야 할 기본 원리로 인정되고 있다.

■ 신의성실의 원칙

대한민국 민법은 권리의 행사와 의무의 이행은 신의에 따라 성실하게 할 것을 규정하고 있다. 일반적인 상식이나 거래 관념에 비추어 납득하기 어려운 행동은 허용할 수 없다는 원칙이다.

국민(또는 인민)들과 조직체들의 행위뿐만 아니라 기관과 계 수준에서 개체들의 행위들도 신의성실의 원칙에서 벗어날 수 없다.

■ 권리남용 금지의 원칙

권리남용 금지의 원칙은 겉으로 보기에는 권리를 행사하는 것 같지만 실제로는 타인에게 손해나 고통 그리고 피해를 주기 위한 행위를 할 때 그리고 권리를 초월한 행위를 할 때 이를 막기 위한 것이다.

이 원칙을 지키지 않는 권리행사는 법이 보호하지 않으며 경우에 따라서는 권리행사 자체를 불법행위로 보고 상대방에게 손해 배상을 하도록 하고 있다.

3) 재판

재판은 편향되지 않아야 하기 때문에 객관적이고 평정심의 상태에서 옳고 그름을 판결하여야 한나. 이러한 재판은 칭량하는 서울과 유사하지 않을까 생각한다. 여기서 말하는 올바른 칭량은 법규에 의한 획일적인 평등이 아니라 힘의 강약, 재산의 많고 적음, 인식능력의 높고 낮음, 약자와 강자 간의 형평을 중시하는 공정한 판단을 말한다.

예를 들면 통상임금을 정할 때 연봉 2,500만 원 근로자의 통상임금과 연봉 1억 원인 근로자의 통상임금 산정을 동일하게 적용해서는 아니 된다는 것이다.

그 이유는 개인에게 지급되는 임금은 개인의 생활 정도에 따라 값어치가 달라지기 때문이다. 즉 법 적용에서 획일성의 문제라고 본다.

사회적 정의를 실현하기 위해서는 책상머리 재판이 되어서도 아니 된다고 본다. 왜냐하면 문서상 자료의 재판을 뛰어넘어 원인과 현장을 중시하고 기초 사실 관계를 공정하게 조사한 후 그것을 재판에 적용하는 것이 실질적으로 합당하기 때문이다.

예를 들면 사회적 약자들은 재판을 준비하고 대처하는 능력이 부족하다. 변호사와 같은 전문인의 도움을 받는다고 해도 형식적이기 쉽다. 즉 그들은 처음부터 불리한 상태에서 재판을 받아야 하기 때문이다.

재판은 힘이 강한 자의 편에서 이루어지는 것이 아니라 국민(또는 인민)들 대부분이 해당되는 약자(또는 피해자)의 편에서 그들의 억울함을 풀어주어야 한다. 하지만 전시나 비상사태가 발생했을 때와 국가의 안보가 연관될 때는 국가라는 공동체의 존립과 생존이 우선하므로 국가의 존립과 생존적인 입장에서 판단하는 것이 옳다고 본다.

대한민국은 1948년 정부수립 이후 오늘날까지 판결을 함에 있어 가치 기준을 어디에 두는가에 따라 판결을 함에 있어 차이가 났던 것 같다. 즉 집권당과 야당, 재벌에 유리한 판결과 그렇지 않은 판결, 국가 우선주의와 인권 우선주의로 갈리어 왔다.

오늘날에는 이러한 생각을 하는 사람들이 많은 것 같다. "똑똑하고 돈 많은 사람은 죄가 되지 않고 못 배우고 돈 없는 사람만 죄가 된다."라고 말이다. 무슨 말이냐면 피의자가 검사 출신이나 변호사 출신 또는 재벌일 경우 이들은 법망에서 빠져나가 죄가 되지 않는다는 것이다.

청와대 참모들의 불법이나 비리는 죄가 되지 않고 야당 사람들만 죄가 되므로 대통령과 법무부 장관, 검찰총장을 욕하기도 한다. 그리고 일부 검찰과 일부 판사들의 판결이 불공정하거나 옳지 않다고 생각하는 사람들이 많은 것 같다.

그러므로 부록에서 주장한 바와 같이 사법부의 인사권을 분화시키고 임기제로 바꾸어야 한다. 그리고 검찰과 공수처, 경찰이 청와대와 법무부 장관 등 정치권력의 영향을 받지 않도록 하는 것이 정상이다.

개인과 개인 또는 조직체들 간에 분쟁을 하거나 국가에 대해 청원이 있을 때 재판을 하게 된다. 재판은 민사관계와 형사관계로 나뉘어 지방법원, 고등법원, 대법원에서 하게 된다.

지방법원과 고등법원, 대법원의 체계 내에서는 공·사적인 분쟁은 물론 가족 및 친족 간의 분쟁에 대해서도 재판을 하게 된다. 그리고 행정재판, 특허재판, 선서재판, 군사재판도 이루어지고 있다.

사법부와는 별도로 헌법재판소에서는 위헌법률 등에 대해 재판이 이루어지고 있다.

아래에서 종류별로 구별해서 개략적으로 알아본다.

가) 민사재판

민사재판은 개인과 개인, 개인과 조직체 등이 사적으로 분쟁이 있을 때 하게 된다. 즉 국민(인민)들과 조직체 등에서의 분쟁과 법률관계에 있어서 충돌을 말하는데 이러한 분쟁을 해결하기 위하여 민사재판을 한다.

제1심 판결에 대해서는 항소할 수 있고 제2심 판결에서는 상고할 수 있는 절차가 있다. 민사 분쟁은 소액사건 등에 대한 특별절차와 약식절차, 즉결심판절차, 독촉절차 등을 두고 있으며 대안적 분쟁해결 방식으로는 협상·알선·중재·조정 등이 있다.

나) 형사재판

형사관계는 범죄를 저지른 개인과 형벌권을 갖고 있는 국가 사이의 관계이다.

국가공무원인 검사가 국가기관을 대표하여 범죄 혐의자를 대상으로 형사소송을 제기하면 법원은 잘못이 있는지, 잘못이 있다면 어떠한 형벌을 부과할 것인지, 형벌을 부과한다면 얼마나 부과할 것인지를 결정하는 형태로 진행한다. 사건이 민사와 형사관계가 혼재해 있을 경우 민사소송과 형사소송은 별개의 문제를 다루는 독립적인 절차를 밟게 된다.

형사소송에서는 의심의 여지가 없을 정도로 유죄를 증명해야 하는 채증법칙이 요구된다면 민사소송에서는 그보다 완화된 다른 기준을 요한다.

형사재판에는 공판절차가 공개되고 피의자는 변호인의 도움을 받을 권리가 주어진다. 형사재판과 관련해서는 구속영장, 실질심사, 체포, 구속적부심사와 보석 등이 행해지며 피고인이나 검사는 제1심 판결에 대하여 불복이 있으면 항소할 수 있으며 제2심 판결에 대하여 불복할 경우에는 상고할 수 있다.

다) 가사재판

가족 및 친족 간의 분쟁 사건과 가정에 관한 일반적인 사건에 대한 재판.

라) 소년재판

20세 미만 소년의 범죄사건에 대하여 그 환경의 조정과 성행의 교정에 관한 재판.

마) 가정보호재판

가정 구성원 사이의 가정폭력 사건 등에 대하여 그 환경의 조정과 성행의 교정에 관한 보호처분을 행하는 재판.

바) 행정재판

행정정의 위법한 처분과 공권력의 행사·불행사 등으로 국민의 권리 또는 이익의 침해를 구제하고, 공법상의 권리관계 등으로 다툼이 있을 때 행해지는 재판.

사) 특허재판

특허권, 실용신안권, 의장권, 상표권 등과 관련되어 생기는 분쟁을 다루는 재판.

아) 선거재판

선거무효와 당선무효를 다루는 선거소송 사건에 대한 재판. 고등법원이 1심이 되고 대법원이 최종심으로 재판.

자) 군사재판

군사에 관계되는 사건을 다루는 재판으로 보통군사 법원과 고등군사법원이 설립되어 있으며 상고심은 대법원이다.

차) 헌법재판

대한민국은 1987년 민주화와 국민들의 인권보호를 열망하는 가운데 헌법재판 제도가 도입되었다.

헌법재판은 먼저 독일에서 제도로 정착한 것으로 정치적인 분쟁을 공정하게 판단하고 국민(또는 인민)들의 인권을 보호하기 위해 독립된 기관으로 설치되었다. 헌법재판은 기관 간의 분쟁이나 사법부에서 판단하기가 용이하지 않은 것들을 재판할 수 있다.

대한민국의 경우 헌법재판은 9인의 재판관 전원으로 구성되는 1개의 전원 재판부와 재판관 3인으로 구성되는 지정재판부가 있다.

헌법재판소 심판사항은 원칙적으로 전원재판부가 관장하고 헌법소원심판의 사전심사는 지정재판부에서 담당한다. 헌법에 규정되어 있는 관장 사항은 아래와 같다.

　　① 법원의 제청에 의한 법률의 위헌 여부 심판.

　　② 탄핵의 심판.

　　③ 정당의 해산 심판.

　　④ 국가기관 상호 간, 국가기관과 지방자치단체 간 및 지방자치단체
　　　상호 간에 권한 쟁의에 관한 심판.

　　⑤ 법률이 정하는 헌법소원에 관한 심판.

4) 재판의 체계

　대한민국에서 이루어지는 재판은 지방법원(1심) → 고등법원(2심)
→ 대법원(3심) 체계로 진행되고 있다. 재판을 하면서 급을 두어 여
러 번 심판을 받을 수 있게 함으로써 진실을 밝힐 수 있고 공정할
수 있다.

　대한민국의 재판은 1심 → 2심 → 3심의 순으로 진행하는데 1심
과 2심은 사실심으로 재판하고 3심은 법률심으로 재판한다.

　이러한 체계로 재판을 한다고 해도 대법관이나 헌법재판관 그리
고 부장판사들을 정치 권력자인 대통령이나 법무부 장관이 임명하
면 정치적으로 판결을 하기가 쉽다. 바꾸어 말하면 대통령이나 수
상이 인사권을 행사하면 대통령 측근이나 여당 의원들이 불법행위
를 해도 공정하게 재판하기가 어렵다는 것이나.

　부록에서 기술한 바와 같이 정치권력의 영향을 최소화시키도록
사법평의회에서 인사권을 행사하는 것이 합리적이라고 본다.

대법원의 상고심은 1심, 2심과 같이 피고인, 증인 등이 출석하여 사실관계 위주로 조사하는 재판이 아니라 검사의 상고장, 상고 이유서, 항소심의 기록, 기타 소송기록 등을 통해 서면 위주로 심리하는 법률심을 말한다.

심급을 통해 재판을 함에 있어 원고와 피고가 불복할 때는 항소와 상고를 통하여 다시 심판을 하게 된다.

가) 항소

제1심 법원(지방법원)의 판결에 불복하여 제2심을 청구하는 것을 말한다. 형사재판의 경우 7일 이내에 1심 법원에 항소장을 제출하여 항소를 제기하여야 하고 민사소송의 경우 14일 이내에 1심 법원에 항소장을 제출하여 항소를 제기하여야 한다.

나) 상고

제2심법원(고등법원) 판결에 불복하여 제3심을 청구하는 것을 말한다. 형사소송은 7일 이내에 2심 법원에 상고장을 제출하여 상고를 제기하여야 하고 민사소송은 14일 이내에 2심 법원에 상고장을 제출하여 상고를 제기하여야 한다.

항고와 재항고는 법원의 결정이나 명령에 불복하여 이의를 제기하는 것을 말한다. 이것에 대한 예로는 법원의 가압류 결정이나 가처분 결정, 감치명령 등이 있다.

5

계(係) 수준

본서에서 말하는 계는 국체의 조직체계상 최상위 수준이다. 이러한 '계'는 특성별로 또는 목적이나 기능 등에 따라 분류된다.

국가를 생체적으로 보고 계를 분류한다면 국민(또는 인민)들과 조직체들, 기관들과 계에서 정보를 받아들이는 입력계(교육과 언론, 출판과 정보통신 기기들을 통한 정보 입력도 포함됨)와 국민(또는 인민)들과 영리조직체 등이 생존활동을 하는 경제계 그리고 국가 전체를 주재하고 통치하는 두뇌신경계가 대표적이다.

두뇌신경계는 법과 제도에 따른 국가권력 작용과 정치가 핵심이다. 기능은 의회와 행정부 그리고 대법원과 헌법재판소와 같은 공공기관을 통해서 이루어진다.

계의 기능은 국민(또는 인민)들과 조직체들 그리고 기관들이 연계되어 이루어지는 경우가 대부분이다. 법과 제도에 의한 국가권력 작용은 국체의 두뇌신경계의 작용으로서 국가 전체를 대상으로 한다.

본시에서는 두뇌신경계 중 두뇌신경과 두뇌신경 제계에 따른 행정체제만 간략하게 다루기로 한다.

가. 국체의 두뇌신경

  인간들은 조직체들을 조직하거나 공동체가 형성될 때부터 두뇌신경 기능을 하게 된다. 그러니까 국가 안에 존재하는 수많은 조직체들이나 단체들 그리고 기관 수준에서도 두뇌신경 기능을 하게 된다는 것이다. 본 장에서는 오늘날 국가에서의 두뇌신경 작용을 말하는 것이다.

  오늘날 각국의 두뇌신경 작용은 법과 제도에 따라 국가권력이 생기고 작용하는 것을 말한다. 여기에는 최고지도자의 통치행위와 내각수반으로서의 행위, 최고재판소의 중요한 판결과 의회에서의 정치와 법률 제·개정 그리고 의결 등의 기능, 중앙선거관리위원회의 대통령과 의회 의원들의 선거와 당선 결정이 해당된다.

  국체의 두뇌신경은 특성에 따른 분화와 국가권력 구조, 국가권력의 생성과 작용, 공공기관들의 분립 기능, 선거제와 임기제가 해당되거나 연관된다. 이러한 국체의 두뇌신경이 국민(또는 인민)들의 타고난 본성을 과도하게 억제하고 통제를 하게 되면 국체는 생존력이 떨어지기 시작한다.

  그러므로 국체의 두뇌신경 작용은 일정한 룰 안에서 국민(또는 인민)들의 본성을 활성화시키면서 국가권력 작용은 절차적 정당성과 공정성, 민(또는 인민)주성과 투명성이 작용하도록 법과 제도를 정착시켜야 한다.

  본 장에서 말하는 국체는 '국가라는 생체적인 공동체'를 말하는 것이다. 이러한 국체의 두뇌신경은 국민(또는 인민)들과 조직체들의 생존작용이나 기능들을 그리고 공공기관들의 기능이 이루어지는 것을 주재하고 통치하는 작용을 하게 된다.

대통령과 국회의원(또는 하원의원이나 참의원)을 국민(또는 인민)들이 선출하는 것은 국체의 두뇌신경과 국민(또는 인민)들이 상관되고 연계되어 있다는 것을 의미한다.

마치 인체의 두뇌신경계와 유사하게 국민(또는 인민)들과 조직체들 그리고 기관들의 기능이나 작용은 국체의 두뇌신경과 유기적으로 연계되어 있다는 것이다.

인체는 정, 기, 신이 일체 작용한다고 했던 선조들의 사상을 국체에 비유해서 말한다면 국체의 두뇌신경 작용인 신(神)은 정(精)인 국민(또는 인민)들을 주재하고 통치하지만 정은 국가 전체를 이루고 있고 신을 생성하는 근원이 된다는 것이다.

정이 충만하면 신(또는 정신)은 명료해지고 기(氣)가 활성화된다고 선조들은 말해왔다. 이는 국민(또는 인민)들의 의식 수준이 향상되고 개체성이 강해지면서 활발하면 국가권력 구조와 공공기관들의 기능이 합리적이고 정치시스템이 향상되는 쪽으로 작용하기 쉽다는 것을 의미한다.

정과 신이 일체 작용해야 하듯이 국가권력은 국민(또는 인민)들과 일체 작용해야 한다. 바꾸어 말하면 국체의 두뇌신경은 국체의 하부구조를 이루는 국민(또는 인민)들과 유기적이고 일체적으로 작용을 하는 것이 정상이라는 것이다.

국체 두뇌신경의 핵심인 법과 국가권력은 물론 체계와 체계성이 작용하는 것과 국가 공무원들이 처리하는 공적인 업무는 소프트 부분이 된다. 그리고 입법부, 행정부, 재판부라는 공공기관의 건물과 그곳 구성원들은 하드 부분이 된다.

이러한 국체의 두뇌신경은 공공기관을 통해서 기능함으로써 두뇌신경은 하드 부분과 소프트 부분이 연계되어 기능을 하는 것이다. 마치 컴퓨터가 소프트 부분과 하드 부분이 일체 작용하듯이 말이다.

국가들의 두뇌신경은 국체의 진화와 경제사회의 발전에 따라 차이가 나고 다르다. 그리고 국체의 두뇌신경은 힘에 의해 작용할 수 있고 합리적인 규범에 의해서도 작용할 수 있다.

즉 국가권력이 생기는 방식과 작용시스템이 합리적이고 규범적으로 정착되지 못한 단계에서는 힘의 논리가 작용하기가 쉬우므로 무력이 강한 자가 정치권력을 장악하는 경우가 나타날 수 있다는 것이다. 여기서 말하는 힘은 군사력을 장악한 힘이나 치안과 그 밖의 정보를 장악한 조직체의 힘을 말하는 것이다.

국체가 태동기와 성장기 그리고 성숙기로 진행된다고 볼 때 태동기에는 국민(또는 인민)들이 정부에 대해 자유와 평등, 기회균등 같은 가치들을 주장하기가 쉽고 성장기에는 민주주의를 주장하기가 쉽다. 그리고 성숙기에는 국민(또는 인민)들의 의식 수준이 향상되므로 국가권력이 공정하게 작용하는 것을 원하게 되고 복지사회에 대해 관심이 많아진다.

만약 이러한 가치들이 체제 내에서나 체계에서 작용하지 않는 것은 국가권력이 국민(또는 인민)들로부터 나오지 않고 특정 조직체에서 나오거나 세습되는 체제이기 때문이다. 이러한 체제는 정치, 사회적으로 통제가 강하게 이루어지기 쉽다.

국체는 두뇌신경이 작용함으로써 국가는 존립할 수 있고 생존 작용을 할 수 있다. 이러한 국체의 두뇌신경은 국가들 간에 상대적이고 자국의 이익을 위해 작용한다. 그리고 주체성이 작용하고 힘의 논리에 순응하면서 생존하려 한다.

국체의 하부구조에서는 낳고 기르는 성질이 작용하고 상부구조에서는 보호하고 다스리는 성질이 작용한다. 여기서 말하는 하부구조는 국민(또는 인민) 수준과 조직(공공조직은 제외) 수준을 말하고 상부구조는 공공기관과 두뇌신경계의 작용을 말한다.

국체의 두뇌신경은 인체의 두뇌신경과 유사하므로 세뇌와 전염이 될 수 있고 학습과 모방을 할 수 있다. 내적으로는 본래 3기가 작용한다. 하지만 2기성(二氣性)이 강할 때는 대립하게 된다.

그러므로 국가권력은 믿음을 수반하는 정치사상과 종교 그리고 자본에서 분화되어야 한다. 이러한 상태에서 공공기관들은 분화되어 기능이 이루어지면서 통합되는 것이 정상이다.

여기서 말하는 통합은 국가가 존립하고 번영하기 위해 최종적으로 결정되거나 작용하도록 하는 것을 말한다.

국체의 두뇌는 가변성이 작용하므로 국민(또는 인민)들과 영리조직체들의 생존성이 가변적으로 작용하는 것을 수용하게 된다. 급변하는 환경에 대처할 수 있는 것도 두뇌기능이 가변적으로 작용할 수 있기 때문에 가능해진다.

두뇌신경의 핵심인 법률은 영토와 국민(노는 인민), 주권, 국민(또는 인민)들과 각종 조직체들의 상호작용에 관한 사항, 국가권력 구조와 합리적인 시스템을 규정할 수 있고 담아낼 수 있다.

여기서 말하는 시스템은 법 규범과 강행성, 제어와 가변성, 전체성, 목적성, 통합성과 같은 특성이 작용하는 것을 말하는 것이다. 이러한 시스템이 공정하고 투명하게 작용하면 효율이 높아지고 통합성이 증가한다.

국체의 두뇌는 비효율과 부적정한 것들을 제거하거나 해소할 수 있고 각종 시스템을 개혁할 수 있어야 정상이다. 하지만 세뇌가 심하여 중독 상태가 되면 자체적으로 고치기가 어렵다.

여기서 말하는 세뇌와 중독은 종교와 정치사상 같은 정신적인 믿음이 국가권력은 물론 국민(또는 인민)들의 정신과 생활에서까지 작용하는 것을 말하는 것이다.

인간의 심성은 선한 성질과 악한 성질이 작용할 수 있는 요인을 내포하고 있기 때문에 인간에 의해 운영되는 국체의 두뇌신경 기능은 악하게 작용할 수 있다. 그러므로 국체 시스템 특성이 정상적으로 작용해야 한다.

그렇게 하자면 국가권력은 특성에 따라 인사권이 분화가 되어야 하고 제어기능과 견제기능이 여러 단계에서 이루어지는 것이 좋다. 예를 들면 국가권력은 여러 방법으로 제어되거나 견제를 받아야 한다는 것이다.

국가권력이 국민(또는 인민)들로부터 나오고 국민(또는 인민)들에 의해 제어와 통제가 되는 것은 그 한 예라 할 수 있다.

의회에서도 견제와 제어를 해야 한다. 의회 또한 국민(또는 인민)들에 의해 통제가 되어야 하므로 자유·민주적인 선거제와 임기제가 시행되어야 한다.

바꾸어 말하면 국체의 두뇌신경이 생기는 단계에서부터 제3장 국가의 실체에서 기술한 국가권력의 분화와 분립작용, 제어할 수 있는 시스템 특성과 국체의 하부를 튼튼하게 하는 개념이나 요인 그리고 가치들도 작용하도록 해야 한다는 것이다.

오늘날 국가들의 두뇌신경은 특성에 따라 분리된 구조로 되어 있는 공공기관들을 통해 기능이 이루어지는 경우가 대부분이다. 이러한 두뇌신경이 작용하는 행정체제는 내각책임제와 대통령중심제, 이원집정부제와 분권형 대통령제를 채택하고 있는 국가들을 말한다. 중화인민공화국은 피라미드형으로 조직된 공산당 1당의 지배체계에 의해 이루어지고 있다.

국민(또는 인민)들 개개인의 인생은 자신의 두뇌신경 프로그램에 의해 살아가지만 선천성과 습관을 고치려는 노력을 함으로써 개선할 수 있다고 본다면 국가는 권력구조와 두뇌신경 프로그램(법률과 제도)을 개혁함으로써 개선할 수 있다.

생체적인 측면에서 국가권력을 바라보면 분화에 따른 국가권력 구조가 세워져야 하고 특성이 다른 공공기관들 간에는 분립에 의한 견제와 제어기능이 이루어져야 정상이다.

이러한 것은 최고 지도자(예: 대통령과 수상, 주석과 총서기 등)의 리더십이나 정치 그리고 정당의 작용보다 상위의 가치다. 이들 가치가 훼손되어서는 아니 되는 이유다.

나. 국체의 두뇌신경 체계에 따른 행정체제

앞장에서 대한민국은 대통령의 통치행위와 내각수반으로서의 행위 그리고 의회에서의 정치와 법률의 제·개정, 중요사항 결정 등, 대법원과 헌법재판소의 중요한 판결에 의해 두뇌신경 기능이 이루어진다고 했다.

이러한 기능의 최상위에서는 정치가 행해진다. 그러므로 정치권력의 하부로서 또는 국체의 두뇌신경 체계에 따른 행정체제가 중요해진다.

본 장에서 서술하는 행정체제는 유럽과 미국 등 선진국들에 의하여 발전되어온 것을 말하는 것이다. 근대 유럽에서 행정체제의 진화는 17세기 말 영국의 존 로크와 18세기 프랑스의 몽테스키외 그리고 루소에 의해 크게 영향을 받았다.

당시 국가권력이 분립하여 기능을 하도록 한 것은 시민들의 자유와 재산을 지키기 위해서였다. 그리고 국가권력의 남용을 방지하기 위한 것이기도 했다.

국가권력에 대한 분립원리는 먼저 입법권과 행정권이 분립하면서 융화적인 작용을 할 수 있는 영국의 내각책임제(의원내각제)가 세계적으로 표준이 되었다. 입법, 사법, 행정의 3권을 엄격하게 분립한 미국식 대통령중심제 또한 표준이 되었다.

유럽과 미국 등 선진국들은 위에서 말한 두 가지 표준을 정치체제로 정착 시켜 정치적인 안정을 이루었지만 개발도상국들은 그렇지 못하다. 분립된 기관들에 대한 인사권이 분화되지 아니했거나 국가권력을 남용하는 국가들이 있다는 것이다. 그리고 세습되는 국가들도 있다는 것이다.

이들 국가들은 정치적으로 후진국임이 분명하다. 바꾸어 말하면 국가에서 가장 중요한 정치와 국가권력 작용시스템이 불합리한 국가들은 정치적으로 후진국이라는 것이다.

정치의 하부로서 행정체제는 '어느 것이 좋다'라고 말할 수 없지만 인사권이 분화가 많이 되고 공공기관들은 분립하여 기능을 하는 것을 좋게 본다. 즉 국가권력은 여러 방식으로 제어되거나 견제할 수 있어야 한다는 것이다. 그러면서 통합되는 것이 좋다고 할 수 있다.

정치계의 하부로서 행정체제는 대통령중심제나 내각책임제 중 어느 것이 좋은 것이 아니라 민주성과 공정성, 분화와 제어, 통합과 투명한 작용을 하거나 이루어지는 체제가 좋다고 할 수 있다.

국민(또는 인민)들의 의식 수준이 높고 경제·사회가 발달한 선진국일수록 국가권력이 작용하면서 야당의 견제와 제어기능이 물리적인 충돌보다 이성적이고 합리적으로 이루어진다. 즉 선진국으로 갈수록 소통을 하여 통합하는 룰이 공정하고 합리적이라는 것이다.

이러한 시스템이 정착되려면 국민(또는 인민)들의 의식 수준이 향상되어야 하고 출판과 민간 언론의 자유가 보장되어야 한다. 그리고 언론은 중립적이어야 한다. 국가권력은 국민(또는 인민)들로부터 나오고 국민(또는 인민)들에 의해 통제가 되어야 한다.

성질 측면에서 전 세세 국가들의 동치제제를 구분해볼 때 동일석으로 강력한 통치를 용이하게 하는 체제와 통제가 강한 국가를 순서대로 열거하면 다음과 같다.

북한의 주석이나 위원장의 독재 권력에 의한 통치체제 〉 공산당원이 선발되어 피라미드의 일원적인 체계로 작용하는 중화인민공화국의 통치체제 〉 국가권력이 국민들로부터 나오고 분립되어 작용하는 대통령중심제 〉 국민들이 선출한 의회의 다수당이 정권을 차지하여 지배하는 내각책임제 〉 분권형 대통령제와 이원집정부제라고 할 수 있다.

이러한 체제에서 국가권력이 작용함에 있어 내외적으로 영향을 크게 미치는 것은 최고지도자의 성격이나 가치관이다.

아래에서는 정치계의 하부로서 또는 국체의 두뇌신경 체계로서 행정체제에 대해 장단점을 개략적으로 알아본다.

1) 내각책임제

내각책임제는 영국에서 국왕과 귀족들 또는 국왕과 영주들 간의 갈등과 타협이라는 역사적 과정을 거치면서 점진적으로 발전되어 온 정치체제로 내각(대신 또는 장관)과 의회 간의 관계 즉 국가권력이 내각에 있느냐, 의회에 있느냐에 따라 내각 상위형과 의회 상위형으로 나눌 수 있다.

내각책임제는 의원내각제 또는 의회제라고도 부르는데 이는 하원의원(대한민국의 경우 국회의원) 선거를 실시하여 과반수를 차지하는 정당이 행정부의 핵심 직책을 맡는다. 다른 정당과 연립하여 맡아볼 수도 있다. 그리고 그에 대한 책임을 진다.

이러한 의회는 내각불신임권이 주어지고 수상은 의회해산권이 주어져 상호 견제할 수 있다. 그리고 긴밀한 협조도 이루어질 수 있다. 이러한 내각책임제는 분화가 많이 되고 국민(또는 인민)들의 의식 수준이 높은 국가들과 정치사상과 종교적 갈등이 적은 국가들에게 알맞다.

　내각책임제는 대체적으로 양당제가 확립된 국가들에서 발달되어 온 제도로 현재 영국 독일 스페인 이탈리아 등 대부분의 유럽 국가들과 호주와 뉴질랜드 등 오세아니아 국가 그리고 일본, 인도, 말레이시아 등이 채택하고 있다.

가) 내각책임제의 장점

　① 내각이 의회에 대하여 연대책임을 지기 때문에 책임정치가 이루어진다.

　② 내각의 존속이 국민에 의하여 선출된 의회의 의사에 의존하기 때문에 민주적인 요청에 충실하다.

　③ 의회와 내각이 대립하는 경우 내각불신임권이나 의회해산권을 통하여 정치적 대립을 신속히 해결할 수 있다.

　④ 내각 불신임권을 행사함으로써 독재정치가 방지된다.

나) 내각책임제의 단점

　① 군소정당이 난립하거나 정치적으로 타협이 불가능할 경우 내각에 대한 빈번한 불신임으로 정국의 불안정이 초래될 수 있다.

　② 나수낭이 행정권을 상악하고 있기 때문에 정보와 검찰 그리고 국세 등이 정당 차원에서 다수당의 횡포로 이용될 수 있다.

　③ 의회가 정권획득을 위한 싸움판이 될 수 있다.

④ 내각(집행권)이 의회에 의존하므로 의회의 의사에 영향을 많이 받는다.

2) 대통령중심제

대통령중심제는 국가권력을 입법, 사법 행정으로 분립하여 기능하는 제도로 행정부의 기능을 대통령이 맡아보는 제도다. 바꾸어 말하면 국민(또는 인민)들로부터 직·간접적으로 선출된 대통령이 국가원수와 행정부 수반이 되는 체제를 말한다.

대통령중심제 혹은 대통령책임제는 1787년 미국에서 주 정부들 간에 충분한 토의를 거쳐 생겨났다. 이는 통합과 질서를 유지하기 위한 강력한 권력을 가지면서도 권력 집중으로부터 나타날 독재를 방지하기 위하여 3권을 분립시킨 정치제도라고 할 수 있다.

미국을 건국시킨 리더들은 근대 유럽에서 왕정국가의 폐단을 너무나 잘 알고 있었기에 새로운 땅인 미국에서는 기존의 정치제도와는 전혀 다른 대통령중심제라는 정치체제를 창안할 수 있었다.

미국은 국가권력이 3권으로 분립하여 기능하므로 상호 간에 견제를 할 수 있다. 그리고 강력한 통치를 할 수 있다. 이러한 제도는 헌법 제정회의에서 결정된 후 지금까지 이어져 오고 있다. 이후 여러 국가들로 전파됨으로써 이제는 또 하나의 세계적인 표준이 되었다.

대통령은 통치행위와 행정수반으로서의 행위를 할 수 있다. 이러한 대통령은 임기제에 의하여 제어되고 있으며 선거에 의해 선택받고 있다. 또한 의회로부터 동의, 승인, 해임, 국정조사, 탄핵소추 등으로 견제를 받는다.

하지만 후진국들은 국가권력이 구조적으로 분화가 덜 되어 있으므로 분립된 기관의 인사권을 대통령이 행사하는 국가가 많다.

대한민국의 경우 검찰이 대통령을 보좌하는 비서관이나 여당의 불법행위에 대해 수사를 하게 되면 청와대나 법무부장관이 인사권을 남용하거나 간섭하는 경우가 아직까지 계속되고 있다. 이는 대통령의 측근이나 여당의 실세들이 불법행위를 해도 바로잡지 못하는 원인이 된다.

이러한 제도는 실질적인 3권 분립 제도가 아니다. 특정 사상과 종교가 국가권력과 일체화된 국가들과 특정 정당(특히 공산당)이나 정치권력에서 행정부의 기능과 사법부의 기능이 분화되지 않은 국가들도 실질적인 3권 분립제도가 아니다.

바꾸어 말하면 분립구조라도 인사권과 기능이 분화되어 있는 정도에 따라 형식상 권력분립이냐 아니면 실질적 권력분립이냐로 나뉜다고 할 수 있다.

가) 대통령중심제의 특징

① 대통령은 국민들로부터 직·간접 선출되고 임기 동안 지위가 부여된다.

② 집행부의 일원적 구조로 의회 해산권이 없으며 정치적 책임을 지지 않는다. 그리고 의회와 집행부 구성원 간에 겸직이 허용되지 않는다.

③ 대통령제하에서 집행부는 의회로부터 독립되는 것이 정상이며 대통령에 의해 집행부가 조각된다.

④ 대통령제는 입법부와 집행부 간에 상호 견제를 특징으로 한다.

나) 대통령제의 장점

① 대통령 임기 동안 정국이 안정된다.

② 의회 다수파의 횡포를 견제할 수 있다.

③ 국회의 행정부에 대한 부당한 간섭을 막을 수 있다.

④ 리더십에 따라 소통과 통합작용이 이루어질 수도 있고 아니 될 수
도 있다.

다) 대통령중심제의 단점

① 대통령의 독선·독재화 가능성이 있다.

② 대통령과 의회의 대립 시 의회가 입법이나 예산 등을 의결 또는
승인하지 않아 집행기능이 정상적으로 작동되지 않을 수 있다.

③ 국민의식 수준이 낮으면 변형된 대통령제로 가기가 쉽다.

④ 대통령은 임기가 끝나면 책임을 지지 않는다.

⑤ 여당은 대통령의 집행기능을 견제하기가 어렵다.

3) 이원집정부제

집행부가 대통령과 내각의 두 기구로 구성되는 이원적 구조를 특
징으로 한다.

대통령은 국민들에 의해 직접 선출되고 내각의 수상(국무총리)은
의회 다수당의 지도자가 선출되는 정부 형태로 집행부에 관한 권한
이 대통령과 수상에게 분할되어 기능이 이루어진다.

대통령의 권한은 외교, 국방, 국가긴급권, 사면권, 의회해산권 등이 있고 수상은 대통령의 권한 외의 일반적인 행정권을 행사한다. 그리고 수상은 의회에 대하여 책임을 지고 의회의 불신임 시 퇴진한다.

즉 대통령은 의회 해산권과 내각 불신임권을 행사할 수 있으나 의회는 수상의 내각에 대해서만 불신임을 결의할 수 있고 대통령에 대해서는 탄핵 등의 결의를 할 수 없다.

4) 분권형 대통령제

대통령제와 내각책임제를 병용하는 정치체제라고 할 수 있다(이원집정부제의 일종). 국민이 직접 대통령과 국회의원을 선출하여 집행부 기능 중 부분적으로 나누어서 통치·경영·관리하는 형태를 말한다.

외교, 국방, 안보 등 중요한 사항은 대통령이 맡아보고 그 밖의 행정은 의회에서 의석 비율에 따라 맡아보는 방식도 있다고 본다.

현재 우리나라에서 논의되는 바는 대통령제와 내각책임제, 분권형 대통령제를 내용으로 하는 것 같다.

국가의 실체

풀벌레 소리 구성지게 들리는 시골의 한여름 밤에
국가라는 조직체에 몰두하다 보니
국가가 생체적인 조직체로 보인다네
인체에서의 수많은 작용들이 국가들 간에
그리고 국가 속에서도 유사하게 작용하는 것으로 보인다네

본 장에서 말하는 국가는 개념상의 국가를 말하는 것이 아니고 인간이라는 생명체들이 국가라는 공동체 조직까지 조직하면서 체계를 세우고 각각의 체계에서는 체계에 따른 특성이나 성질이 작용하는 등 기능을 끊임없이 하는 생체적인 조직체를 말하는 것이다.

이러한 국가를 설명하기 위해 제1장에서는 생명체인 인간들의 생존하려는 성질(또는 인간들의 본능과 본성 그리고 후천성)이 작용하여 조직들을 조직하면서 국가 수준의 체계를 세우고 기능을 하는 근본 요인에 대해 알아보았다.

바꾸어 말하면 생명체인 인간들은 생존하려는 성질이 작용하여 조직하고 분화하는 등 번성하려는 본능이 있으므로 사회를 이룰 수 있고 국가라는 공동체를 조직하고 운영할 수 있다는 측면에서 근본 요인을 알아보았다.

제2장에서는 인간들이 국가라는 공동체를 조직하면서 체계를 세우고 체계 각 수준의 개체들에서는 특성과 요인들이 작용하고 언어와 개념 등이 사용되는 기능을 알아보았다. 즉 제2장에서는 국체의 구조에 따른 개념과 기능을 알아보았다.

본 장에서는 제1장과 제2장에서 서술한 내용들이 작용하거나 해당되는 국가의 실체에 대해 알아볼 것이다. 즉 생체적인 국가와 국체의 체계와 체계 속에서 작용하는 다양한 것들 그리고 국체의 생물적인 특성과 국체시스템 등에 대해 알아본다는 것이다.

1

생체적인 국가

제1장에서 이야기한 바와 같이 인간들은 생존하려는 성질(본능과 본성, 후천성)이 작용하기 때문에 생존할 수 있고 성장하며 분화할 수 있다.

예를 들면 인간들은 성인이 되면 가정이라는 조직들을 조직하고 자녀들을 낳게 된다. 이러한 일은 끊임없이 계속되었고 분화했다. 그러므로 인구는 불어났고 씨족사회가 형성되었다.

나아가 부족사회로 진행되었고 고대 국가로 발전했다. 그리고 근대국가에서 현대국가들로 이어졌다. 바꾸어 말하면 인간들이 조직한 공동체 차원의 가장 큰 조직체인 국가는 발전하고 번성하면서 진화하여 오늘날로 이어졌다는 것이다.

오늘날의 국가를 생체적인 측면에서 보면 일정한 영토가 있고 국민(또는 인민)들이 전체를 이루고 있다. 그리고 조직체계로 조직되어 있다. 이러한 국체 내에서는 수없이 분화하고 질서를 지키는 등 다양한 기능들을 하므로 매우 복잡하고 다양하다.

바꾸어 말하면 생명체인 국민(또는 인민)들은 끊임없이 생존활동을 하고 조직하는 등 다양하고 수많은 기능들을 하고 있다. 조직체들 또한 생존성과 특성 등에 따라 기능을 하고 있다. 이러한 국가의 최상위에서는 법과 제도 그리고 국가권력과 같은 국체 차원의 두뇌신경이 작용하고 있으므로 생체적인 조직체라 할 수 있다.

이러한 국가는 제1장에서 말한 바와 같이 인간들의 생존하려는 성질(또는 본능과 본성 그리고 후천성)이 국체의 하부구조에서 근본 요인으로 작용한다. 공동체 차원에서는 공동체 차원의 본성과 후천성이 작용하게 된다.

국가의 체계는 자연조직체인 가정에서 시작하여 씨족과 부족단위로 확대되면서 그리고 오랜 세월이 지나면서 부족연맹체, 고대국가, 근대국가, 현대국가 수준으로 진화하면서 세워졌다고 했다.

오늘날 국가들은 진화가 많이 되었으므로 국가의 구조적인 체계는 국민(또는 인민)들 → 조직들 → 기관들 → 계 수준의 체계가 세워졌고 최상위에서는 법과 제도에 의한 국가권력(생체적 측면에서 보면 두뇌신경)이 국가 전체를 주재하면서 지배하고 있다.

반면에 아프리카의 후진국들은 각종 조직체들이나 사적인 기관과 유사한 기업집단들이 없거나 다양하지 못한 것을 알 수 있다. 이는 국체가 진화하지 못했거나 각종 산업이 발달하지 못했기 때문인 것이다.

이러한 국가는 생물들의 특성인 번식능력이 없으며 항상성이 작용하지 않으므로 생물이나 생명체는 아닌 것이다. 하지만 국가라는 공동체를 생물적인 측면에서 바라보면 생물들과 유사한 특성이 작용하고 있고 생물들과 같은 체계가 세워진 조직체임이 분명하다.

그러므로 본서에서는 국가를 '생체적인 공동체 또는 생체적인 조직체'라고 했다.

인간들의 생존하려는 성질이 근본 요인으로 작용하는 공동체로서의 국가는 생물들의 특성이 있는 인간들이 생존 차원에서 조직한 조직체이므로 생물들과 유사한 특성이 작용하고 있다.

즉 뒷장에서 설명하는 바와 같이 국가는 조직체계로 되어 있다. 그리고 국체는 생존하기 위한 성질이 작용하고 대사활동을 한다. 환경변화를 감지하고 반응하며 자기보수와 갱신 작용을 한다. 국체도 진화를 하고 주체성이 작용한다. 두뇌신경 기능 또한 이루어진다는 것이다.

이러한 국체는 생체적이기 때문에 낳고 기르고 보호하거나 다스리려는 성질이 작용한다. 국체 차원에서 낳고 기르는 성질은 대부분 국민(인민) 수준과 조직 수준(국체의 하부구조)에서 작용한다.

예를 들면 낳고 기르는 성질은 가정과 같은 자연조직체들이 생겨나서 자녀들을 낳아서 기르고 분화하는 것과 기업들이 설립되는 등 영리조직체들이 생겨나고 성장, 분화하는 것 그 외에도 다양한 조직체들이 생겨나서 성장하고 분화하는 것들이 포함된다.

법과 제도에 따라 국가권력이 작용하는 것은 보호하고 다스리는 성질로서 입법부와 사법부, 행정부와 같은 공공기관(국체의 상부구조)을 통해서 이루어진다.

대한민국의 경우 법률을 제·개정하고 결정하는 일 등은 의회라는 기관에서 한다. 분쟁에 대하여 옳고 그름을 판단하고 최종적으로 결정하는 일은 재판부(또는 사법부와 헌법재판소)라는 기관에서 한다. 외교와 안보, 교육과 복지, 경제와 치안 등의 일은 내각수반인 대통령의 지휘 아래 행정부라는 기관에서 한다.

이러한 국체는 국민(또는 인민)들 개개인 수준 → 각종 조직체들 수준 → 기관 수준 → 계, 두뇌신경계 수준으로 체계가 세워져 있고 체계성이 작용하는 공동체로서 생체적인 시스템이 작용해야 정상이다. 즉 국체는 법 규범과 강행성, 기속성, 제어성, 가변성, 전체성, 목적성, 통합성이 작용해야 정상이라는 것이다(뒷장 참조).

이러한 시스템은 국민(또는 인민)들의 생각이나 이념, 인식이나 사상이 주도적으로 작용하는 경우가 있고 국민(또는 인민)들의 본성과 본성에 따른 후천성이 활성화되는 경우도 있다. 그리고 국민(또는 인민)들의 본성을 억제하고 기속시키는 경우도 있다.

국체의 구성요소인 국민(또는 인민)들이 살아가는 세상은 불법과 불공정한 일이 이루어질 수 있고 약육강식과 같은 일이 벌어지는 것과 같이 힘이 작용하게 되므로 국체 안팎에서 힘이 작용하는 예를 들어보자.

국민(또는 인민)들 간에는 힘이 강한 자와 약한 자가 있다. 조직체들 또한 그렇다. 그리고 개인 한 사람의 힘보다는 조직체의 힘이 강하고 작은 조직체의 힘보다 수많은 조직들을 거느린 재벌이나 대기업 집단의 힘이 강하다.

나아가 국민(또는 인민)들은 물론 각종 조직체들이나 기관 수준인 재벌과 기업집단들도 국가권력의 지배를 받으므로 국가권력보다 힘이 약하다.

이러한 힘들 간의 작용은 국체 내외에서 보편적으로 이루어진다. 즉 직장과 사회는 물론 성별이나 조직체들과 국가들 간에서도 힘이 작용한다는 것이다. 이러한 힘은 강한 쪽이 상호작용을 이끌어 가게 된다. 그리고 억울한 일들이 벌어진다.

그러므로 국가와 같은 공동체 수준에서는 법과 제도에 의한 국가권력의 작용이 필요하게 된다. 바꾸어 말하면 국가 수준의 공동체에 맞게 후천성이 작용하여야 사회적 약자들도 살 수 있고 억울한 사람들이 없도록 할 수 있다는 것이다.

여기서 말하는 후천성의 작용에는 법과 제도, 정치와 국가권력 작용 그리고 국가 차원의 경제와 예산, 교육과 외교, 복지와 통상 등으로 분화되어 기능을 하는 수많은 것들이 해당된다.

국가들 간의 관계에서도 국가 차원의 본성과 후천성이 힘의 논리와 함께 작용하는 경우가 많으므로 비윤리적이고 약육강식과 같은 일이 벌어질 수 있다. 그렇기 때문에 국제연합과 국제사법재판소가 설립된 것이고 국제규범이 존재하는 것이다(국체의 본성은 뒤에서 설명함).

국가들 간에 힘이 작용한다고 하는 것은 오늘날 미국의 외교와 군사적 행동들을 보면 알 수 있고 전쟁을 치른 후 승전국이 모든 것을 결정하는 것을 보아도 알 수 있다. 국제연합에서 상임이사국이 될 수 있는 것을 보아도 알 수 있다.

국체의 상부구조에 속하는 정치도 본성과 후천성이 작용하면서 힘이 작용하기 때문에 자신과 자신이 속한 조직체에 이익이 되고 유리한 쪽으로 작용하면서 힘이 강한 쪽으로 결정된다.

앞장에서 말한 바와 같이 국제의 구조는 국민(인민)들 개개인 수준 → 조직 수준 → 기관과 계, 두뇌신경계의 체계로 이루어졌다. 이러한 체계를 구조로 표현하면 국민(또는 인민) 수준과 조직(공공조직은 제외) 수준에서의 기능은 국체의 하부구조라 할 수 있고 공공기관의 기능과 두뇌신경 작용은 상부구조라 할 수 있다.

마르크스는 국체 하부구조에서의 경제적 소유를 국가나 집단이 소유해야 골고루 잘 사는 사회가 된다고 했다.

하지만 필자는 국체의 하부구조에 속하는 국민(또는 인민)들은 제1장에서 서술하는 바와 같이 본성과 후천성을 갖고 태어나기 때문에 국민(또는 인민)들 개개인에게 소유권이 주어지는 것이 국민(또는 인민)들의 생존 이치에 부합한다고 보았다.

그리고 상부구조에 속하는 법과 국가권력은 일정한 룰 안에서 인간들의 타고난 본성을 활성화되도록 하는 것이 생명체인 인간들의 삶에 그리고 국가라는 공동체가 번영함에 부합한다고 보았다.

마르크스는 사회의 하부구조를 구성하는 경제가 국체의 상부구조를 구성하는 정치와 법률 그리고 인간의 의식을 결정한다고 말했다.

하지만 국가를 생체적으로 보는 필자는 국체의 상부구조와 하부구조는 구조적인 체계로서 즉 국가권력과 정치는 경제와 유기적으로 밀접하게 연관되어 작용을 하고 영향을 미치지만 경제가 정치와 국가권력 작용을 결정하지는 않는다고 보았다.

그리고 국체의 상부구조인 정치와 법률 그리고 국가권력이 국체의 하부구조에 속하는 국민(또는 인민)들에 의해 생기고 국민(또는 인민)들에 의해 심판을 받는 등 통제가 되거나 제어가 될 수 있다면 국체의 하부구조에 속하는 근로자들은 근로기준법이나 노동조합을 통해서 보호를 받을 수 있고 사회적 약자들은 사회보장제도와 과세정책 등으로 보호받을 수 있다고 보았다.

국체의 두뇌신경이 진화하지 못한 단계에서는 인간들의 타고난 본성이 기존의 체계와 제도 그리고 종교 등에서 분화가 되지 않아 억제되기도 한다.

하지만 전쟁이나 문화적 충돌 등으로 기존의 체계가 무너지고 제도가 파괴되면 인간들은 개인적으로 생각하려는 것과 행동하려는 것 그리고 탐욕성이 분화되어 활발하게 작용하기가 쉽다.

이러한 현상을 성질 측면에서 바라보면 인간들의 본성이 주요한 요인으로 작용하고 본성에 따른 후천성이 작용한 것이라고 할 수 있다. 하지만 마르크스가 사유재산을 철폐하고 개인의 소유권을 국가가 소유하거나 집단 소유로 바꾸어야 한다고 한 것은 인간의 후천성(또는 이상적인 관념)이 주된 요인으로 작용하여 인간의 타고난 본성을 억제하는 것이었다.

인민들의 본성과 후천성이 작용하는 측면에서 북한을 생각해볼 수 있다.

제2차 세계대전이 끝나고 일본제국주의가 물러간 뒤 북한지역에서는 김일성이 공산주의 방식으로 국가체제를 구축하는 데 성공했다.

김일성은 북한체제를 유지하고 발전시키기 위해 자주성과 창의성 그리고 의식성이 작용하는 사람을 주체사상이라고 하면서 인민들을 끊임없이 세뇌시켰다.

그러니까 경제적으로는 집단체제인 공산주의 방식으로 체계가 세워졌고 정치적으로는 주체사상이 세뇌되는 가운데 공산당이 피라미드형의 체계로 지배하는 것으로서 그 꼭대기에서 김일성 주석이 통치하는 체제였던 것이다.

이러한 체제는 집단적으로 인민들을 육체적으로나 정신적으로 구속시키고 특정 사상을 세뇌시키는 것이었다. 이는 인민들의 본성이 억제되고 본성에 따른 후천성도 통제하는 것으로 생체적인 공동체의 생존 이치에 반하는 것이었음이 분명하다.

국체는 생체 컴퓨터인 인간들의 두뇌신경이 작용하는 공동체 조직이기 때문에 세뇌(洗腦)가 될 수 있고 중독이 될 수 있다. 그리고 전염도 될 수 있다.

그 이유는 국민(또는 인민)들은 생체 컴퓨터인 두뇌신경이 작용하는 사람들이기 때문에 접촉을 자주 하고 정보를 반복적으로 받아들이면 익숙해지고 편안해지며 정이 드는 것처럼 세뇌되어 갈 수 있고 중독이 될 수 있기 때문이다.

위에서 말하는 국체의 세뇌와 중독은 분화되어야 할 정치사상이나 종교의 교리가 국가권력과 일체 작용하는 것을 말하는 것으로 국가의 기능은 물론 국민(또는 인민)들의 정신과 행동까지 지배하는 체제를 말한다.

국가의 구성요소들뿐만 아니라 체제까지 세뇌되어 중독된 경우를 알아보자.

한국의 근대 조선은 인간들의 본성과 본성에 따른 후천성을 억제하는 성리학과 유교, 신분제와 관료주의로 체제가 구축되고 체계에 따른 성질과 가치들이 작용하였다. 즉 조선왕조는 유교와 관료주의, 도가사상과 사농공상의 신분적인 체계에 중독된 체제였던 것이다.

하지만 근대 일본은 유교와 관료주의에 중독되지 않은 상태에서 중국의 문화와 역사에 동화되지 않았다. 반면에 무(武)를 숭상했고 사무라이 정신에 중독되었으며 사상과 종교는 국가권력으로부터 분화되었다.

근대 일본은 동물적인 본성이 강하게 작용했다면 근대 조선은 인간으로서의 예의범절과 도덕 등 이상적인 가치나 이념(또는 인간의 본성을 억제하는 후천성)이 강하게 작용하는 체제였던 것이다.

이러한 것을 음과 양의 성질이 작용하는 측면에서도 말할 수 있다. 근대 조선은 음의 성질(또는 정적이고 지키려는 성질)이 작용했고 근대 일본은 양의 성질(또는 동적이고 팽창적인 성질)이 작용했던 것이다.

국체 상부구조에서의 두뇌신경 작용은 하부구조에 속하는 국민(또는 인민)들의 두뇌신경과 유기적으로 연결되어 작용하기 때문에 국체는 생체적으로 또는 감정적으로 작용할 수 있고 애국심이 발휘될 수 있다.

즉 국민(또는 인민)들과 일부 조직체들은 국내외의 사건이나 국정 운영 등에 대하여 궐기를 하고 시위를 할 수 있다는 것이다.

국체의 두뇌신경이 작용할 때는 제1장에서 말한 바와 같이 2기성과(대립적으로) 3기성(양극과 중도)이 작용하는 경우가 많다.

예를 들면 정치계에서는 인간들의 이기심과 권력을 장악하려는 욕심 등이 조직적으로 작용하는데 이는 대립적으로 작용하거나 대립적인 성질 외에 중도적인 성질도 작용한다는 것이다.

이러한 성질은 태극이나 삼태극과 같이 작용하는 것으로 상보성과 세어성 그리고 동합성이 작용해야 정상이다. 그러므로 정치는 갈등이 조정되도록 소통을 원활하게 해야 하며 다양한 주장과 이질적인 성질들을 포용하고 통합시켜 나아가야 한다.

위에서 말하는 상보성은 대립과 갈등을 하면서도 상대를 성장시키고 조장하는 것을 그리고 보완하는 것을 말한다. 통합성은 국체 내에서 주장이나 작용 등이 국가라는 공동체가 유지되는 방향으로 또는 생존에 유리한 쪽으로 통합되어 작용하는 성질을 말한다(제어성은 뒷장에서 설명함).

생체적인 국가 내에서 소통(정기신론 입장에서는 국체에서 기(氣)가 통하는 것이라고 봄)을 하는 것은 약방의 감초와 같은 역할을 한다.

예를 들면 정치에서의 소통은 국체의 두뇌에서 기가 원활하게 통하는 것과 같으므로 여야 간에 소통을 원활하게 해야 한다는 것이다. 만약 소통이 원활하지 않으면 타협이 잘 안 되고 분쟁을 하기가 쉽다.

국체는 생체적이기 때문에 인체와 마찬가지로 내성이 생기고 파동적인 현상이 나타난다. 여기서 말하는 내성은 자극을 반복해서 주거나 경험을 반복하면 국민(또는 인민)들과 조직체 그리고 국가 지도층 사람들의 두뇌에 각인되어 견디는 힘이 강해지는 것을 말하는 것이다.

이러한 내성은 개방된 체제와 민간 언론의 자유가 보장될 때 그리고 국가권력이 국민(또는 인민)들로부터 나오고 국민(또는 인민)들로부터 심판을 받는 선거제와 임기제가 행해질 때 강해지기 쉽다.

인체가 생명활동을 함에 있어서 생체리듬이 생기듯이 국체 내에서 다수의 생존하려는 성질들이 동시에 작용하면 파동적인 현상이 나타난다는 것이다.

국체 내에서 각 부문이 발전하는 것을 바라보면 총체적이면서 연관되어 지속적으로 이루어지는 성질이 있다. 바꾸어 말하면 각종 산업의 질적인 수준이나 군사력 등이 단독적으로 이루어지는 것이 아니고 정치와 경제, 산업과 과학기술 등이 연관되어 이루어진다는 것이다.

마치 큰 산의 정상에 오르려면 가장 두텁고 다양한 밑에서부터 시작해서 오르고 계속 올라가야 산 정상에 올라갈 수 있듯이 말이다. 그러므로 평소에도 제조업 등의 경제가 활성화되는 것은 물론 과학과 기술, 각종 산업이 꾸준히 발전할 수 있도록 해야 한다.

어찌 특정 부분이나 일부 영역만 해당되겠는가? 이는 법과 제도가 해당되는 것으로 과학과 기술, 각종 산업의 발전과 정부의 정책이 함께 이루어져야 함을 말한다.

이러한 국체는 외환경과 구별되는 내환경이 조성되어 있고 경계가 있다. 내적으로는 체계가 세워지고 체계에서는 성장하고 분화하면서 다양한 특성이나 성질이 작용하는 등 기능이 이루어지는 생존체인 것이다.

국가는 생체적이기 때문에 국가들 간에 동맹을 맺기도 하고 적국이 되기도 한다. 그리고 보통관계가 되기도 한다. 국가들 간의 관계에서 동맹이나 적국으로 편이 갈리고 전쟁이나 분쟁을 하는 것은 국가들 간에 정체성이 다르고 생존성이 충돌하기 때문이다.

국체의 정체성은 국가에서 작용하는 중요한 가치들과 요인들이 포함되는 것으로 국민(또는 인민)들의 생활과 문화, 국민(또는 인민)들과 국가 지도층 사람들의 이념이나 정치사상이 총체적으로 작용하는 성질을 말하고 국체의 생존성은 국체 차원의 본성과 후천성이 작용하는 것을 말한다.

여기에서 국체의 본성은 자국의 이익을 위해 작용하려는 성질과 국가적 욕망이 작용하는 것, 군사력과 경제력에 의한 힘의 작용, 이기려는 성질과 지키려는 성질 그리고 팽창하려는 성질을 말하는 것이다.

거듭 말하지만 국가는 주변국들과 상호작용함에 있어 인간들의 생존하려는 성질이 근본 요인으로 작용하는 공동체로서의 생존체이기 때문에 국체의 두뇌신경은 자국 중심적이고 자국의 이익을 위해서 작용한다. 그리고 번성하려고 한다.

국가들 간에는 경쟁관계나 보완관계가 성립하고 힘(또는 국력)이 작용하게 되며 지키려고 하거나 이기려고 한다. 그러므로 국가는 다른 국가들과 충돌하거나 분쟁을 하게 되며 전쟁까지 일어날 수 있는 것이다.

결론적으로 말하면 국가는 정태적이고 고정된 개념상의 공동체가 아니라 인간들의 생존하려는 성질이 공동체적으로 작용하는 생체적인 조직체이기 때문에 다른 국가들에 대해서는 자국 중심적이고 자국의 이익을 위해 작용하게 된다.

그리고 경쟁을 하면서 번성하려고 하거나 팽창하려고 하고, 지키려고 한다. 이기려는 성질도 작용하거나 상보적으로 작용하기도 한다. 국체가 사상적으로 세뇌되어 있거나 가치관이 달라서 충돌하기도 한다. 그러므로 국가는 다른 국가들과 충돌하고 분쟁을 하거나 전쟁을 할 수도 있는 생체적인 조직체인 것이다.

국체의 체계와 체계 속에서 작용하는 것들

본 장에서 말하는 국체의 체계는 인간들의 본능과 본성 그리고 후천성이 생존적이고 진화적으로 그리고 공동체적으로 작용하여 세워진 것을 말한다.

그리고 국체의 체계에서 각각의 특성이나 성질이 작용하고 기능이 이루어지는 것은 국가라는 공동체로서의 조직체가 유지되고 번성하기 위해 언어와 개념들을 사용하고 다양한 특성과 요인, 가치들과 룰 등이 작용하는 것을 말한다.

국체의 구성요소인 국민(또는 인민)들의 인체는 앞장에서 설명한 바와 같이 세포라는 생명체에서 시작하여 → 조직 → 기관, 계로 구조적인 체계가 세워졌다고 했다.

이러한 인체의 체계와 생존하려는 성질을 내포하고 있는 인간들은 생존과 공동체 차원에서 조직한 국가에서도 생물들과 같은 체계를 세우고 체계에서는 특성 등이 작용하는 등 기능을 하면서 생존하려는 본능이 있다.

바꾸어 말하면 생명체의 한 종으로서 인간들은 생물학적 유전성에 의해 생존하려는 본능이 있으므로 성장하고 분화하면서 체계들을 세우고 체계에서는 성질이나 특성이 작용하고 기능이 이루어진다는 것이다.

그러므로 인간들은 본능적으로 국가 차원의 체계를 세우고 체계에서는 다양한 특성이 작용하고 기능이 이루어질 수 있다.

예를 들면 국체의 진화는 국민들이나 인민들 개개인의 생존하려는 성질(또는 본능과 본성, 후천성)이 작용하여 조직 수준 → 기관들과 계 수준, 두뇌신경계로 진행된다는 것이다.

국체 내에 있는 조직체들에서도 생존하려는 성질이 작용하여 체계를 세우고 체계성이 작용하는 본능이 있다. 그러므로 성장하면서 분화하고 다양한 특성과 기능들이 작용하거나 이루어질 수 있게 된다.

이러한 체계가 세워지고 체계에서는 다양한 특성이 작용하는 등 다양한 기능들이 이루어지므로 국가라는 공동체는 생체적으로서 존립하는 것이고 행위나 기능들을 할 수 있는 것이다.

좀 더 자세히 말하면 국체의 구성요소인 국민(또는 인민)들은 생존하려는 성질(또는 본능과 본성, 후천성)이 근본 요인으로 작용하여 각종 조직들을 조직한다. 그리고 필요에 따라 또는 특성별로 분화되어 가면서 기관들이 생겨나서 기능을 한다. 기관 상위 수준에서는 목적이나 계통에 따라 계로 분류되어 기능을 하게 된다.

각국의 국체는 제2장에서 대한민국을 예로 들어 설명한 바와 같이 생물적인 체계가 세워져 있고 생물적인 특성이 작용하고 있다. 그리고 구조에 따른 기능들을 한다.

체계가 세워지고 체계에서는 특성이 작용하고 기능이 이루어지는 것은 다양하다. 그중에서 하나의 예를 들어보자.

가정이라는 자연 조직체도 체계가 세워지고 체계에서는 특성과 기능 등이 작용하거나 이루어지므로 가정이 유지된다고 볼 때 가정에서의 체계는 부부 사이에 아들과 딸들이 태어나서 성장한 후 결혼하여 자식을 낳으면 손자, 손녀가 된다.

이렇듯이 할아버지와 할머니, 아버지와 어머니, 손자와 손녀로 체계는 세워진다. 이러한 체계는 직계로 세워지고 방계로도 연관된다. 가족 구성원들 간에는 정과 위하는 마음 그리고 호칭, 위계질서와 같은 특성이 작용하고 언어와 개념 등이 사용된다.

가족 구성원들 중 자녀들은 교육을 받으면서 성장을 하고 성인들은 생존활동을 하게 된다. 이러한 가정은 다른 가정과 경계가 있다. 여기서 말하는 다른 가정이나 영리조직체들 그리고 교육과 관련된 조직체들, 사회와 국가권력은 환경이 된다.

일반적으로 가정이라는 조직체가 생겨나려면 성인 남성과 성인 여성이 결혼을 하여야 한다. 두 사람 사이에서 자식이 태어나면 양육하고 교육시키는 등 사회적인 인간으로 성장시킨다.

부모와 자식 간에는 모성애와 같은 생물적인 본능이 있고 정이 생긴다. 여러 자식들 간에도 형제자매로서 정이 생긴다. 자식들은 부모를 존경하고 위하게 되므로 가정이라는 조직체에서는 가족들 간에 정과 사랑, 위하는 마음, 소통과 협력, 그리고 위계질서와 같은 생물적인 특성이 작용하고 언어와 개념 등이 사용된다.

한 가정도 자연 조직체로서 체계가 세워지고 체계에서는 생물적인 특성이나 가치들 그리고 요인이나 개념 등이 작용하거나 사용하게 되므로 화목하고 행복한 가정이 유지될 수 있다.

국체 내에서의 수많은 체계들을 공공 영역과 사적인 영역 그리고 사회적인 영역으로 나누어서 이야기할 수 있다.

공적인 기능을 하는 조직체들의 체계는 국민(또는 인민)들의 생존과 공동체의 존립 그리고 안전과 안보 등의 공적인 목적을 달성하기 위해 또는 유지하기 위해 세워진다.

사적인 조직체들의 체계는 개인이나 사적인 조직체들이 생존하기 위한 성질이 작용하여 세워지는 경우를 말할 수 있고 사회적인 영역에 있는 조직체들의 체계는 국민(또는 인민)들 간의 관계와 사회적으로 연관되어 세워지는 경우를 말할 수 있다.

이러한 조직체들은 외환경과 구별되는 내 환경을 유지하고 있고 경계가 있다. 그리고 내적인 질서를 유지하면서 기능을 하게 된다. 조직체의 구성원들 간에는 공유성이 작용한다. 그리고 소통을 하고 질서를 지키며 협력함으로써 체계와 체제를 공고하게 유지할 수 있다.

이와 같이 국가 내에 존재하는 수많은 조직체들은 각각 체계가 세워지고 체계에서는 특성이나 성질이 작용하고 언어와 개념 등이 사용된다. 바꾸어 말하면 각 조직체들마다 룰과 가치 그리고 생존하기 위한 성질이 작용하면서 생체적인 이치에 순응하게 됨으로써 공동체적인 질서를 지킬 수 있고 기능을 할 수 있게 된다는 것이다.

이러한 조직체들은 상위 수준인 기관과 계의 지배를 받게 된다. 즉 국가 차원에서는 법과 제도에 의한 국가권력의 지배를 받게 된다는 것이다.

조직체들의 체계에서 작용하는 내용이나 질은 동류의 다른 조직체들과 비교할 때 비슷해 보일지라도 차이가 난다.

예를 들면 집집마다 가족 구성원이 다르고 화목함과 정에 있어서 차이가 난다는 것이다. 영리조직체들 또한 내적인 상태 또는 생존하기 위한 성질이 작용하는 내용이나 질에 있어서 차이가 난다. 국가와 같은 공동체 조직들도 법에 규정되어 있는 내용과 문화가 다르기 때문에 국가들마다 체계에서는 다양한 기능들이 이루어진다.

조직체가 추구하는 목적에 따라서도 체계에서 작용하는 성질이나 기능이 다르게 된다. 예를 들면 영리조직체들은 영리적인 목적을 달성하기 쉽게 체계를 세우고 그에 따른 기능이 이루어진다는 것이다.

공공조직이나 공공기관은 공적인 목적 아래 기구와 직제 같은 체계가 세워지고 체계에서는 법률과 부령, 시행규칙과 조례, 규정에 의해 개념이 사용되고 요인 등이 작용한다.

종교조직체들은 종교 창시자의 설법과 훌륭한 제자들의 영적인 체험이나 말씀이 가치와 특성으로 작용하면서 교세는 유지되거나 확대되고 교인들 간에는 수평적인 질서가 이루어질 수 있게 된다.

국체의 체계를 국체의 두뇌신경 측면에서 보면 위계질서가 강한 국가가 있고 느슨한 국가도 있다. 즉 수평적인 질서가 유지되는 사회에서의 체계와 위계질서가 강한 사회에서의 체계가 작용할 수 있다는 것이나. 동세가 강한 체제의 제세와 동제가 약한 제제의 제세도 작용할 수 있다.

예를 들면 과거 동양의 왕조들과 같이 위계질서가 강한 체제의 체계가 작용할 수 있고 서양에서와 같이 수평적인 질서가 작용하는 체계가 작용할 수 있다. 자유 시장주의 국가와 공산주의 국가와 같은 경제영역에서의 체계도 작용할 수 있다.

특정한 사상이나 종교가 국가권력과 일체화된 체제와 그렇지 않은 체제는 체계에서의 특성이나 성질 그리고 방식과 추구하는 가치들이 다르거나 차이가 난다. 근대의 전통사회와 현대 사회 또한 다르다.

예를 들어보자. 대한민국의 경우 조선 중기 이후 유교적 가치관으로 살아오던 백성들과 오늘날 사람들의 가치관을 비교해볼 수 있다. 즉 조선 시대 추구했던 가치들과 오늘날 사람들이 추구하는 가치들을 비교해볼 수 있다는 것이다.

제2차 세계대전 이후 한국이 새로운 체제와 가치관 등을 받아들이므로 인하여 오늘날의 국체로 변한 예를 들어보자.

오늘날 한국은 국가권력이 국민들로부터 나오고 분권적으로 작용한다. 이는 국민(또는 인민)들의 힘이 강해졌다는 것과 법과 제도에 의한 결정 그리고 합의를 통해 이루어지는 비율이 높아졌다는 것을 의미한다.

중화인민공화국은 20세기 초부터 소련의 공산주의 혁명에 영향을 받은 지도층 사람들이 공산주의 국가를 건국함으로써 피라미드 형으로 조직된 공산당이 지배하는 체계로 국가권력이 작용한다.

이러한 체계는 공산주의 체계이므로 위계질서가 강하게 이루어지고 사상의 세뇌와 통제 그리고 명령이 주요 요인으로 작용하게 된다. 그러므로 공산당이 전체를 지배하면서 국가권력은 인민들의 기본권보다 강하게 작용하게 되었다.

이러한 일당의 통치체계는 애국주의로 청년집단 등을 교육시키기가 쉽고 사상적으로 세뇌시키기가 용이하므로 이성적인 판단을 흐리게 하기 쉽다. 그리고 공격성향으로 작용하기도 쉽다.

인간들의 타고난 본성이 기존의 체제와 체계에서 분화하여 새로운 체계를 이루어 나아갔던 중세 말 유럽의 경우를 보자.

중세 말 유럽은 십자군 전쟁(약 200년 동안)을 하면서 개인과 자유 그리고 재물에 대한 탐욕성이 기존의 체제와 체계에서 빠져나와 작용하기 시작했다. 그러므로 일부 지역에서는 장원경제 체제가 붕괴되기 시작했고 탐욕성의 분화가 이루어져 성곽 주변이나 교통요지에서 상행위가 활발해지고 수공업이 발달하기 시작했던 것이다.

즉 처음에는 십자군 전쟁을 하면서 군인들이 정착했던 곳과 만나는 곳에서 일부 민간인들의 상행위가 성행하는 등 기존의 봉건체제에서 탐욕성이 분화되어 갔지만 십자군 전쟁 말기 이후 분리된 몽골제국들과 교역을 하면서 서유럽과 동유럽 사람들까지 본성적인 삶을 살아가기 시작했다.

바꾸어 말하면 중세 말 유럽은 십자군 전쟁 약 200년 동안 인간의 타고난 본성이 봉건제와 기독교의 기속된 삶에서 분화되어 가면서 도시들이 생겨났고 발달했다. 도시들에서는 자유로운 개인이 되어 평등한 가운데 능력 위주의 삶을 살아가기 시작했던 것이다.

수 세기 이후에 서부유럽(특히 네덜란드)에서는 자본과 영리조직체가 결합되고 동의와 합의, 계약과 같은 개념들을 사용하게 되었다. 시민들의 본성과 본성에 따른 후천성이 활발하게 작용하여 분화하고 발전하면서 왕조국가의 체계는 점점 확고해지기 시작했던 것이다.

오늘날 서구 선진국 국민들이 소통하고 토론하여 합의를 이끌어 내는 문화도 중세 말 이후 인간들의 타고난 본성이 기독교의 기속과 장원경제에서 분화하여 도시들이 형성되면서 생겨났던 것이다. 즉 개인들이 자유롭게 생활할 수 있는 사회가 형성되면서 생겨났던 것이다.

오늘날 개인의 인권과 자유, 재산권 보장과 같은 가치들이 미국과 유럽 선진국 국민들의 정체성으로 자리 잡고 있는 것도 위에서 말하는 것과 같이 중세 말 이후 봉건체제와 기독교의 기속에서 인간들의 본성이 분화할 수 있도록 한 십자군 전쟁 등 여러 전쟁을 치루고 전염병을 겪으면서 생겨났다는 것이다.

이러한 분화는 계속되었으므로 근대에 와서는 중세의 기속적인 체계를 밀어내게 되었고 점점 강해지는 국가권력에 대해 존 로크는 생명과 자유 그리고 재산에 대한 권리를 주장하게 된다. 주권재민(主權在民)이라는 이념과 저항권도 주장하는 등 프랑스 혁명과 미국 혁명을 일으키는 데 영향을 미치게 된다.

문화적인 충돌은 새로운 것을 생기게 하고 분화하게 한다. 즉 문화적 충돌은 체계에서의 성질과 추구하는 가치 등이 융·복합하여 환경에 적응하면서 새로운 것이 생기든지 변한다는 것을 말하는 것이다.

예를 들면 남한은 전통문화와 서구문화가 충돌한 경우로 조선 말의 전통적이고 위계질서가 강한 체계의 성질과 가치들로부터 서구와 같은 수평적인 체계의 성질과 추구하는 가치들로 변화하였음을 알 수 있다.

좀 더 구체적으로 말하면 남한은 개인주의와 자유주의 그리고 자본주의와 국민들의 기본권(헌법 교재 참조)이 체계에서 이념이나 추구하는 가치들로 작용하고 있는 것을 알 수 있다.

북한은 서구문화와 충돌하지 않고 공산주의 사상을 이용하여 왕조체제를 구축하는 데 성공했으므로 체계는 공산주의 방식으로 세워졌고 이에 따른 성질과 기능이 작용하거나 이루어지는 것을 알 수 있다.

생존하려는 성질이 작용하는 측면에서 보면 수평적인 질서가 이루어지는 체계는 소통하기가 쉽고 유연성과 다양성이 작용하기 쉽기 때문에 상호작용이 활발해지기 쉽다. 그리고 경제적인 풍요를 누리기가 쉽고 과학기술도 발전하기가 쉽다.

이러한 체계는 국민(또는 인민)들이 평등하고 기회가 균등하게 주어지는 환경을 조성하기가 쉽다. 나아가 국가권력이 작용함에 있어서도 공정성과 투명성 그리고 민주성이 작용하기가 쉽다.

위에서 말하는 수평적인 질서는 모든 국민(또는 인민)들이 집단적이고 얽매이거나 기속되는 것에서 분화된 것으로 국민(또는 인민)들은 자유가 있고 평등하며 사적자치가 이루어지고 기회균등 같은 가치가 작용하는 사회적 질서 또는 국가적 질서를 말한다.

하지만 수직적이고 획일적인 질서가 이루어지는 체계는 국체의 하부구조에서 국민(또는 인민)들의 생존하기 위한 성질이 자율적으로 작용하기 어려우므로 자율성과 창의성 그리고 다양성이 작용하기 어렵다.

위에서 말하는 수직적이고 획일적인 질서 체계는 오늘날 국민(또는 인민)들의 생각과 행동이 구속되거나 억제되는 것과 경찰(또는 공안)에 의한 정보통신 기기들에 대한 통제가 심한 경우 그리고 상부의 지시나 명령이 강하게 작용하는 질서체계가 해당된다.

국체에는 수많은 체계들이 존재하는데 각각의 체계들 내에서는 가치와 개념들을 공유하고 소통하며 질서를 유지하려는 성질이 작용한다. 그리고 기강을 세우려는 성질과 룰을 지키려는 성질도 작용한다.

국가 안에는 다양한 영역이 존재하므로 다양한 체계와 체계성이 작용하는 것을 알 수 있다. 예를 들면 시장과 사회에서도 체계가 세워지고 체계 속에서는 다양한 가치들과 성질, 규범이나 요인, 룰이 작용한다는 것이다.

시장은 각 개체들의 필요를 충족시켜주는 체계인 것이다. 즉 개개인이 필요한 상품과 물건, 화폐와 정보 등을 교환하고 매개하는 체계인 것이다. 시장에서는 상품의 유통과 흥정, 동의와 합의, 계약과 매매 등과 같은 행위와 성질 그리고 가치들이 작용한다.

사회는 국민(또는 인민)들의 삶과 경제, 문화와 예술, 종교의 믿음 등이 융·복합적으로 작용하는 집합체로서 또는 개별적이고 이질성을 지닌 국민(또는 인민)들이 사는 사회로서 규범과 질서 그리고 룰이 작용하는 체계인 것이다.

체계들에서는 유익한 것들을 받아들이므로 체계에서의 가치들과 기능도 장기적으로는 변화하는 것이고 환경에 적응하는 것이다. 하지만 국가권력이 특정한 사상이나 종교의 교리에서 분화가 되지 아니하고 국민(또는 인민)들의 정신까지 지배하거나 일체 작용하면 다른 것에 대해 거부반응이 일어나므로 변화하기가 어렵다.

생물들이 진화하는 체계는 변하지 않지만 내용들은 변화한다. 마치 인체에서 후성유전체들이 환경에 적응하여 변화하듯이 각종 조직체들과 기관들의 체계 속에서는 가치들과 방식이나 내용 등 질적인 것은 변한다는 것이다.

구체적으로 설명하면 체계를 둘러싸고 있는 환경은 체계 속 구성원들의 생각을 바뀌게 하고, 바뀐 구성원들의 생각이나 의식은 체계 속에서의 내용들을 변화시킨다는 것이다.

법을 개정하고 제정하는 것은 국회(또는 의회)의원들이 한다. 국회(또는 의회)의원들은 국민(또는 인민)들과 교감을 하면서 그리고 국민(또는 인민)들 중에서 선출됨으로써 국민(또는 인민)들은 체계에서의 가치와 기능을 변화시키거나 환경을 조성하는 근본 요인인 것이다.

국체는 실용성을 중시하는 쪽으로 체계가 세워질 수 있고 기능이 이루어질 수 있다. 관념적이면서 이상적인 가치를 추구하는 체계도 세워질 수 있고 기능도 이루어질 수 있다. 이는 인간들의 본성이 작용하는 체제인가 아니면 정치사상이나 이상적인 이념이 인간들의 본성을 억제하는 체제인가로 나타난다.

인간들의 본성을 억제하는 체계나 체제는 국가권력과 공산주의 사상이 일체 작용하는 것을 대표적으로 말할 수 있다. 이들 체제로 굳어시닌 국체의 하부구소에서 국민(또는 인민)들의 타고난 본성인 자유와 자기 재산의 활용, 사적자치와 경쟁성, 기회균등과 탐욕성이 작용할 수 없게 된다.

이러한 체계와 체제는 인간으로서의 생존성 작용이 약화되기 때문에 경제적인 풍요를 누리기가 어렵다. 국체의 체계와 체제를 굳게 하는 이유는 국가를 운영하는 인간들의 두뇌가 생체 컴퓨터이기 때문이다.

바꾸어 말하면 국민(또는 인민)들이 사상이나 이념 그리고 종교의 교리 등을 반복적으로 학습하고 믿게 되면 두뇌 기억세포들에 저장됨으로써 굳어지기 때문이라는 것이다.

체계에서 믿음과 기능이 오랜 세월 동안 지속되어 굳어지면 체제는 가변성이 작용할 수 있는 힘이 약해진다. 그러므로 바뀌는 환경에 적응하기가 어렵게 된다.

낡은 제도가 작용하는 등 변화된 환경에 반하여 작용할 때는 체계에서 작용하는 성질과 추구하는 가치들에 대한 인식이 굳어진 것이므로 국체의 상부구조에서 혁명적인 개혁을 해야 할 필요성이 증가한다.

국체의 체계는 생물들의 구조적인 측면에서 비교해볼 수 있고 국가권력이 작용하는 측면에서도 파악할 수 있다. 좁게는 정치가 이루어지는 체계도 생각해볼 수 있다.

미국과 중화인민공화국을 국가권력이 작용하는 측면에서 체계를 바라보면 미국은 국가권력이 전체 국민들로부터 나오고 분권적이면서 분립되어 작용하는 체계로 작용한다. 미국이라는 국체의 체계에서는 개인의 인권과 자유, 평등과 기회균등, 재산권 보장이 중요한 가치로 작용한다.

이러한 미합중국의 체제와 체계에 따른 성질은 제2차 세계대전 이후 전 세계 국가들의 질서를 평화적으로 작용하도록 했다. 정치와 경제의 영향력 또한 주도적으로 행사해왔다.

중화인민공화국의 국가권력은 공산당원들에서 나오고 있다. 공산당원은 인민들 약 15.5명 중에서 1명의 비율로 선발되고 있다. 중화인민공화국의 경제와 사회, 국방 등 모든 것은 피라미드형의 체계로 조직된 공산당으로부터 지배를 받고 있으므로 선발된 일원적인 체계라 할 수 있다.

이러한 체계에서는 상위 부서나 최고 지도층의 지시나 명령 그리고 통제가 중요한 요인으로 작용한다. 그리고 최상층 구성원들은 체계적으로 학습을 하기가 쉽고 국가주의적으로 작용하기도 쉽기 때문에 국가의 번영과 국가적 야욕을 달성하기가 쉽다.

정치의 예를 들면 국민(또는 인민)들의 요구와 지지 → 정당에서 정책수립 → 공공정책으로 전환 → 국민(또는 인민)들이 수혜를 보는 정책 집행 → 국민(또는 인민)들이 정치인들과 정당을 선택하는 체계를 생각해볼 수 있다.

유로 공동체도 국가들의 생존성이 작용하는 측면에서 보면 유럽의 여러 국가들이 통일적인 체계를 이루어나가는 과정에서 개별 국가들의 생존하려는 성질(또는 각 국가들의 본성과 후천성)과 충돌하는 상황이 벌어지고 있는 것을 알 수 있다.

국민(또는 인민)들의 삶과 수많은 체계들에서의 기능 등이 글로벌직으로 연관되거나 지구촌화 되어가는 것도 국가보다 더 큰 유기체로서의 지구촌을 향하여 체계를 세우고 체계에 따른 성질이나 기능 등이 작용하는 과정인 것이다.

3

국체의 생물적인 특성

국가는 국민(또는 인민)들이 전체를 이루고 있고 조직체계로 되어 있으며 생존적인 작용이나 다양한 기능 등을 끊임없이 하고 있다. 이러한 공동체 조직의 최상위에서는 두뇌신경 기능이라 할 수 있는 법과 제도에 의한 국가권력이 작용하므로 국체라 할 수 있다.

이러한 국체는 아래와 같이 생물들과 유사한 특성이 있으므로 알아본다.

가. 국가는 조직체계로 되어 있다

국체는 개체(또는 국민들이나 인민들 개개인)들 → 조직들 → 기관들 → 계, 두뇌신경계의 체계가 세워졌고 각각의 체계에서는 다양하고 수많은 기능들이 이루어지고 있다. 이러한 체계를 개략적으로 알아보면 아래와 같다.

국가는 국민(또는 인민)들이 전체를 이루고 있다. 국민(또는 인민)들은 국가의 구성요소로서 성인이 되면 결혼을 하고 자녀들을 낳고 기른다. 이렇게 되면 자연조직체인 가정이 탄생한 것이고 인구가 불어난 것이다.

바꾸어 말하면 국민(또는 인민)들 개개인은 인간으로서의 본능과 본성 그리고 후천성이 작용하므로 자연조직체 등 각종 조직체들을 조직하게 된다. 국가 수준에서는 공동체 차원의 본능과 본성, 후천성이 작용하여 공적인 조직들이 생겨난다.

그러므로 회사와 업체 등의 영리조직체들, 학교와 구청, 주민자치센터와 같은 공공조직들, 공사나 기금 등의 준정부 조직체들이 존재하게 된다. 의사협회나 변호사협회, 시민단체와 노동조합, 산악회나 동창회 등 수많은 자발적 조직체들도 생겨난다. 교회나 사찰과 같은 자연 조직체들도 생겨난다.

조직체들은 붙어 있거나 소속될 수 있으며 떨어져 있을 수 있다. 그리고 각각의 영역이 있으며 유기적인 체계가 세워지고 체계에 따른 성질과 기능 등이 이루어지게 된다.

이때 조직체의 구성원들은 조직체 상층부의 지시에 따라 기능이 이루어지고 조직체의 상층부는 법률에 따라 또는 생존성에 따라 기능이 이루어진다.

조직체들 상위에서는 공공조직들이 결합된 공공기관이라는 관청이 기능을 하게 된다. 공공기관들은 국체의 두뇌신경 기능을 하는 데 있어서 동력기관의 축과 같은 역할을 한다.

즉 공공기관은 특성에 따라 분화되어 기능이 이루어진다. 그리고 하부 조직들을 지휘하는 등의 일을 한다. 대한민국의 경우 한국 전력공사와 수자원공사, 거대 재벌들은 사적인 기관과 유사한 수준이라 할 수 있고 공적인 기관은 행정부와 사법부, 국회 등이 해당된다.

계 수준은 두뇌신경계와 경제계, 입력계 등으로 분류할 수 있다. 두뇌신경계는 국가 전체를 주재하고 관장하는 등 통치하는 기능을 한다.

여기서 말하는 국체의 두뇌신경계 기능은 법과 제도에 따라 국가권력이 작용하는 것을 말한다. 여기에는 대통령과 수상 그리고 주석 등의 통치행위와 내각수반으로서의 행위, 의회에서의 법률 제·개정과 결정, 동의와 승인 등이 해당된다. 그리고 대법원과 헌법재판소의 중요한 판결, 선거관리위원회의 당선 결정이 해당된다.

이와 같이 국가라는 공동체는 국체 차원의 체계가 세워졌고 그 속에서는 다양한 특성이 작용하고 기능이 이루어지는 생체적인 조직체인 것이다. 바꾸어 말하면 국가는 국민들이나 인민(또는 개체)들 → 조직체들 → 기관·계 → 두뇌신경계의 조직체계로 이루어진 생체적인 조직체라는 것이다.

나. 국체도 생존하려는 성질이 작용한다

인간들은 생존하려는 성질이 작용함으로써 살아갈 수 있는 것과 같이 국가도 국체 차원의 생존하려는 성질이 작용함으로써 내적으로는 국민(또는 인민)들을 보호하고 영토를 지키게 된다. 외적으로는 주권을 행사하고 자국 중심적이다. 그리고 자국의 이익을 위해서 작용하게 된다.

국체의 생존하려는 성질이 내적으로 작용할 때는 법과 제도에 따른 국가권력이 주요 요인으로 작용한다. 여기에는 국민(또는 인민)들과 조직체들의 생존하려는 성질이 작용하거나 기능을 하는 것들이 포함된다.

이러한 성질이 공동체적이고 생존체적으로 작용하는 것을 예로 들면 국민(또는 인민)들과 조직체들의 행위나 기능이 국가의 존립과 생존에 반하면 국가권력에 의해 제재를 받게 되는 것을 말할 수 있다.

즉 국민(또는 인민)들의 행동이나 각종 조직체들의 활동은 물론 기관들의 기능과 두뇌신경 기능도 국가라는 공동체의 존립과 생존에 반할 때는 맞게끔 하려는 성질이 작용한다는 것이다.

국체의 생존성이 외적으로 작용하는 것은 자국 중심적이고 자국의 이익을 위해서 작용하는 것을 말한다. 경쟁을 하거나 상보적으로 작용하기도 한다. 그리고 자국의 안보를 튼튼히 하여 주변국들로부터 침략을 받지 않으려고 한다.

국체가 생존하려는 성질이 작용하기 위해서는 생체적인 시스템이 작용하게 된다. 즉 국체가 생존하기 위해서는 법 규범과 강행성, 제어성과 목적성, 통합성 등의 시스템 특성이 작용한다는 것이다. 이러한 시스템은 시스템으로서의 특성과 민(또는 인민)주성, 공정성과 투명성이 지켜지지 않거나 이루어지지 않으면 국체의 생존 경쟁력은 약해진다.

빈부와 계층의 이동이 노력한 만큼 이루어지지 않는 등 국제 내의 흐름이 원활하게 흐르지 않을 경우는 국체 내에서의 기(氣)가 원활하게 흐르지 않는 경우로서 국체의 생존 경쟁력을 약하게 한다.

하지만 국체라는 공동체를 운영할 수 있는 가치들과 요인들 그리고 프로그램이 전체 국민(또는 인민)들로부터 나올 때는 국체는 안전성이 높아지고 통합력이 강해진다. 그러므로 국민(또는 인민)들과 조직체들의 생존하기 위한 성질이 활성화되는 것과 국가권력이 국민(또는 인민)들로부터 나오는 것이 중요해진다.

이러한 국체는 세뇌가 되거나 중독이 심하면 국체의 생존하기 위한 성질은 약해진다. 그러므로 뒷장에서 설명하는 바와 같이 국체의 하부구조에서 다양한 성질들과 가치들이 작용해야 한다. 종교와 사상의 다양함도 연관된다.

국체의 생존하기 위한 성질이 개인이나 조직체의 생존성과 경합을 벌일 때는 국체의 생존하기 위한 성질이 우선한다. 바꾸어 말하면 국체의 존립이나 생존이 위험해지면 일부 국민(또는 인민)들이나 조직체들은 국체의 존립이나 생존을 위해 희생될 수도 있다는 것이다.

국체 내에서는 인간들의 본성과 후천성들이 작용하면서 충돌하기도 하는 것으로 여기에서는 힘이 작용하게 된다. 즉 반대편이나 약한 세력은 희생될 수 있다는 것이다. 조직체들 또한 마찬가지다.

대한민국의 경우 1945년 이후에 남한에서는 좌파성향의 사람들이 희생을 많이 당했던 것과 북한에서는 김일성 주석의 독재체제, 김정일, 김정은 위원장의 독재와 세습체제에 반하는 사람들이 희생을 많이 당했던 것을 강한 힘과 약한 힘 또는 사상의 세뇌에 의한 작용 측면에 생각해볼 수 있다.

국민(또는 인민)들의 집단시위나 투쟁, 혁신을 위한 요구는 국체의 갱신을 요구하는 것이다. 하지만 군부 쿠데타나 집단시위가 성공하여 정권을 장악한 후 국가권력이 정상적으로 작용할 때는 국체의 생존하기 위한 성질이 작용하게 된다.

외부 환경이 변하든지 국체 내에서 이상 징후가 발생할 때 적정한 상태로 유지시키려는 국가권력 작용과 제도에 의해 정권이 교체되는 것은 국체의 생존성과 가변성이 작용한 것이다.

기존의 법과 제도 안에서 시스템을 개혁하거나 시장의 불합리함을 고쳐 나아가는 것은 보수와 갱신작용을 하는 것이다.

전체주의가 되든지 또는 지도자 개인을 우상화시키는 것은 국체의 생존이치에 부합하지 않게 된다. 왜냐하면 국민(또는 인민)들이 이성적으로 판단할 수 있는 상태에서 토론과 비판을 통하여 의견이 통합된 것이 아니라 세뇌되거나 선동되고 장악된 상태에서 힘이나 군중심리가 작용한 것이기 때문이다.

국민(또는 인민) 수준과 조직 수준에서 개체들의 생존성이 공동체성과 조화롭게 작용하면 국체의 생존 역량은 강해진다. 하지만 이상적이고 관념적으로 체제가 굳어지면 생존역량은 약해진다.

이는 인간들의 본성과 본성에 따른 후천성이 일정한 룰 안에서 활성화되어 생체적인 공동체에 부합하는 체제가 되어야 건강하고 강한 국가를 이룰 수 있다는 것을 의미한다.

다. 국체는 대사작용을 한다

국가는 생체적인 공동체이기 때문에 대사작용을 하게 된다. 마치 인체의 물질대사와 에너지 대사작용과 유사하게 말이다.

경제적인 측면에서 대사작용을 말한다면 생산과 소비는 물론 세입 세출, 수입과 수출, 교통과 금융 등의 경제가 포함되는 것으로 이동과 순환, 결합과 생성, 변화와 융합작용, 폐기 등이 이루어지거나 상호작용하는 것을 말할 수 있다.

국체의 대사작용은 국민(또는 인민)들과 조직체들의 생존하기 위한 성질이 작용하는 경제활동과 지식과 정보의 생성과 이동 그리고 공동체가 목적을 실현하기 위해 작용하는 것 등 수많은 것들이 포함되거나 연관된다.

이는 물질적인 것과 정신적이고 가치적인 것 그리고 성질과 물질 등이 융·복합하면서 생존적으로 또는 공동체적으로 작용하거나 통하는 것을 말하는 것이다. 국체의 대사작용에 포함되지 않는 것은 반국가적인 행동이나 단체의 기능으로 사회 또는 국가에 해를 끼치는 범죄행위를 말한다.

오늘날 국체의 대사작용은 글로벌적으로 연관되어 이루어지고 있다. 예를 들면 분쟁이나 전쟁, 그리고 감염병이 창궐하면 국경을 봉쇄하고 무역을 중지하게 되므로 수출 의존도가 높은 국가들은 대사작용이 침체된다는 것을 보면 알 수 있다.

국가는 국민(또는 인민)들과 조직체들 그리고 각 부분들이 유기적으로 기능을 함으로써 대사작용이 이루어진다고 볼 때 생존적인 에너지는 인간들의 본성과 후천성이 공동체성과 융·복합적으로 작용하여 활성화될 때 강해진다.

국체의 하부구조와 상부구조는 대사작용함에 있어 유기적이고 상관적으로 작용하는 것이 정상이다.

예를 들면 국민(또는 인민)들과 조직체들의 생존활동이나 기능은 국가권력의 통제를 받고 국가권력은 국민(또는 인민)들로부터 통제를 받는 것이 정상이라는 것이다.

국가라는 공동체의 대사작용은 개체 수준에서 조직 수준, 기관과 계 수준으로 구분해서 관찰할 수 있다. 개체적이지만 전체적으로 기여하는 것과 흐름도 확인할 수 있다. 그리고 외부 요인에 의해 대사활동의 질이나 양이 크게 변화한 사실도 확인할 수 있다.

예를 들면 제2차 세계대전 당시 과학자와 지식인 등이 독일과 프랑스 등에서 미국으로 대거 이동함으로써 미국의 경제와 국력 강화에 공헌한 것을 알 수 있다.

대한민국 또한 6·25 전쟁 시 북한의 지식인과 지주계층의 사람들이 대거 남한으로 피난 왔으므로 남한의 국력 신장에 상당한 기여를 했던 것이다. 바꾸어 말하면 미국과 대한민국은 전쟁 중에 피난민들을 받아들임으로써 국체의 대사작용은 활성화되었던 것이다.

이러한 국체의 대사작용은 물질적인 것과 정신적인 것으로 구분하여 살펴볼 수 있고 대사의 양이 적은 후진국과 대사의 양이 많은 선진국으로도 구분하여 살펴볼 수 있다.

국민(또는 인민)들과 조직체들에게 자유와 평등, 기회균등과 경제적 자유가 보장되거나 지켜진다면 경쟁이 활발하게 이루어지고 분화를 촉진시키기 쉽기 때문에 국제의 대사삭용은 활발하게 된다.

정신적인 측면에서 보면 국민(또는 인민)들의 본성이 활성화되어 욕구실현 가능성이 높을 때 국체의 대사작용은 활성화를 띠지만 국민(또는 인민)들의 본성을 억제하는 체제나 통제가 강한 국가에서는 대사작용이 약화되거나 침체하게 된다.

이러한 국체의 대사작용은 역동성의 이치에서 벗어날 수 없다. 그러므로 국민(또는 인민)들과 영리조직체들의 생존하려는 성질이 일정한 룰 안에서 활성화되는 것과 정부의 역할이 중요해진다.

국체의 대사작용은 국민(또는 인민)들에게 기회가 균등하게 주어지고 경쟁이 활발하게 이루어질 수 있는 환경이 조성될 때 활발하게 작용한다. 그러므로 국민(또는 인민)들과 경제주체들의 경쟁이 공정한 룰에 따라 치열하게 벌어지도록 해야 한다. 이러한 대사작용은 중산층이 두터워야 대사의 양이 증가하기 쉽고 활성화되기도 쉽다.

국민(또는 인민)들이나 조직체들의 생존활동은 정부의 정책에 영향을 받게 된다. 정부의 정책은 국체의 대사작용을 활발하게 하기도 하고 특정 산업을 발달시키기도 한다.

인체의 정, 기, 신이 일체 작용하는 측면에서 국체의 대사작용을 보면 국민(또는 인민)들의 생존하려는 성질이 활발하게 작용할 때는 국체의 기(氣)가 원활하게 작용한다.

즉 국체의 하부구조에서 대사작용이 활발하면 국민(또는 인민)들은 신바람이 나고 국가경제는 활성화가 된다는 것이다. 마치 국체에서 정(精)이 충만하면 기가 활발해지고 신이 명료해지는 이치와 같이 말이다.

지금까지 이야기한 국체의 대사작용은 국민(또는 인민)들의 생존하려는 성질이 작용하는 것으로서 법과 제도, 국가권력 작용과 통제하거나 억제하는 것들이 연관된다.

라. 국체도 변화를 감지하고 반응한다

국체는 생존체이기 때문에 두뇌신경 기능을 하게 된다. 국체의 두뇌신경은 자국 내의 이상 징후는 물론 다른 국가들의 움직임 그리고 자연재해 등에 대해 감지하고 대응을 하게 된다는 것이다.

바꾸어 말하면 국체의 두뇌가 상향식 중추신경 기능과 다양한 루트에 의해 정보를 입수할 수 있기 때문에 위험에 대해 감지를 할 수 있고 대책을 수립할 수 있다는 것이다.

국체가 감지한다는 것은 국가 안에서 국민(또는 인민)들과 조직체 등의 생존 작용이나 기능을 인식하는 것은 물론 외부 상황에 대해 인식하는 것을 말한다.

감지하는 대상은 자국 내의 국민(또는 인민)들과 조직체들 그리고 주변국들의 국가권력 작용과 정치와 경제 등 모든 것이 해당된다. 본 장에서 말하는 감지와 인식은 국민(또는 인민)들과 각종 조직체들이 하는 것을 말하는 것이 아니라 국가권력을 운용하거나 작용시키는 사람들 그리고 책임자들이 국가업무 차원에서 감지하고 인식하는 것을 말하는 것이다.

인식에 대해 좀 더 자세히 말한다면 국민(또는 인민)들은 눈, 코, 귀, 피부, 영감을 통하여 또는 각종 매스컴이나 여행, 교육 등을 통하여 인식한다면 국체의 두뇌는 정보기관과 주요 공무원 그리고 언론매제, 제보, 연구소, 인터넷과 스마트폰 등을 통하여 인식하게 된다.

국체가 반응한다 함은 변화를 감지하여 대책을 세우고 실행에 옮기는 것을 말한다. 여기에서의 대책은 선거와 같이 프로그램에 따라 하는 것도 포함되고 의회에서 법을 개정하거나 제정하는 것도 포함된다.

집행부 측면에서의 대책은 중·장기적으로 세울 수 있지만 대부분 3년 이내의 기한으로 세워지는 경우가 많다. 하지만 외침을 당할 때와 긴급재난이 발생할 때는 즉시 대처하게 된다.

변화를 감지하고 반응하는 생물적 특성은 국민(또는 인민)들 개개인과 영리조직체들에도 있다. 영리조직체들의 경우 환경과 시장의 변화에 대해 정확하게 인식하고 대처하는 기업들은 살아남기 쉽고 그렇지 않으면 도태되기 쉽다고 할 수 있다.

바꾸어 말하면 생명체나 국가와 같은 생체적인 공동체들은 감지하고 반응하는 능력에 따라 번창하거나 멸망하기 쉽다는 것이다.

위에서 말하는 환경은 국내 환경은 물론 글로벌적 환경 그리고 법과 제도 등으로부터 생겨나는 환경 모두를 말하는 것이다.

수직적인 체계가 작용하는 국가들은 최고 지도자의 리더십이 영향을 크게 미친다. 이는 수직적인 위계질서가 강하게 작용하는 체계는 지도자의 판단능력과 자질이 부족하면 감지와 반응을 하는 기능이 정상적으로 작동되지 않는다는 것을 의미한다.

국가 차원에서 보면 국가권력이 국민(또는 인민)들로부터 나오면서 국민(또는 인민)들로부터 견제를 받고 제어가 된다면 국내 상황과 외부 상황에 대해 감지를 정확하게 할 수 있다. 민간 언론들 또한 자유롭게 활동할 수 있어야 국내외에 대한 감지를 신속하고 정확하게 할 수 있다.

국민(또는 인민)들이 세뇌되고 획일적으로 작용하는 체제라면 내외

변화에 둔감하게 작용할 가능성이 높다. 하지만 다양성과 자율성이 작용하는 개방된 국가는 내외 변화에 민첩하게 작용하기 쉽다.

정부가 여론을 조작하기 위해 언론을 활용하거나 국가 정보원과 검찰 그리고 경찰(또는 공안)을 정권의 입맛에 맞게 작용토록 하면 여론을 호도하기 쉽고 왜곡되기도 쉽다. 이러한 국가는 장기적으로 국체의 생존 경쟁력이 떨어지게 된다.

조직체의 책임자가 조직 내부사정에 둔감하면 외부 변화를 감지하는 능력이 떨어지게 된다. 국가안보를 다루는 공무원들이 부정부패가 심하거나 정치권력과 지나치게 유착되는 것도 감지 사실을 왜곡시키기 쉽게 한다.

생존환경의 변화를 감지하고 반응할 수 있는 기관은 공공기관들 모두가 해당된다. 그중에서 중요한 기관은 한국의 경우 정보기능을 담당하는 국가 정보원과 검찰청, 경찰청, 외교부, 국방부, 각종 연구소 등이 있으며 민간 부분에서는 언론이 있다.

대한민국의 오늘날은 토론회를 하거나 청원 등을 통하여 정부에 전달되는 정보가 증가하고 있으며 영리조직체들뿐만 아니라 정부도 정보통신 기술의 발전으로 인하여 변화를 직접 느끼고 정보를 수집할 수 있게 되었다. 즉 여론조사와 인터넷 그리고 스마트폰 등으로 정보를 즉시 수집하거나 제공할 수 있게 되었다는 것이다.

국체가 감지하고 반응하는 질적인 수준은 국가권력 작용 시스템과 민간 언론의 자유 그리고 정치가 연관된다. 국가의 과학기술 수준과 국민(또는 인민)들의 의식 수준 그리고 경제력도 연관된다.

국체가 감지하는 능력과 반응하는 능력을 향상시키려면 체제는 개방되어야 하고 어느 누구나 자유롭게 의사표시를 할 수 있는 수평적 질서가 이루어지는 것이 좋다.

국체가 감지하고 반응하는 데 있어서 가장 크게 문제가 되는 것은 분화가 되지 않고 중독이 되었느냐와 최고 지도자의 판단능력이다. 다음으로는 정치적 분쟁이 심한 경우이다.

마. 국체도 자기보수와 갱신을 한다

생존체로서의 국가는 끊임없이 자기보수와 갱신을 한다. 국가는 생체적인 공동체이므로 생존적인 본능에 의해 보수와 갱신작용을 끊임없이 한다는 것이다.

국체가 노화한다는 것은 보수와 갱신작용을 하지 않거나 미흡한 것을 말한다. 이는 국가 간의 경쟁에서 밀려나거나 다른 국가한테 예속되기 쉽다는 것을 의미한다.

자기보수는 국민(또는 인민) 수준과 조직 수준, 기관 수준과 계 수준의 영역에서 물질적인 것과 정신적인 것을 고쳐 나아가는 것을 말하는 것이다. 이러한 보수는 하드 부분과 소프트 부분으로 나누어 알아볼 수 있다.

하드 부분에서의 보수는 도로나 항만, 공항 등을 개·보수하는 것, 공장에서 새로운 기계를 설치하는 것, 도시에서 도심지 재개발 사업을 하는 것 등 헤아릴 수 없을 정도로 많다.

소프트 부분에서의 보수는 불합리한 정치를 개혁하거나 국가권력의 생성체계와 국가권력 작용시스템을 향상시키기 위해 법 규정을 개정하거나 제정하는 것 등을 말할 수 있다.

국체는 끊임없이 갱신작용을 한다고 했다. 여기서 말하는 갱신은 생기거나 새롭게 바꾸는 것을 말하는 것이다.

국가라는 공동체가 생존하기 위해서는 현실에 맞지 않는 법 규정의 개정은 물론 새로운 가치나 아이템을 활용하여 기존의 낡은 것을 폐기하는 작용을 끊임없이 해야 한다는 것이다.

예를 들어보자. 자식이 태어나서 성장하고 부모는 늙어서 죽는 것도 세대교체가 이루어지므로 갱신을 하는 것이다. 반대로 결혼하는 사람이 적고 태어나는 아기들이 적다면 갱신이 안 되므로 국체는 노화하는 것이다.

국체에서의 갱신은 국민(또는 인민) 수준과 조직 수준의 개체들 그리고 기관과 계 수준에서도 이루어지는 것이 정상이다. 국체 차원의 두뇌신경계도 해당되므로 국가권력 구조와 그에 따른 시스템 그리고 제반 규정들(또는 헌법과 법률 등)도 불합리하면 고쳐 나아가야 한다.

갱신이 국가라는 공동체의 생리에 따라 자율적으로 이루어지려면 자유·민주적인 정치체제와 공정한 시장주의 경제체제를 유지하는 것이 좋다. 하지만 과두제이거나 독점되는 구조, 공산주의 국가와 신분제 사회는 갱신작용을 어렵게 하므로 좋지 않다고 말할 수 있다.

국체에서 갱신작용은 생존이치이므로 부단히 일어나야 한다. 독재자가 보수와 갱신작용을 할 때는 속도가 빠를 수 있지만 획일성과 경직성, 타율성이 작용하게 되므로 일정한 단계에 도달하면 개방되고 자율적이며 수평적 질서에서 통합되는 것으로 전환하는 것이 좋다.

왜냐하면 수직적인 위계질서가 작용하는 국가와 통제가 강한 국가들은 갱신하는 속도를 빠르게 하지만 국체의 하부구조에 속하는 국민(또는 인민)들과 조직체들의 자율성을 떨어트리는 단점이 있기 때문이다.

국민(또는 인민)여론을 반영하는 것과 투명하고 공정한 시스템은 자기보수와 갱신작용을 합리적이고 민주적으로 하도록 한다. 이러한 시스템이 정착된 국가들은 환경변화에 효율적으로 대처하기가 쉽다.

국체 상위 수준에서의 갱신은 국가권력 구조를 바꾸고 국가권력 작용 시스템을 개혁함으로써 할 수 있다. 그 밖의 공공부문이나 공공부문과 연계되어 있는 부처들에서도 개혁할 것은 많다.

예를 들어보자. 19세기 초 조선왕조는 유럽세력에 의해 인도가 식민지로 전락한 사실을 알 수 있었고 중국이 침략당하는 것을 보고도 체제 개혁을 과감하게 단행하지 아니하여 일본의 식민지로 전락했었다. 체제를 개혁하는 것은 국체의 갱신작용 중 최상위에 속하는 데 아니했던 것이다.

대한민국의 경우 1961년 이후 군부 쿠데타로 집권한 군사정부에 의해서 경제와 사회 등의 개혁을 혁명적으로 하였는데 이는 국민들 → 영리조직체 등 → 기관들 → 계 순으로 체계를 세우면서 갱신을 한 것이고 한편으로는 국민들과 영리조직체들의 생존활동을 활성화시켰던 것이다.

큰 틀에서 보면 민주주의와 민주적인 선거제도는 자기보수와 갱신을 인간적이고 민(또는 인민)주적으로 하도록 하는 제도인 것이다. 다른 예를 들어보자. 미국에서는 도시가 파산하는 것을 볼 수 있는데 이는 시장원리에 따라 '창조적 파괴'를 하는 갱신작용인 것이다.

갱신을 어렵게 하는 대표적인 것은 공산주의 사상이 국가권력과 분화가 되지 않고 일체적으로 작용하는 것을 말할 수 있다. 신분제 사회이거나 국민(또는 인민)들에 의한 선거제와 임기제가 행해지지 않을 때 그리고 사회가 다양성을 포용하지 않을 때도 갱신을 합리적으로 하기가 어렵다. 지역주의와 이기주의도 갱신을 어렵게 한다.

바. 국체도 진화한다

인간들이 공동체를 이루어왔던 체계를 진화적 측면에서 보면 개체 수준에서 → 조직체 수준 → 기관 수준 → 계 순으로 진행되었다. 이러한 구조적 체계는 자연계 생물들의 진화체계로서 생명체인 인체와 공동체인 국가에서도 세워지고 진행된다.

국민(또는 인민)들은 환경에 적응해야 하는 생명체이므로 진화하게 된다. 국가 또한 생명체인 국민(또는 인민)들이 생존적이고 영역적인 자원에서 소식한 공동체이기 때문에 내외적으로 충돌하고 결합되는 등 수많은 상호작용을 하게 된다. 이러한 상태에서 국내외의 환경에 적응하면서 진화하게 된다.

즉 국체는 공동체 조직으로서 성장하고 발전하게 된다. 그리고 내외 환경에 적응해야 하므로 진화하게 된다. 이러한 국체가 진화한 경우를 구체적으로 말할 수 있다.

근대 전통사회에서는 가정이라는 자연조직이 번창하면 씨족과 같은 집성촌이 형성되었다. 아직도 씨족이나 부족 수준에 머물렀던 흔적이 지구촌 곳곳에 남아 있으므로 오래전에는 씨족 단위나 부족 단위로 생존을 유지하여 왔다는 것을 알 수 있다.

부족들 간에는 연합했든지 또는 강한 쪽이 무력으로 편입을 했든지 간에 국가 형태로 발전한 흔적도 여기저기서 나타난다. 하지만 근대에는 미국과 같이 세계 각지에서 모여든 사람들이 합의적으로 국가를 건국한 경우도 있다.

그리고 도시가 형성되어 국가로 발전한 경우도 있듯이 국가라는 공동체는 다양한 방식으로 조직되고 체계가 세워져 기능하게 된다는 것을 알 수 있다.

'공동체인 국가도 진화한다'라고 말하는 것은 국민(또는 인민)들의 사고방식뿐만 아니라 생산양식과 생활양식, 국가권력 작용시스템과 분화, 과학기술 등 모든 것이 변화하거나 진보하는 것을 말하는 것이다.

즉 본 장에서 말하는 진화는 국민(또는 인민)들과 조직체들은 물론 국가의 체제까지 포함해서 말하는 것으로 사고와 행동, 경험과 지식, 생활양식 등이 누적되어 이루어지는 것을 말하는 것이다.

그러므로 투쟁과 충돌, 결합과 협력, 소통과 합의, 교역도 진화와 연관되고 교육과 모방, 학습과 경쟁, 국민(또는 인민)들의 본성과 후천성의 작용도 진화와 연관된다.

국가권력에서 종교가 분화했던 것과 국가권력이 2권 분립 → 3권 분립 → 4권 분립으로 진행되는 것도 진화하는 것이다. 인권을 보호하는 쪽으로 법과 제도가 바뀌어왔던 것과 사회구조가 단순한 구조에서 복잡한 구조로 바뀌어 왔던 것도 진화한 것이다.

이러한 국체의 진화는 인간들의 본성이 분화된 경우와 체제 측면에서 그리고 문화가 충돌하면서 이루어지는 것을 살펴볼 수 있다.

정치와 경제 그리고 사회체계를 진화적 측면에서 추정한다면 정치체제는 자유·민(또는 인민)주적인 체제로 진행될 것이고 경제사회는 시장주의와 사회주의가 조화롭게 이루어지는 쪽으로 진행될 것이다.

근대 이전에는 국가들 간에 진화한 국가와 진화하지 못한 국가들 간에 약육강식의 논리가 작용했었다. 그리고 국가체제의 진화는 국력의 강함과 비례했었다고 말할 수 있다.

자유진영 국가와 공산주의 국가들이 진화한 과정을 볼 때 공산주의 사상이 국가권력과 일체 작용할 때는 인간들의 타고난 본성과 후천성을 억제하거나 통제하게 됨으로써 인민들의 삶이 풍요로울 수 없었다. 그리고 각종 산업이 발달하기가 어려웠다는 것을 알 수 있다.

바꾸어 말하면 세뇌되거나 타율성이 작용하는 체제보다 자율성이 작용하는 자유·민(또는 인민)주적이고 시장주의 체세가 국제적인 차원에서 진화하기 쉽다는 것이다.

인간사회에서의 진화는 인간들의 본성이 특정 사상이나 이념, 종교에서 분화되어 작용할 때 이루어지기 쉽다. 이는 경쟁 환경 아래 경제활동이 활발하게 작용할 때 그리고 자유성이 활발하게 작용할 때 진화하기 쉽다는 것을 의미한다.

사적인 영역에서의 진화는 인간들의 본성과 후천성이 활발하게 작용하면서 문화들 간에 충돌하거나 기술들 간에 충돌할 때 이루어지기 쉽다. 공적인 영역에서의 진화는 국민(또는 인민)들의 의식 수준이 향상되거나 합리적인 사고방식이 공적인 체계에서 성질과 추구하는 가치들로 작용할 때 이루어지기 쉽다.

20세기 전에는 전쟁을 하면서 문화가 충돌할 때 진화하기가 쉬웠다. 이를 오늘날의 경제에 비유하면 첨단 과학기술이 전통산업이나 인문 사회적인 지식들과 융합할 때 진화하기 쉽다는 것과 같다.

결론적으로 말하면 국민(또는 인민)들의 의식 수준과 생활양식, 조직체들의 질적인 수준 그리고 국가권력 작용과 정치시스템도 진화하므로 국체는 진화하는 생존체인 것이다.

사. 국가는 주체성이 작용한다

국체는 외환경과 구별되는 내 환경이 조성되어 있고 경계가 있다. 이러한 국체는 생존 기능을 하므로 생체적인 공동체임이 분명하다. 생체적인 국가는 주권을 행사하고 영토를 지키며 국민(또는 인민)들을 보호하는 등 주체적인 성질이 작용하게 된다.

즉 국가는 국제적으로 조성된 환경 속에서 다른 국가들과 상호작용함에 있어 주체로서 작용을 한다는 것이다. 예를 들면 국체는 영토를 지키려 하고 자국의 주권을 행사한다. 주변국들과는 경쟁관계나 보완관계가 성립한다. 그리고 자국 중심적이고 자국의 이익을 위해서 작용한다는 것이다.

국체 내의 환경은 국민(또는 인민)들이 살아가는 환경 즉 법과 제도에 의해 조성되는 환경을 말한다. 국체의 외환경은 국가들 간에 상호작용할 수 있는 관계나 룰을 말한다. 바꾸어 말하면 국체의 외환경은 국제연합 헌장과 조약, 국가 간 협정에 의한 관계설정과 국제관례 등이 작용하는 환경을 말한다.

국체가 주체성을 강하게 하려면 국가라는 공동체의 하부구조가 튼튼해야 한다. 여기서 말하는 하부구조는 국민(또는 인민)들과 조직체(공공조직은 제외)들을 말한다.

상부구조는 국가권력 구조가 합리적이어야 하고 국가권력은 국민(또는 인민)들로부터 나오고 국민(또는 인민)들에 의해 통제가 되는 것이 좋다. 그리고 임기제로 제어하는 것이 좋다.

즉 국가권력은 민(또는 인민)주적이고 공정하게 그리고 합리적으로 작용하는 것이 국가라는 공동체의 존립과 운영 이치에 부합한다는 것이다.

바꾸어 말하면 국체의 상부구조에서는 분화가 많이 되고 기관들은 특성에 따라 기능이 이루어져야 하며 국가권력은 민(또는 인민)주성과 공정성, 투명성이 작용해야 주체적인 역량이 강해지기 쉽다는 것이다.

지금까지 이야기한 것을 요약하면 국가는 영토가 있고 국민(또는 인민)들이 전체를 이루고 있으며 주권을 행사한다. 이러한 국가는 다른 국가들과 경계가 있고 경쟁을 하는 생존체이므로 국가는 주체적인 성질이 작용하는 생체적인 조직체인 것이다.

아. 국체도 두뇌신경 기능을 한다

국가는 국민(또는 인민)들이 전체를 이루고 있으며 조직체계로 이루어진 생체적인 공동체로서 최상위에서는 법과 제도에 의한 국가권력이 주재하고 통치하므로 국체 차원의 두뇌신경 기능을 하는 것이다.

바꾸어 말하면 국민(또는 인민)들이 생존과 영역 차원에서 조직한 국가는 조직체계로 이루어진 공동체로서 그 속에서는 다양하면서 수많은 기능들이 이루어지고 최상위에서는 법과 제도에 의한 국가권력이 작용한다는 것이다.

이러한 국체의 두뇌신경을 인체의 정, 기, 신(精, 氣, 神)이 일체 작용하는 측면에서 알아볼 수 있다.

앞장에서 말했듯이 국체에서의 정(精)은 국민(또는 인민)들과 국민(또는 인민)들의 생존하려는 성질이 작용하는 것을 말하고 기(氣)는 국가라는 공동체를 유지하기 위한 법 규범과 제도 그리고 정신적인 것과 물질적인 것, 개념이나 가치 등이 통하는 것을 말한다.

그리고 신(神)은 법과 제도에 의해 국가권력이 작용하고 정치가 행해지는 것으로 영토와 국민(또는 인민)들, 조직체들과 기관 등을 주재하고 통치하는 것을 말한다.

이러한 국체는 정이 충만하면 기를 강하게 하고 신이 명료하게 되는데 이바지한다. 신 또한 정을 주재하고 지배한다. 기는 정과 신을 이어주거나 생존작용을 하도록 통하는 것이기 때문에 정, 기, 신은 유기적으로 일체 작용하는 것이다.

살아있는 세포들로 구성된 육체가 없다면 정신작용이나 기(氣)의 작용을 할 수 없는 것과 같이 국민(또는 인민)들이 없다면 국체의 두뇌신경 작용을 하는 법과 국가권력이 작용할 수 없게 된다.

이러한 국체는 조직체계로 이루어진 공동체로서 체계 각각에서는 특성과 성질, 인간들의 본성과 후천성, 요인과 개념이 작용하거나 사용된다. 이러한 국체의 최상위에서는 법과 국가권력이 국가 전체를 주재하고 통치하게 된다.

결론적으로 말하면 국가라는 공동체를 지배하는 두뇌신경 기능은 법과 제도에 따라 국가권력이 작용함으로써 이루어진다. 즉 국체의 두뇌신경 기능은 법과 제도에 의한 의회의 기능, 최고 지도자의 통치행위와 내각수반으로서의 행위, 대법원과 헌법재판소의 중요한 판결에 의해 이루어진다는 것이다.

4

국체 시스템

국민(또는 인민)들과 조직체들의 생존활동과 기능 등 그리고 공공기관과 계의 기능, 두뇌신경 기능이 총체적으로 작용하는 것을 국체시스템이라 말할 수 있다.

이러한 국체시스템은 공동체적이고 생체적이다. 그러므로 부분들 간에는 유기적이면서 통합적인 방향으로 작용하게 된다.

이는 국민(또는 인민)들과 조직체들의 생존하려는 성질과 국가라는 공동체 차원의 생존하려는 성질이 근본 요인으로 작용하는 것으로서 질서를 지키면서 공동체적으로 그리고 생존체적으로 작용하는 것을 말한다.

국체시스템은 다양하다. 그러니까 국가들마다 시스템의 프로그램에서는 다양한 가치들을 추구하고 다양한 방식 등으로 설계가 되어 있다는 것이다. 그리고 효율 등도 다르다는 것이다.

이러한 국체 시스템을 하드 부분과 소프트 부분 그리고 상부구조와 하부구조로 나누어 살펴볼 수 있다.

하드 부분은 물질적인 것으로 형체가 있다면 소프트 부분은 반물질적이고 정신적이라 할 수 있다.

예를 들면 국민(인민)들과 조직체들 그리고 공공기관인 입법부와 행정부, 사법부의 건물과 설비 그리고 구성원들은 하드 부분이 된다. 영토와 일반 건물들도 하드 부분이다. 경제에서 실체가 있는 것들 또한 하드 부분이다.

소프트 부분은 법과 제도에 따른 국가권력 작용이 대표적이다. 체계가 세워지고 체계에서는 특성과 요인 그리고 개념과 룰이 작용하는 것 또한 소프트 부분이다. 법과 제도, 이념과 사상, 정신적인 활동 등도 소프트 부분이다.

이러한 시스템의 하부구조에서는 국민(또는 인민)들과 영리 조직체 등의 본능과 본성, 후천성이 일정한 룰 안에서 작용하게 된다.

상부구조에서는 두뇌신경 기능이 이루어지는데 이는 입법부와 행정부, 사법부와 같은 공공기관을 통해서 이루어지는 것을 말한다. 여기에서의 국가권력은 공정성과 민(또는 인민)주성, 투명성과 시스템 특성이 작용하도록 하는 것이 중요해진다.

국체 시스템의 상부구조에서 민(또는 인민)주성과 공정성이 작용하려면 특성별로 분화가 많이 되어야 하고 인사권이 분화된 분립 기능이 이루어져야 한다. 그리고 국가권력은 국민(또는 인민)들로부터 나오고 국민(또는 인민)들에 의해 통제가 되는 것이 정상이다.

이와 같은 시스템은 아래와 같이 정리해서 말할 수 있다.

첫째 국가권력으로로부터 종교와 특정 사상, 자본과 인척, 윤리와 도덕이 분화되어아 한다.

두 번째는 국가권력이 자유·민주주의(또는 인민주의) 방식으로 생기고 작용하여야 한다.

여기서 말하는 자유 민주주의(또는 인민주의) 방식은 국민(또는 인민)들은 자유가 있고 평등하며 기회가 균등하게 주어는 것 등 국민(또는 인민)들이 인간으로서의 기본권을 보장받는 것을 말한다.

그리고 국가권력은 국민(또는 인민)들로부터 나오는 것으로 민주적인 선거와 다수결 원칙 등이 지켜지고 행해지는 것을 말한다.

세 번째는 국가권력은 공정하고 민(또는 인민)주적으로 그리고 투명하게 작용하여야 한다.

네 번째는 국가권력은 기관들 간에 견제가 되고 국민(또는 인민)들한테 제어가 되어야 한다.

이러한 국체시스템 속에서는 국체의 체계가 세워지고 체계에서는 수많은 가치들과 요인들, 추구하는 목적 등을 실현하기 위해 개념과 언어 등이 사용되거나 작용한다.

즉 국체 시스템은 제1장에 설명한 바와 같이 국민(또는 인민)들의 생존하기 위한 성질이 근본 요인으로 작용하는 것을 포함한다. 그리고 제2장에서 설명한 국체 차원의 체계를 세우고 체계에 따른 기능들을 하는 것을 포함한다.

제3장에서 말하는 바와 같이 생물적인 특성이 있는 국체에서 분화시키고 시스템 특성이 작용하는 것 등을 포함한다.

이러한 국체 시스템은 체제에 따라 다르고 분화가 이루어진 정도에 따라 다르다. 국가권력이 국민(또는 인민)들에 의해 제어가 되느냐, 되지 않느냐에 따라서 시스템의 질은 차이가 난다. 시스템에서의 경제력이나 산업 수준, 국민(또는 인민)들의 의식 수준에 따라 시스템은 다르게 된다.

지금까지 이야기한 국체시스템에서는 매우 복잡하고 다양한 특성이나 가치들 그리고 법 규범과 요인들이 작용한다. 이러한 작용은 물질적인 것과 정신적인 것을 포함하는 것으로 국민(또는 인민)들과 조직체들의 생존 작용이나 기능들 그리고 기관들과 두뇌신경 기능을 하는 것들을 포함한다.

이러한 국체 시스템은 아래와 같은 특성과 중요한 가치들이 작용하므로 개략적으로 알아본다.

가. 국체 시스템의 특성

1) 법 규범성

국체 시스템에서는 법 규범이 작용하는 특성이 있다. 국체시스템에서의 법 규범은 국가가 존립되고 국체가 생존하기 위하여 지켜져야 하고 따라야 하는 명제로서 국민(또는 인민)들과 조직체들 그리고 공직자 등이 행위나 기능을 함에 있어서 옳고 그름을 판단하는 기준을 말한다.

2) 강행성

국체 시스템은 법과 국가권력에 의해 강행되는 특성이 있다. 체제 내의 상황이 혼란할 때나 국민(또는 인민)들의 의식 수준이 낮을 때는 법 규범에 반하는 힘(또는 무력)이 작용하기도 한다. 여기에서 말하는 '강행'은 법의 준수를 강요하며 위법행위가 있을 때는 예정된 결과를 실현시키는 것을 의미한다.

3) 기속성(羈束性)

국민(또는 인민)들의 삶과 영리조직체들의 생존 작용이나 기능들, 기관들의 기능과 국가권력은 총체적으로 작용하므로 각 개체와 부분들은 국체 시스템에 기속되는 것이다.

국가 구성원들은 개인적으로 특성을 지닐 수 있어도 국민(또는 인민)으로서의 존재와 권리, 의무 등이 국체 시스템 밖에서 존재하거나 작용할 수 없다. 각종 조직체들 그리고 기관들의 행위와 기능 또한 같다.

국가 내의 모든 기능들과 작용은 국가 전체 시스템(또는 국체 시스템)의 부분으로 존재하고 작용한다는 것이다. 국가 최고 지도자와 정치인들이 선거에 의해 선출되고 임기제에 의해 제어되는 것도 국체 시스템에서 기속성이 작용하는 것이다.

4) 제어성

국체 시스템에서 제어성은 국민(또는 인민)들의 활동과 조직체들의 기능이 국체의 존립이나 공동체적 규범 그리고 룰에 반할 때는 중지시키는 것을 말한다.

본 장에서 말하는 제어성은 종교와 윤리, 도덕에 의해 이루어지는 것을 말하는 것이 아니라 법률에 의한 규범성과 강행성이 작용하는 것을 말하는 것이다. 대부분의 법은 제어하는 성질을 내포하고 있다. 예를 들면 형법은 범죄에 대해 형벌로서 제어한다.

국가권력을 3권으로 분립시킨 것도 국가권력의 남용을 제어하기 위함이다. 준법질서와 법치주의도 공동체의 질서를 유지하기 위해 제어성이 작용하는 개념인 것이다. 땅 투기 등을 제어하기 위한 일부지역 토지 공 개념을 실현하기 위한 법들도 국체 시스템에서 제어에 속한다.

이러한 제어성은 국민(또는 인민)들의 본능과 본성 그리고 후천성과의 관계에서 양면성이 있다.

국체는 인체와 유사하여 제어성이 작용하지 않으면 국민(또는 인민)들의 생명과 재산을 지키기 어려운 것은 물론 국체 차원의 질서를 유지하기가 어렵다.

후진국이나 중진국에서 국체 내의 상황이 혼란할 때는 법 규범에 의한 제어가 정상적으로 되지 않을 수도 있다.

5) 가변성

국민(또는 인민)들은 생명체로서 생존에 유리한 쪽으로 생각하고 행동한다. 국가는 국민(또는 인민)들이 구성원으로 되어 있고 국민(또는 인민)들에 의한, 국민(또는 인민)들을 위한 정부를 구성하고 있으므로 정부는 국민(또는 인민)들이 원하는 쪽으로 기능을 하게 된다.

즉 변화하는 환경과 민심의 변화에 따라 국가권력 작용은 변할 수밖에 없으므로 국체 시스템은 가변성을 내포하고 있는 것이다. 조직체들 또한 환경에 직응해야 살아남기 때문에 가변적 성질을 내포하고 있다.

선거제도, 임기제는 가변성이 작용하기 쉬운 제도로서 시스템의 일부인 것이다. 여론의 변화에 의한 정책의 변경도 가변성이 작용한 것이다.

6) 전체성

국민(또는 인민)들과 각종 조직체들의 활동이나 기능이 법과 제도에 의해 이루어지거나 공공기관들과 두뇌신경계가 국가 전체를 대상으로 기능을 하는 것은 전체로서의 성질이 작용하는 것이다. 국민(또는 인민)들이나 조직체들은 국가의 부분이고 일부 기능인 것이다.

국체가 생존하기 위해 작용하는 것이나 법과 제도, 국체 시스템이 국가 전체를 대상으로 하는 것은 전체성을 내포하고 있거나 작용한다는 것을 의미한다.

미국이나 중화인민공화국 그리고 대한민국이라는 국명과 국민(또는 인민), 영토와 권리, 의무라는 개념도 전체성을 내포한 것으로 법으로 규정하고 구체화한다. 한 나라의 법과 제도는 전체성을 내포하고 있는 소프트웨어인 것이다.

7) 목적성

국체시스템은 추구하고자 하는 목적이 있다. 시스템의 목적은 국체의 존립과 생존 작용에 부합하는 것이 정상이다.

법과 제도에 의해 조성되는 환경이 국민(또는 인민)들의 생존하기 위한 성질을 억압하는 쪽으로 조성되거나 국가권력이 공정성과 민(또는 인민)주성 그리고 투명성이 이루어지지 않는 쪽으로 작용하면 국체의 생체적인 이치에 부합하는 목적을 달성하기가 어렵다.

국민(또는 인민)들과 영리조직체들의 생존하려는 성질이 활성화되어 부강한 국가를 이루고자 하는 것이나 경제적 불평등을 해소하는 것이 목적이 될 수 있다. 자유·민주적인 정치체제와 복지사회 그리고 국민(또는 인민)들이 빈곤으로부터 벗어나는 것도 국체 시스템의 목적이 될 수 있다.

8) 통합성

국체 시스템에서 통합성은 국민(또는 인민)들과 조직체들의 생존 작용은 물론 공적인 기능이 국가의 존립과 국체의 생존에 유리한 쪽으로 통합되는 것을 말한다.

국체 시스템이 통합적으로 작용할 수 있는 것은 국민(또는 인민)들과 조직체들의 생존 작용에 대해 국가권력이 작용하기 때문에 가능해진다. 즉 법과 제도에 따라 국가권력이 작용하므로 통합되는 것이다.

국체시스템에서의 통합은 국가권력 구조와 체계가 세워진 상태에서 국가권력이 작용함으로써 이루어진다. 강제적으로 통합되는 체제는 국민(또는 인민)들에게 기본권이 보장되지 않고 민간 언론의 자유가 없으며 경찰(또는 공안)의 통제가 심한 것을 말할 수 있다.

국체 시스템의 핵심은 법과 제도에 따른 국가권력 작용과 정치다. 그러므로 국체시스템 통합은 국체의 두뇌신경 기능에 의해 이루어지는 것이나. 국가권력 작용이 민(또는 인민)주적이고 공정하며 적절하게 제어가 될 때는 안전성이 강해진다.

나. 국가권력이 작용함에 있어 중요한 사항

법과 제도에 의해 국가권력이 작용한다 해도 국가권력을 장악한 자와 그를 따르는 조직체들은 자의적이고 본성적인 성질들이 작용하므로 국가권력은 반 인권적이고 비합리적으로 작용할 수 있다.

이를 방지하거나 보완하기 위해서는 민(또는 인민)주성이 작용하여 공정성과 제어성 그리고 투명성이 작용하도록 해야 한다.

아래에서는 국체 시스템 내에서 작용하여야 할 수많은 가치들 중 민주성과 공정성 그리고 투명성에 대해서만 개략적으로 알아본다.

1) 민(또는 인민)주성

본 장에서 말하는 민주성은 국가를 운영함에 있어서 국민(또는 인민)들이 주인이 되어 또는 주체가 되어 작용하는 것을 말하는 것이다. 국가의 구성요소가 국민(또는 인민)들이고 국민(또는 인민)들은 국가를 운영하는 근본 요인이기 때문에 국가의 모든 작용은 국민(또는 인민)들에 의해 그리고 국민(또는 인민)들을 위해 이루어져야 한다.

민(또는 인민)주성이 작용하는 국가에서는 개인의 인권보호와 자유, 평등과 기회균등, 평화로운 사회질서와 공정성이 작용하는 것을 추구하게 된다.

이러한 민(또는 인민)주성이 작용하려면 무엇보다 먼저 국민(또는 인민)들이 기본권(헌법 교재 참조)을 보장받아야 한다. 그리고 국가권력은 국민(또는 인민)들로부터 나오고 국민(또는 인민)들을 위해 작용해야 한다. 의회의 기능과 국정도 국민(또는 인민)들을 위해 행해져야 한다.

국민(또는 인민)들이 투표를 하여 대표들을 선출하고 선출된 사람들이 의회를 구성하여 일을 하는 대의제는 민주성이 작용하는 제도인 것이다. 그리고 여론을 국정에 반영하는 것과 2016년 말 대한민국 서울에서 대통령이 하야해야 한다는 대규모 촛불시위를 한 것도 민주성이 작용한 것이다.

민(또는 인민)주성이 작용하는 국가는 자유와 평등, 기회균등과 평화로운 가치관을 갖고 있으므로 다른 국가들을 침범하는 침략근성이 없다. 하지만 일원적인 체계로 작용하면서 위계질서가 강하게 이루어지는 체제는 상층부의 명령과 통제가 주요 요인으로 작용하기가 쉽고 타국에 대해서 공격성이 작용하기도 쉽다.

국가권력은 특성별로 분화되어 기능할 때 민주성은 반영되기 쉽다. 중산층을 두텁게 하는 정책과 국민(또는 인민)들의 삶을 풍요롭게 하는 경제정책 그리고 각종 사회보장제도가 추진되거나 행해지는 것도 민(또는 인민)주성을 실현하는 정책이거나 제도인 것이다.

국체에서 민주성이 작용하게 되면 장기적으로 국체의 하부구조뿐만 아니라 상부구조를 튼튼하게 한다. 바꾸어 말하면 민(또는 인민)주성이 작용하면 국민(또는 인민)들의 의식 수준을 향상시키기 쉽고 인간적이고 평화로운 사회를 이루기도 쉽다. 나아가 국가권력을 합리적으로 작용시키기도 쉽다고 할 수 있다.

2) 공정성

국가 안에는 다양한 가치관과 생각이 다른 국민(또는 인민)들과 다양한 조직체들이 기능을 하는 공동체이기 때문에 국가권력은 공정하게 작용하여야 한다.

사회영역에서의 공정은 평등하면서 기회가 균등하게 주어지는 것과 차별이 없는 것이 포함되는 것으로 개인의 노력과 능력에 걸맞게 정당한 대가가 주어져야 함을 말한다.

공적인 영역에서는 국민(또는 인민)들과 영리조직체들 간의 분쟁뿐만 아니라 국가권력 작용과 정치가 이루어지는 곳에서도 국가권력은 공정하게 작용해야 함을 말한다.

국가권력이 공정하게 작용하면 국민(또는 인민)들과 국가권력 간에 갈등과 분쟁이 줄어들게 되고 정부에 대해 신뢰성이 높아지므로 국가 차원에서 비용을 크게 줄이게 된다.

예를 들어보자.

국민(또는 인민)들 개개인은 이기적이고 욕심이 있으며 경쟁을 하고 이기려고 하므로 분쟁을 하게 된다. 조직체들과 국민(또는 인민)들 간에 그리고 조직체들 간에도 분쟁을 하게 된다.

정치인들과 정당들 간에도 분쟁을 하게 된다. 이러한 분쟁과 갈등의 소지가 있는 곳에서 국가권력은 공정하게 작용해야 한다는 것이다.

만약 정치적인 사건에서 국가권력이 불공정하게 작용하면 국체의 하부구조를 이루고 있는 국민(또는 인민)들까지 동요된다. 국체의 두뇌신경은 말단인 국민(또는 인민)들까지 연계되어 있기 때문이다.

국가는 국민(또는 인민)들뿐만 아니라 영리조직체들과 재벌과 같은 대기업 집단 그리고 시민단체들이 상호작용을 하는 공동체이므로 힘이 약한 개인은 불리할 수밖에 없다. 그러므로 법 집행은 공정해야 한다.

국민(또는 인민)들의 의식 수준이 향상될수록 그리고 선진국가로 갈수록 국민(또는 인민)들은 국가권력이 공정하고 투명하게 작용하는 것을 원하게 된다. 이러한 공정성은 국민(또는 인민)들의 마음을 흡족하게 하고 사회를 안정되게 하며 통합성을 증가시킨다.

예를 들어보자.

국가권력이 공정하게 작용하려면 법과 제도에 의한 국가권력 구조가 합리적이어야 하고 기관들은 분립해서 기능을 해야 한다. 그리고 인사권이 분화되어야 한다.

이러한 가운데 검찰과 경찰 그리고 공수처의 기능은 살아 있는 권력으로부터 분화되어 공정하게 작용하여야 하고 판사들의 판결 또한 진실하고 공정하게 이루어져야 한다.

국가권력이 공정하게 작용하면 사회적 정의와 경제적 정의 나아가 정치적 정의도 이루어지기 쉽게 한다.

3) 투명성

국가권력이 작용함에 있어 투명성이 강조되는 이유는 국가가 공동체이기 때문이다.

국가는 생각과 추구하는 것 등이 다른 수많은 국민(또는 인민)들과 조직체들의 이해관계가 얽혀 있는 공동체이기 때문에 또는 정치사상과 가치관 등이 다르기 때문에 국가권력 작용은 투명하게 작용해야 한다.

대한민국의 경우 행정부 산하의 각 부처와 대통령산하 직계 부처들의 기능, 의회의 의결 등의 기능과 사법부와 헌법재판소의 기능, 선거관리위원회와 공정거래위원회의 기능, 금융감독위원회 등의 기능이 투명하게 이루어져야 함을 말한다.

예를 들면 예산의 집행과 선거과정, 재판과정, 의회의 기능, 힘 있는 부처나 부서의 업무 그리고 국민(또는 인민)들에게 부담이 되는 것을 투명하게 공개하여야 한다는 것이다.

국민(또는 인민)들의 삶과 연관된 공적인 업무나 사업 그리고 분쟁을 다루는 공공조직들의 업무도 투명하게 처리해야 하고 공개되어야 한다는 것이다.

국가권력 작용을 하는 공공기관들은 물론 각종 조직체들이 기능을 함에 있어 비리와 부정이 이루어지는지를 알 수 있도록 해야 한다.

이러한 투명성은 민간 언론의 자유와 시민단체들과 국민(또는 인민)들의 감시가 자유롭게 행해질 때 이루어지기 쉽다.

다. 국체의 자율시스템과 타율시스템

1) 자율시스템

국민(또는 인민)들이 인간으로서의 기본권(헌법 교재 참조)을 보장받고 경제적 자유와 사적자치가 이루어지는 것은 자율시스템의 기본이다.

자기 일을 자기가 결정하고 자기 스스로 행하며 자기가 한 행위에 대해서 스스로 책임을 지는 제도는 자율시스템에서 매우 중요하다. 국가권력이 국민(또는 인민)들로부터 나오고 국민(또는 인민)들을 위해 작용하는 것은 자율시스템의 질을 향상시키고 통합성을 증가시키는 성질이 있다.

국가권력에서 종교와 윤리, 도덕과 정치사상, 자본과 인척이 분화가 되고 국가권력들 간에 분립기능이 이루어지면서 최종적으로 통합되는 체계는 국체의 자율 시스템 작용을 효율적으로 하도록 한다.

국가권력이 공정하고 투명하게 작동되는 것도 자율시스템의 질을 향상시킨다. 국가 지도자들을 공정한 선거에 의해 선출하고 임기제로 제어하는 것과 민간 언론의 자유가 보장되는 것도 시스템의 질을 향상시키는 성질이 있다.

2) 타율 시스템

국민(또는 인민)들이 인간으로서의 기본권(헌법 교재 참조)을 보장받지 못하고 사적자치와 경제적 자유가 이루어지지 않는 체제가 타율시스템이 작용하는 체제다.

권리측면에서 국민(또는 인민)들이 평등하지 않거나 신분제 사회 그리고 차별이 이루어지는 사회도 타율시스템이 작용하는 것이다. 국가권력이 최고 지도자의 뜻에 따라 자의적으로 작용하는 국가와 공산주의 국가도 타율시스템이 작용하는 것이다.

국가권력이 강압적으로 작용하거나 민간 언론과 인터넷 등 정보통신기기 사용에 대해 통제가 심한 국가는 자율시스템에 반한다.

이러한 시스템은 사상적으로 세뇌되고 중독된 공산주의 국가들과 후진국에서 나타나기 쉽다.

국체시스템 차원에서 보면 타율시스템은 자율시스템보다 효율이 떨어진다. 그러므로 타율시스템이 장기간 지속되면 국체의 생존적인 기능의 총체적인 효율이 떨어져 타국과의 생존경쟁에서 뒤처지거나 도태되기 쉽다.

5

국체의 하부구조를 튼튼하게 하는
가치들과 요인들 그리고 개념 등

앞장에서 인간들의 본능과 본성 그리고 후천성은 국민(또는 인민)들 개개인과 영리조직체 등이 생존활동을 하거나 기능을 함에 있어서 근본 요인으로 작용한다고 했다. 그리고 국가 수준의 공동체에서는 국체 차원의 본성과 후천성을 작용시키는 근본 요인이라고 했다.

이러한 성질들이 활발하게 작용하기 위해서 생겨나거나 사용해야 하는 개념들과 가치들 그리고 요인이나 조건 등은 국가라는 생체적인 공동체의 하부구조를 튼튼하게 하므로 아래와 같이 알아본다.

가. 자유

본 장에서 말하는 자유는 자신의 잠재적 가능성을 실현하기 위해 스스로 신덱하고 결징하며 행동할 수 있는 것을 말하는 것이나, 이는 스스로의 운명을 자신이 결정하고 행동하며 자신을 통제할 수 있는 것을 말한다.

인간들은 본래 자유롭게 행동하려 하고 이기적이며 욕심이 있다. 경쟁하는 성질도 있다. 이러한 인간들의 여러 본성 중에서 자유가 제일 먼저 주어지거나 보장되어야 한다. 왜냐하면 인간은 한 개체의 생명체로서 생각을 하고 행동하면서 생존해야 하는 사회적 동물이기 때문이다.

바꾸어 말하면 국민(또는 인민)들 개개인은 생존하기 위한 성질이 작용하는 사회적 동물로서 정신적인 활동과 육체적인 활동을 하면서 살아가야 하기 때문에 육체적이든 정신적이든 자유로워야 한다는 것이다.

인간들의 자유성이 이기성과 탐욕성, 경쟁성과 욕구를 충족하려는 성질 등과 복합적으로 작용할 때는 다른 사람과 다른 조직체들에게 해를 끼칠 수 있고 국가에 폐해를 끼칠 수 있다. 그렇기 때문에 본 장에서 말하는 자유는 보장되는 것만큼 책임이 따르는 것을 말한다.

좀 더 구체적으로 말하면 자유·민주적인 정치체제와 자유롭고 공정한 시장주의 질서를 유지하기 위해서 또는 국체의 존립과 생존을 위해서는 개인의 행동이나 경제활동 등을 함에 있어서 책임이 따라야 한다는 것이다.

이러한 상호 보완하는 성질은 국민(또는 인민)들과 조직체들의 행위나 기능 그리고 국가권력이 작용함에 있어서도 작용해야 정상이다. 즉 국민(또는 인민)들은 인간으로서의 기본권(헌법 교재 참조)인 자유를 보장받는 반면에 그로 인한 행위가 범죄가 될 때는 법에 의해 처벌받아야 하고 국가의 책임이 클 때는 국가가 배상이나 보상을 해야 한다는 것이다.

국민(또는 인민)들에게 자유가 보장되면 생존에 이로운 이기들을 더 많이 만들어 내고 재능이 활용되기 쉽다. 국가 차원에서는 공익에 유익한 가치들을 더 많이 만들어 내고 활용할 수 있게 된다. 그러므로 국민(또는 인민)들에게 자유를 보장하는 것은 무엇보다도 중요하다고 할 수 있다.

자유를 억압하거나 통제하게 되면 국체의 하부를 이루는 개체들(국민들 또는 인민들과 영리조직체 등)의 활동성을 떨어트릴 뿐만 아니라 정신적인 활동을 정체시킨다. 특히 민간 언론의 자유가 없으면 국민(또는 인민)들은 갖가지 정보를 얻기가 어렵기 때문에 인식능력을 향상시키기가 어렵다. 그리고 정부는 현실에 대한 감지능력이 떨어지게 된다.

예를 들어 보자. 자유·민주적인 정치체제를 유지하고 있는 국가들은 경찰의 업무가 치안과 질서 그리고 범죄예방 차원에서 이루어지고 민간 언론의 자유가 있으므로 국민들은 위험 등에 대해 정보를 빠르게 입수할 수 있고 신속하게 대처할 수 있다.

하지만 중화인민공화국의 공안은 체제의 안정을 위해서 업무가 행해지고 언론에 대한 통제가 심하므로 인민들은 다양한 정보를 입수하기가 어렵고 상부의 지시나 통제에 따라 기능이 이루어지므로 타율적이다.

국민(또는 인민)들에게 보장되어야 하는 사유(헌법 교재 참조)는 인간으로서의 존엄성과 활동 등에서의 자유, 경제영역에서의 자유, 국가권력 영역에서의 자유로 구분하여 살펴볼 수 있다.

인간으로서의 존엄성과 활동 등에서의 자유는 인간은 누구나 존엄하기 때문에 국가권력이나 자본권력 등으로부터 침해당하지 않는 것으로 신체의 자유, 사생활에 관한 자유, 거주이전의 자유, 통신의 자유, 사상의 자유, 양심의 자유, 종교의 자유, 학문과 예술의 자유 등이 있다.

경제영역에서는 재산권 행사에 대한 자유, 계약체결에 대한 자유, 사적자치를 할 수 있는 자유, 기업 등 영리조직을 설립하고 운영할 수 있는 자유, 돈을 벌 수 있는 일을 하거나 사업을 할 수 있는 자유 등이 있다.

국가권력 영역에서는 공직에 나아갈 수 있는 자유, 대통령과 국회의원 등 국가 권력기관에서 일하는 지도자들을 선출할 때 선택의 자유, 언론출판의 자유, 집회 결사의 자유, 시민단체 구성과 활동의 자유, 정부와 의회의 정치적 결정을 비판할 수 있는 자유 등이 있다.

위에서 말한 자유가 국민(또는 인민)들에게 보장되면 국가권력은 국민(또는 인민)들이 바라는 방향으로 작용하기 쉽다. 즉 인권을 보호하게 되고 민(또는 인민)주성과 공정성 그리고 합리적인 공동체성이 작용하기 쉽다는 것이다.

특히 경제적 자유가 보장되면 국체의 하부에서 나무뿌리의 실가지들이 활성화되는 것과 같이 작용하므로 국민(또는 인민)들의 삶은 풍요로워지기 쉽고 각종 산업과 과학기술 등이 발전하기도 쉬워진다.

이러한 자유가 억제된 예를 들어보자.

19세기 후반에 마르크스의 유물론적 사상은 혁명사상으로 전파된다. 영국과 프랑스 등 유럽 시민들의 정체성은 자유주의와 개인주의 그리고 자본주의였고 중산층이 두터웠으므로 유럽에서는 공산주의가 뿌리를 내릴 수 없게 된다.

하지만 기존의 체제와 체계에서 인간들의 본성이 분화가 되지 않은 러시아에서는 공산주의 혁명이 성공한다. 혁명에 성공한 사람들은 집단적인 경제체제를 구축하여 경제와 사회 그리고 국민(또는 인민)들의 정신까지도 국가권력이 통제한 바 있다.

이는 노동자와 농민 등 사회적 약자들이 귀족과 자본가들로부터 착취당하는 것을 없애고 골고루 잘 살게 하기 위한 혁명이었지만 경제적 자유가 억제됨으로써 인민들의 삶이 풍요로워질 수 없었고 국가는 번영할 수 없었던 것이다.

아무리 좋은 사상이나 이념적인 정의라 할지라도 국민(또는 인민)들의 타고난 성질인 자유성을 지나치게 억제하거나 통제하면 정신활동이 침체되고 경제활동이 위축된다는 사실을 알 수 있다.

자유를 구속하는 것은 인간들의 본성을 억제하는 것으로서 국민(또는 인민)들은 인식능력이 향상되기 어렵고 생활을 하는 데 있어서도 불편하다. 나아가 경제와 사회영역에서의 성장과 분화도 이루어질 수 없게 하거나 속도를 더디게 한다.

하지만 경제적 자유와 사적자치가 행해지는 체제 내에서 국민(또는 인민)들의 의식 수준이 낮고 각종 산업이 개발되기 이전 단계에서는 정치적인 자유를 억제하면서 경제개발 계획을 수립하고 적극적으로 추신하면 일성 수준까지는 발전이 빠를 수 있다.

이때는 국민(또는 인민)들의 생각이 흑백논리로 획일화가 진행되고 자율성과 창의성이 발휘되지 못하는 단점이 있다. 그러므로 일정

수준에 도달하면 자율적이면서 경쟁이 활성화될 수 있도록 자유로워야 하고 개방되어야 한다.

예를 들어보자.

조선왕조는 상공업자들을 천시하는 문치주의와 유교적 윤리 아래 신분제가 확고했기 때문에 백성들의 본성인 자유와 탐욕성 그리고 경쟁성이 기존의 체제와 체계에서 분화되어 활발하게 작용할 수 없었다. 그리고 백성들은 상공업으로 돈을 벌어도 관료들처럼 신분이 상승될 수 없었다. 자본주의 사회가 아니었던 것이다.

하지만 중세 말 이후 유럽은 자유와 개인, 탐욕성과 사적자치와 같은 가치들이 기독교의 기속과 장원경제 체제에서 분화되기 시작하여 독립적인 체계로 자리를 잡아 나갈 수 있었기에 개인주의와 자유주의 그리고 자본주의 사회로 이행될 수 있었다.

특히 서부 유럽은 인간들의 본성과 본성에 따른 후천성이 활발하게 작용하였기에 경제적인 번영은 물론 학문과 과학기술이 빠른 속도로 발전할 수 있었다.

그러므로 근대에 와서는 평등한 가운데 토론과 합의, 동의와 계약과 같은 용어들을 사용하게 되었고 능력 위주의 사회가 이루어졌던 것이다.

이렇게 인간들의 본성이 수 세기를 통하여 분화가 되면서 왕권은 강화되어 갔고 국가권력의 지배력과 통제력이 강해졌다. 이때 존 로크(1632 - 1704)와 같은 선지적인 정치 사상가는 권위주의와 국가권력에 대해 도전하게 된다.

존 로크는 생명과 자유 그리고 재산에 대한 권리의 상호 존중뿐만 아니라 통치권이 시민들에게 있다는 주권재민(主權在民)의 이념과 국가권력에 대한 저항권을 주장하게 된다.

존 로크의 사상은 유럽의 지식인들에게 영향을 미쳤으므로 국가권력은 점점 시민들 쪽으로 이동하였던 것이다. 그리고 부의 축적이 상위계층으로 인식됨으로써 자본주의라는 이데올로기가 조성되었음을 알 수 있다.

이러한 이데올로기는 오랜 세월 동안 축적되고 발전된 것으로 오늘날 서구 국가들의 체제 밑바탕을 떠받치는 가치체계로 자리를 잡았다. 자유·민주적인 정치체제와 시장주의 경제체제는 이러한 과정의 연장선에 있는 것이다.

하지만 중국의 명나라와 청나라, 한국의 근대 조선의 백성들과 국가 지도층 사람들은 인간으로서의 본성과 힘이 작용하는 생체적인 이치보다 관념적이고 이상적인 가치를 인간세계의 이치나 덕목으로 생각했다.

바꾸어 말하면 중국과 한국의 근대 왕조국가는 유교와 관료주의, 사농공상의 신분적인 체계가 작용하는 국가체제에서 개인과 자유, 평등과 기회균등 같은 가치가 분화될 수 없었기에 전통적인 농촌사회와 이상과 관념을 추구하는 왕조체제를 탈피하지 못했던 것이다.

나. 국민(또는 인민)들의 본성

본 장에서 말하는 본성은 생명체인 인간들의 타고난 성질을 말하는 것으로 이러한 성질이 작용하면 국체의 뿌리 부분을 튼튼하게 한다(본성은 제1장 참조).

즉 국민(또는 인민)들의 본성이 국체 차원의 일정한 룰 안에서 활성화되면 국민(또는 인민)들의 삶을 풍요롭게 하고 국체의 하부구조를 튼튼하게 하거나 풍성하게 한다는 것이다.

백성들의 본성이 분화되어 구축된 체제와 그렇지 않은 체제의 경우를 예를 들어보자.

앞장에서 말한 바와 같이 한국의 근대 조선은 유교의 생활화와 사농공상의 신분체계 그리고 관료주의로 굳어진 체제였으므로 백성들의 본성과 이에 따른 후천성이 기존의 체제와 체계에서 분화되어 작용할 수 없었다.

오직 소농사회를 유지하는 벼농사와 양잠 등 일부만을 중요하게 생각했기 때문에 돈을 벌기 위해 생각들을 할 수 없었고 무역업이나 공업과 같은 산업이 발달할 수 없었던 것이다.

국가는 생존 작용을 하는 조직체이므로 인간들의 타고난 본성과 이에 따른 정신적인 활동이 작용하거나 이루어져야 하는데 조선의 백성들은 이념 지향적인 성리학과 유교에서 인간 세상의 최고 가치와 덕목을 찾았고 국가체제는 이를 바탕으로 구축되었던 것이다.

하지만 서부 유럽은 인간들의 타고난 성질인 본성과 이에 따른 후천성이 기독교의 기속과 봉건체제에서 분화가 되기 시작했고 국가권력으로부터 자유로운 편이었으므로 탐욕성의 활성화를 불러왔고 시민들의 의식은 사실적이고 실용적인 방향으로 변해갔다.

즉 근대 서부 유럽에서의 경제적 자유는 시민들의 인식능력과 의식 수준을 향상시키는 데 영향을 끼쳤으므로 세월이 지날수록 시민들의 정신은 사실적이면서 탐구적으로 변해갔다. 그러므로 수 세기 이후에는 과학혁명과 산업혁명을 일으킬 수 있었다.

위에서 말하는 경제적 자유는 글로벌적으로 시장을 확대시켰고 활성화시켰다. 이러한 시장은 유럽 시민들의 정신적 시야를 넓혔으며 사고할 수 있는 능력을 키우는 등 근대 유럽 시민들의 인식능력을 향상시키는 데 기여했던 것이다.

근대 이후 미국의 경우를 살펴볼 수 있다.

미국의 시민들은 상공업이나 서비스 업종에 속하는 일을 하여도 천대하고 비하하는 생각이 동양인들보다 적었으므로 이익이 많다면 어느 분야 어느 직종이라도 가리지 않게 된다.

그 이유는 미국의 시민들은 기존의 종교나 사상의 기속으로부터 인간으로서의 본성이 분화되고 사고방식과 가치관 등이 변화하였기 때문이다. 이러한 분화는 개인으로서의 권리와 자유, 재산권 보장과 기회균등이 이루어지도록 했고 노력에 따른 것에 대한 권리를 보장하도록 하였다.

이는 기업가 정신이 산업과 기술, 무역이나 예술, 금융과 서비스, 스포츠 등 모든 영역에서 발휘되었음을 의미한다. 여기서 말하는 기업가 정신은 기업을 하기 위해 창업을 하거나 기술을 혁신시키고 새 시장을 개척 하는 등 인간들의 본성과 이에 따른 후천성이 활발하게 작용하여 도전하는 정신을 말한다.

개인에게 재산권이 보장되고 사적자치를 허용하므로 인민들의 본성이 활성화되기 시작한 중화인민공화국과 그렇지 않은 북한의 예를 들어보자.

　중화인민공화국은 1978년 이후 등소평의 개혁개방 정책을 지속적으로 추진하여 공산당 1당의 지배체제 아래에서도 경제는 시장주의 체제로 넘어왔고 엄청난 변화와 발전을 이루었다.

　처음에는 농업부분에서 그리고 일부 지역에서 실시하는 등 개인에게 임대형식으로 사적자치를 실시하여 성과를 거두자 점차 확대하였다. 즉 공업과 상업, 서비스 산업 등에서도 개혁과 개방정책을 실시하였고 외국 기업들에게도 재산권이 존중됨으로써 글로벌 기업들은 중화인민공화국에 투자하기 시작했던 것이다.

　바꾸어 말하면 1978년 이전에는 재산과 생산 등 경제적인 모든 것이 국유제로서 국가가 계획하고 추진하는 공산체제였으므로 개인은 재산권을 행사할 수 없었으며 사적자치가 허용되지 않았다. 또한 시장이 존재하지 아니하였다.

　그러나 등소평의 개혁과 개방정책으로 자국민이나 외국인들에게도 재산권이 보장되고 사적자치가 이루어졌다. 그리고 시장도 생겼다.

　등소평의 개혁과 개방정책은 국체의 뿌리 부분인 인민들에게 경제적 자유를 보장한 것으로 인민들의 타고난 본성을 활성화시켰고 자율성을 증가시켰기에 인민들은 자생적인 능력이 커졌다.

　이제 중화인민공화국은 사상의 세뇌와 중독에서 벗어나 인민들이 타고난 본성대로 살아갈 수 있는 경제체제로 전환하는 데 성공했다. 이를 생체적인 측면에서 바라보면 모택동 주석은 통일적이면서 팽창적이었고 이념적이었다면 등소평 주석은 현실적이면서 실용적이었으며 인민들의 타고난 본성을 활성화시킨 것이라 할 수 있다.

북한은 공산당의 지배 아래 집단농장이나 집단 작업을 하는 공산주의 경제 체제이므로 인민들의 타고난 본성이 자유롭게 작용할 수 없었다. 이는 인민들이 타고난 성질대로 살 수 없게 한 것으로서 풍요로운 생활을 하기가 어렵다는 것을 의미한다.

북한에서는 1990년대 후반부터 공산주의 체제의 비효율과 비합리적인 것들이 국체의 하부구조에서 나타났다. 이때 하층 인민들은 살기 위해 장마당에서 장사를 하였고 돈주(또는 자본가)들은 생겨나기 시작했다.

이러한 상황들은 공산주의 방식으로 체제를 유지하는 가운데 일부 인민들은 인간으로서의 본성이 작용하기 시작했음을 의미한다.

바꾸어 말하면 북한은 1990년대 후반부터 체제 하부구조에서 상극적인 성질(또는 공산주의와 주체사상, 자유시장주의 성질)이 작용하기 시작했다는 것이다.

중근동 지역의 이슬람 국가들을 보자. 국가 구성원은 남녀노소를 불문한다. 인간으로서의 본성 또한 누구나 있으며 남녀노소를 구별하지 않는다. 남자가 되었든 여자가 되었든 국민들임에 틀림없다.

여자라고 해서 능력이 부족하거나 창의성이 떨어지지 않는데 이슬람교의 문화 때문에 차별을 받거나 구속을 받는 것은 국가의 인적자원을 절반이나 썩히는 것이다. 즉 여성들의 본성을 억제하고 제약하는 것은 국가 경쟁력을 떨어트리는 요인이라는 것이다.

결론적으로 말하년 국민(또는 인민)들의 타고난 본성과 이에 따른 후천성을 일정한 룰 안에서 활성화시키면 국체의 하부구조가 튼튼해지기 쉽기 때문에 상부구조도 혁신하기가 쉽고 부강한 국가가 되기도 쉽다고 할 수 있다.

다. 재산과 재산권 보장

인간들이 사냥과 수렵채취를 하던 시기에는 지역적인 영역이 중요했겠지만 농경사회에서는 자신이 경작한 농산물은 자기 것이라는 생각을 하게 된다. 그러므로 자기가 생산한 농산물과 자기가 제작한 상품에 대해서는 다른 사람을 배제할 수 있는 재산권이 생겼다.

농업 생산기술의 발달은 먹을 것을 많게 하므로 인구는 증가되었고 인구증가는 시장을 생기게 하고 산업을 발달시키면서 직종들을 다양하게 하였다. 그리고 재산을 모으려고 경쟁을 했다.

사회가 발달하면 개인의 재산권 행사가 활성화되고 직종과 기술 등이 분화하게 된다. 그리고 개개인의 인식능력이 향상되기 쉽고 자본과 노동력이 결합된 기업들도 생겨나기 쉽게 한다.

특히 도시가 형성된 곳에서는 시민들 간에 상호작용을 더 많이 하였다. 그리고 재산을 불리려고 다양한 생각들을 할 수 있게 하고 재산권 행사도 증가하게 된다.

이러한 자연 발생적인 시장이나 도시의 발달은 시민(또는 백성)들에게 많은 생각을 하게 하고 계산하게 하므로 사고능력을 향상시킬 수 있었고 국가권력이 세금을 과도하게 징수하거나 재산을 몰수하게 되면 시민들은 국가권력으로부터 재산권을 보장받으려고 했다.

중세에는 서양과 동양 모두 개인과 자유 그리고 탐욕성이 특정 사상이나 이념, 신분제와 공동체로부터 분화가 되지 않았기에 오늘날과 같이 개인은 재산이 생길 수 없었고 재산권을 행사하기도 어려웠다.

즉 중세의 동양과 서양은 앞장에서 말한 바와 같이 봉건제 체제이거나 윤리적인 또는 종교국가들 이었고 산업이 발달하지 않았기에 인간들 개개인의 재산과 재산권이 활발하게 행사될 수 없었다는 것이다.

이러한 상태에서 개인의 자유와 평등 그리고 탐욕성이 기존의 체제와 체계에서 분화할 수 있도록 한 사건이 발생함으로써 개인 차원에서 재산을 불리려는 성질이 작용하기 시작한다.

이는 중세 말 유럽에서의 십자군 전쟁을 말하는 것으로 유럽인 중 일부 사람들은 이때부터 자유로운 가운데 탐욕스러운 성질이 작용하기 시작하여 재산을 불려갔고 직종들이 다양해지기 시작했다.

십자군 전쟁을 함으로써 이탈리아 지역과 내륙의 거점지역에서는 봉건체제인 기사단이 붕괴되기 시작하고 농노제도 무너지기 시작하면서 개인과 자유 그리고 탐욕성이 분화하여 도시들이 형성되었다. 도시에서 시민들 개개인은 재산권을 행사할 수 있었고 자유롭게 생활하였다.

십자군 전쟁 중반 이후 동유럽에서 몽골군은 발슈타트 전투와 헝가리, 폴란드 등에서 전투를 하여 게르만 군과 헝가리 등 유럽 기사단을 궤멸시켰다.

몽골군이 전쟁을 할 때도 이탈리아의 베네치아와 제노바 상인들은 몽골군으로부터 전쟁포로들을 사들여 이집트의 맘루크왕조에게 팔아 이익을 챙겼듯이 이탈리아의 여러 도시 상인들은 십자군 전쟁 초기부터 탐욕성이 기존의 제도와 기독교의 기속에서 분화되기 시작했던 것이다.

그랬기에 이탈리아의 베네치아와 제노바 등의 도시들이 생겨날 수 있었고 번영할 수 있었던 것이다 도시의 상인들은 분리된 몽골 제국 시대까지 국내외에서 상행위를 활발하게 할 수 있었고 동방과의 무역에서도 주도권을 행사할 수 있었다.

이때는 이탈리아의 베네치아와 제노바, 피렌체 등 여러 도시들이 형성되어 성장한 시대로 초기의 분업이 이루어지고 대기업들이 생겨났으므로 자본과 노동이 분화하기 시작했던 것이다.

그들은 십자군 전쟁 기간 중에는 지중해 연안의 국가들은 물론 흑해의 카파에서까지 무역을 했지만 몽골제국이 분리된 이후에는 중근동 지역은 물론 원나라와 동남아시아에서도 교역을 하여 막대한 부를 축적할 수 있었다. 다른 한편으로는 이슬람 문명과 중화권 문명을 수용할 수 있었다.

유럽 상인들이 몽골제국들과 교역을 하던 시기에는 남(지중해와 흑해)과 북(발트해와 볼가강, 러시아의 하천 등)으로 네트워크를 형성하면서 교역을 했다. 이때 전통적인 생산양식은 변화하기 시작했고, 도시가 형성되어 번영하면서 상업과 수공업의 발전 속도를 빠르게 했던 것이다.

즉 유럽은 킵착칸국, 일한국과 네트워크로 이루어지는 교역을 하면서 원나라와도 교역을 하고 자유롭게 왕래하였으므로 중국의 대장간과 방앗간, 목축을 이용한 농법 등을 수용하여 이용하였다.

후기 이후에는 금속활자를 이용한 인쇄와 화약 그리고 풍수지리에 사용하는 패도와 연금술, 향신료 등을 창의적으로 개량하고 탐욕적으로 이용하거나 사용하기 시작했다.

위에서 서술한 것들은 이익을 취하여 재산을 불리려는 생각과 탐욕이라는 성질이 주요 요인으로 작용했음을 말하는 것이다.

유럽에서의 생물적인 분화는 중세 말 시작되어 근세에 이르는 동안 점점 더 활성화된 것으로 경쟁 속에서 진행되었다. 무역의 주도권이 이탈리아의 여러 도시의 상인 또는 대기업들에서 포루투갈, 에스파냐 왕국 → 네덜란드의 무역업자와 회사 → 영국의 상위 계층과 회사로 이동했을 정도로 경쟁 속에서 일어났던 것이다.

당시 에스파니아와 포르투갈에서는 인간들의 타고난 본성이 가톨릭교의 기속과 봉건제의 기속에서 분화가 되지 않았지만 네덜란드 지역에서는 분화된 사람들이 모여들어 살았으므로 해외 무역과 상업, 금융 등의 경제활동이 활발할 수 있었고 사실적인 학문과 사실적인 지리학이 발달할 수 있었다.

네덜란드에 인접한 영국은 신분제의 기속이 약한 상태에서 농민들과 노동자들로 분화되어 양들을 길러 재산을 축적해 나아갔지만 세월이 지날수록 수공업을 하여 재산을 축적해 나아갔다.

18세기 후반에는 재산을 축적한 자본가들이 많았고 금융기관들도 생겨나는 등 여러 조건이 충족되었으므로 중세적 산업 체제를 자본주의적 산업체세로 전환시키는 공업혁닝이 일어날 수 있었나.

이후 영국은 해외 식민지와 분업적 네트워크가 성립되었고 자본가층은 두터웠다. 그들은 더 많은 돈을 벌려고 했고 재산을 불리려고 했다. 그러므로 다양한 분야에 투자를 했다. 그리고 치열한 경쟁 또한 벌어졌기에 산업혁명은 일어났던 것이다.

좀 더 자세히 말하면 영국은 15세기 전후해서 양을 기르기 시작하고 양모를 수출하지만 이후에는 수공업이 활발해지기 시작한 상태에서 수 세기 이후에 면화를 식민지에서 갖다 면직물을 제조하는 산업의 구조변화를 겪으면서 제조업 강국으로 이어져 공업혁명을 일으켰던 것이다.

영국에서의 산업혁명은 3~4세기 전 이탈리아의 여러 도시들의 상황과 유사하지만 산업은 더 전문화되었고 분화하였으며 상인들과 시민들의 인식능력은 향상되었다. 이러한 바탕 위에서 창의성과 경쟁성이 치열하게 작용하였기에 문명의 이기들을 발명해 나아갔던 것이다.

위에서 말한 분화와 성장 그리고 발전과 진화는 경제적 자유를 통해서 이루어졌다. 경제적 자유는 인간들의 타고난 본성이 근본요인으로 작용하는 것으로서 재산을 불리려는 것이었다.

예를 들면 자유주의와 개인주의가 개인의 탐욕으로부터 비롯되었고 개인의 탐욕은 재산축적으로 이어졌다. 수 세기 이후에는 재산권을 보장받으려 했던 것이다. 오늘날 시장주의도 여기에서 비롯되었다.

아래에서는 탐욕성이 활성화되고 재산을 불리려는 심리가 작용하여 분화가 촉진되고 사회적인 구조를 변화시켰던 경우를 알아보자.

재산권이 보장된 영국에서는 돈을 벌기 위해 담장을 쌓는 일이 두 차례에 걸쳐 일어났다. 15~17세기에는 양을 기르기 위해(인근 지역의 모직물 산업 발달에 따라), 18~19세기에는 더 많은 농작물을 생산하여 많은 돈을 벌기 위해 공유지에 담을 쌓는 일이 일어났다.

15~17세기에는 자영농민(Yeomon)들이 많이 생기었으므로 농촌의 계급 분화와 토지 집중으로 인한 노동자들의 출현이 촉진되었다. 즉 15세기 전후해서 영국은 인간의 타고난 본성이 장원경제 체제에서 분화되기 시작했던 것이다.

18세기에는 농촌 인구의 도시 집중과 노동자들의 확대로 이어져 공업혁명의 인적자원으로 활용될 수 있었다. 이 시기에는 산업화와 도시화가 촉진되는 구조변화를 가져왔고 자본과 노동의 분화가 활성화되면서 자본가들의 경쟁과 착취가 심했으므로 사회적 약자들의 문제가 생겨났다.

국민들에게 재산권이 보장되고 사적자치가 이루어졌던 대한민국의 경우 1960년대와 1970년대 정부가 정책적으로 산업화를 추진하면서 수출을 장려함으로써 근대적이고 전통적인 농업경제에서 현대적인 산업경제 체제로 바뀌기 시작했다.

서울과 부산 등에서는 도시화가 촉진되었고 70%가 넘는 농촌인구는 줄어들기 시작했다. 이로 인해 산업 근로자들이 생겨났고 자본축적이 이루어져 재벌들도 생겨났다.

이는 전 근대적인 농어촌 전통사회에서 현대 산업사회로 구조적인 변화를 이룬 것으로 부의 축적이 이루어지면서 분화하고 발전했던 것이나.

위에서 말한 바와 같이 인간들의 본성을 활성화시키면서 재산권을 보장하는 것은 국민(또는 인민)들의 삶을 풍요롭게 하는 것은 물론 생산양식과 생활양식을 진화시키고 사회구조를 변화시킨다는 것을 알 수 있다.

중국의 예를 들어보자. 등소평 주석의 개혁 개방정책 이전에는 전 인민들이 공산주의 사상에 취해 있었다면 개혁, 개방정책 이후에는 개인과 영리조직체들에게 재산권이 보장되고 경제적 자유가 이루어졌기에 인민들은 돈을 벌기 위해 생각을 하고 노력을 하게 되었다. 시장도 생기게 되었고 경쟁 환경도 조성되었다.

이제 중화인민공화국 인민들은 재산권을 보장받으므로 자신을 위해 일을 하게 되었다. 공산당 상층부의 간섭과 통제 그리고 지시 등을 제외하면 자율시스템이 작용하고 있다고 할 수 있다.

오늘날 선진국들은 나무가 자라면서 분화된 가지들이 굵어져서 또 다른 가지들을 자라게 한 경우와 같이 수많은 영역과 분야에서 각종 조직체들과 직종들이 생겨나고 있다.

이러한 번영을 누리고 있는 근본적인 요인은 국민(또는 인민)들 개개인에게 재산권이 보장되고 경제적 자유와 함께 개인이 노력한 것만큼 보상이 이루어지는 환경 덕분이었던 것이다.

개인에게 재산권을 보장하고 국민(또는 인민)들의 본성이 활성화되면 정부가 정책을 추진함에 있어 기업가 정신을 키우기가 용이하고 이용후생이나 실사구시 또는 실용주의로 나아가기가 쉽다.

이러한 정책과 제도는 시장주의 환경에서 정착되기 쉽지만 국민(또는 인민)들의 타고난 본성을 억제하는 사상이나 이념만을 중요시할 때 그리고 국가권력의 통제나 규제가 심할 때는 정착되기가 어렵다.

라. 사적자치와 자기책임

근대 이후 중국과 한국의 근대 왕조국가에서는 사적자치가 가족 단위로 이루어진 것으로 씨족이나 마을 또는 향과 촌 같은 공동체와 함께했다. 그리고 사농공상의 신분체계로 굳어졌고 유교의 생활화가 이루어졌다.

바꾸어 말하면 근대 명나라와 청나라 그리고 한국의 근대 조선은 유교적 정체성과 신분제가 작용했고 씨족의 유대성과 마을 공동체성이 강하게 작용하는 전통사회였기에 백성들 개개인은 각종 제도와 공동체에서 벗어나 생활을 하기가 어려웠다.

그러므로 본 장에서 이야기하는 사적자치와 자기가 한 일에 대해 자기가 책임을 지는 것은 유럽에서 중세 말 이후 인간들의 본성이 기존의 봉건제와 종교의 기속에서 분화하면서 생겨난 것을 말하는 것이다.

즉 근대 유럽에서 사회적 이데올로기가 개인주의와 자유주의 그리고 자본주의로 작용하면서 생겨난 것을 말하는 것이다.

본 장에서 말하는 사적자치와 자기책임은 국민(또는 인민)들 개개인은 자신의 생존을 위해 경제활동을 하는 것으로 자기 일을 자기가 스스로 결정한다. 그리고 자기가 한 경제행위는 자기가 책임을 지는 것을 말하는 것이다.

공산주의는 토지와 생산시설을 국가가 소유하거나 십난(또는 공동) 소유로 한 후 공산당 상층부의 계획이나 지시에 따라 일을 하는 것이므로 본 장에서 말하는 사적자치와 반대된다.

구소련이 붕괴되고 나서는 어느 국가나 국민(또는 인민)들에게 자유가 보장되어 자기 일을 자기가 하고 자기가 한 일에 대해 책임을 지는 사적자치제는 더 이상 논란거리가 될 수 없다.

그렇다면 사적자치가 제도로 정착되어야 하는 이유는 무엇일까? 다음과 같이 알아볼 수 있다.

첫째 자기 일을 자기가 결정하고 스스로 하는 것이 국체의 구성요소인 국민(또는 인민)들 개개인의 삶에 부합하기 때문이다.

둘째 국민(또는 인민)들 개개인은 생각하고 행동하는 주체이기 때문에 사적인 일은 자기가 결정하고 행하는 것이 효율적이기 때문이다.

셋째 사적인 일을 스스로 하게 하고 노력한 것만큼 보상이 이루어지는 것은 자발적으로 땀 흘려 일을 하도록 하고 개인의 취향에 따라 일을 하도록 한다. 그리고 재능을 살리기 쉽게 한다.

넷째 사적인 일을 스스로 하게 하는 것은 자유로움과 경쟁을 유발하면서 국가 구성원의 숫자만큼이나 다양한 생각이 활용되어 기술을 향상시키고 지혜 등을 활용하기가 쉽기 때문이다.

다섯째 사적인 일을 스스로 하고 자기가 한 일에 대해 책임을 지는 것은 국체 차원의 자율적인 시스템에 부합하기 때문이다.

아래에서는 사적자치와 자기가 한 일에 대해 자기가 책임을 지기 시작한 것을 알아보자.

앞장에서 말한 바와 같이 중세 말 일부 유럽인들은 타고난 본성대로 삶을 살아가면서 자기 일을 자기가 결정하고 자기가 한 경제행위에 대해서는 자기가 책임을 지기 시작했다. 이러한 사람들이 모이고 모여 도시를 형성하였고 이어서 도시국가나 자치도시로 발전하였던 것이다.

이러한 분화와 성장 그리고 발전은 수 세기를 통하여 이루어졌으므로 경제적 자유와 사적자치가 확대되었고 사적 자치는 자기 책임 아래 이루어지는 쪽으로 작용하게 되었다. 즉 자급자족을 하는 봉건제 경제체제에서 개인과 자유의 분화는 사적자치를 확대시키면서 자본주의 환경을 조성하는 데 있어서 근본 요인으로 작용했던 것이다.

네덜란드 지역에서는 영주 등 지도층 사람들과 자본가가 주축이 되어 교역을 활성화시켰고 시민들의 본성은 종교와 장원경제 체제로부터 분화되었다. 그리고 시민들의 본성과 후천성이 활발하게 작용하면서 사적자치를 하게 되었고 자기 일은 자기가 책임을 지게 된다.

그러므로 상행위와 해외무역이 활발할 수 있었고 의학과 지리학 등이 사실적인 쪽으로 발달할 수 있었다. 즉 네덜란드는 사적자치가 활성화되고 시민들의 본성과 이에 따른 후천성이 활발하게 작용했던 것이다.

영국은 봉건체제에서 개인(농민, 노동자)으로 그리고 탐욕성이 작용하면서 한편으로는 국가권력과 영주 등이 일체 작용하여 군사적인 힘을 키웠으므로 해외 무역의 주도권을 장악할 수 있었고 해외시장을 확보할 수 있었다. 이러한 가운데 자영 농민들과 노동자로 분화하면서 사적자치는 국민들의 정체성으로 자리를 잡아 나아갔던 것이다.

근대 유럽은 개인주의와 자유주의 그리고 자본주의로 이행되는 가운데 사적자치가 기업과 같은 조직체들의 자치로 진화한다. 시민들의 생각은 실용적으로 변화했고 지식 또한 분화하고 향상되었기에 17세기에 와서는 의학, 해부학, 식물학, 야금술, 기계학, 군사기술, 천문학 등이 빠르게 발전할 수 있었다.

하지만 근대 중국이나 한국의 근대 조선은 사농공상의 체계와 유교사상이 국가권력과 일체 작용하는 체제로 굳어졌다. 그러므로 백성들은 기존의 체계성이나 농촌 공동체의 규범에서 벗어날 수 없었다.

오늘날은 자기 일을 자기가 결정하고 자기가 한 일은 자기가 책임을 지는 방식을 당연하게 생각한다. 그리고 국체 차원에서 효율적이라는 사실도 알고 있다.

바꾸어 말하면 자유롭게 사적자치가 행해지면서 자신이 행한 경제행위에 대해서는 자신이 책임을 지는 시스템이 국가나 집단농장이 소유하고 공산당 지도층으로부터 계획이나 지시에 따라 일을 하는 공산주의 시스템보다 효율적이고 국가적 이익도 크다는 것이다.

마. 경쟁 환경 등

국민(또는 인민)들 개개인은 인간이기에 앞서 생명체이기 때문에 먹고 살기 위해서는 이기적이게 되고 경쟁을 하게 된다. 국가 또한 생존체이기 때문에 자국 중심적이고 자국의 이익을 위해서 작용한다. 타국과는 경쟁을 하거나 상보적인 관계가 성립한다.

생명체인 국민(또는 인민)들과 생존체인 국가가 경쟁을 하는 것은 피할 수 있거나 바꿀 수 있는 것이 아니다. 경쟁을 하는 것은 생명체나 생존체의 생존이치이기 때문이다. 그러므로 국민(또는 인민)들에게 기회가 균등하게 주어져야 한다.

국민(또는 인민)들 간에 그리고 영리조직들 간에 탐욕성과 이기성이 작용하고 경쟁하는 것들이 누적되면 불평등과 불공정 같은 사회적인 모순들이 나타난다. 이러한 모순을 해결하려면 법과 국가권력에 의해 조정되거나 제어되어야 하고 보완해야 한다.

즉 국가와 같은 공동체 수준에서는 자유와 탐욕성 그리고 경쟁성 등 국민(또는 인민)들의 본성이 법으로 정한 일정한 룰 안에서 작용해야 한다는 것이다.

생존경쟁으로 인하여 불공정하고 불합리한 문제들이 불거지면 국민(또는 인민)들로부터 선출된 정치인과 정부가 해결해야 한다. 예를 들면 실업부조와 고용보험, 국민건강보험 등의 사회보장 제도와 과세제도, 정부의 정책 등으로 보완해야 한다는 것이다.

아래에서는 환경 측면에서 경쟁을 알아보자.

기회가 균등하게 주어지면서 공정한 경쟁을 할 수 있는 환경이 조성된다면 땀 흘려 일하는 사람들이 많아지고 최선의 노력을 하게 된다. 이러한 환경에서는 국민(또는 인민)들과 조직체들이 긴장하고 주변을 살피게 되며 끊임없이 노력을 하고 혁신을 하게 된다.

동물들이 경쟁을 통하여 살아남는 것을 알 수 있듯이 생명체인 인간들이 경쟁을 하는 것은 자연의 이치인 것이나. 인간들은 동물적인 습성이 있으므로 경쟁 환경이 조성되지 아니하면 재능이 최대한 발휘되지 못할 뿐만 아니라 나태해진다.

경쟁을 할 수 없는 환경이나 여건에서는 의존하는 습성도 생겨난다. 타율적이고 의존적이며 경직된 체질로 변한다는 것이다. 체제 또한 마찬가지다. 경쟁 환경이 조성된 체제와 그렇지 않은 체제는 국민(또는 인민)들의 삶과 국가가 발전하는 데 있어서 엄청난 차이가 벌어진다.

그 이유는 경쟁 환경이 조성된 체제는 생존하기 위한 성질이 활성화되어 발전이 빠르게 이루어지지만 경쟁을 할 수 없는 체제는 생존하기 위한 성질이 침체되고 타율적이며 경직된 체질로 바뀌기 때문이다.

경쟁 환경이 조성되어야 할 분야는 경제영역뿐만 아니라 과학기술과 문화와 예술 등 거의 모든 분야가 해당된다. 하지만 공공성이 작용하는 부문과 사회적 약자들은 예외를 두어야 한다.

여기서 말하는 사회적 약자는 노약자로서 빈곤한 사람, 장애나 질병이 있으면서 재산이 없는 사람, 생계능력이 현저히 떨어져 사회생활을 하는데 부적합한 사람, 임산부와 미성년자 등 능력이 떨어지는 사람들을 말한다.

경쟁 환경에서는 경쟁력이 강한 사람과 영리조직체들이 자신 또는 조직체의 이익을 위해 약자들을 활용하기 쉬우므로 착취가 이루어지기 쉽고 불평등한 사회가 되기 쉽다. 그러므로 경쟁 환경이 조성되면 반드시 불평등과 불공정을 해소할 수 있는 제도가 마련되어야 하고 사회적 약자들을 돕는 복지정책도 추진되어야 한다.

인간들의 경쟁심이 일정한 룰 안에서 활발하게 작용할 수 있으려면 법과 제도 안에서 자유가 보장되고 탐욕성이 작용하면서 노력에 따른 보상이 이루어져야 한다. 이러한 것들은 체제와 법, 사적자치와 기회균등 그리고 시장주의가 밀접하게 연관된다.

공정한 경쟁을 할 수 없게 하는 체제는 공산주의 국가를 대표적으로 말할 수 있다. 신분제 사회나 인종에 대해 차별을 하는 것도 공정한 경쟁을 할 수 없게 한다. 오늘날에는 정경유착이 이루어지거나 인맥과 학벌이 작용하는 사회가 해당된다. 독과점이 이루어지거나 특혜가 주어지는 것도 공정한 경쟁을 할 수 없게 한다.

아래에서는 시민들의 본성이 분화되어 탐욕성이 경쟁적으로 작용했던 근대 유럽과 그렇지 않았던 고려 말과 조선 초를 비교해 보자.

14세기 초 원나라에 온 프랑스 지역의 그리스도교 신부와 그 일행들은 성경책을 만들기 위해 원나라의 속국인 고려(현재는 한국)의 금속활자를 입수하여 유럽에 전파한 것으로 추정된다.

15세기 구텐베르크가 살던 유럽은 자유롭고 개인적인 삶을 살아가는 사회로서 탐욕성이 활발하게 작용하였고 경쟁을 치열하게 하는 환경이었다. 그리고 국가권력의 통제와 규제가 약했거나 적었으므로 사람들은 돈을 벌기 위해 다양한 생각들을 했다.

금속활자로 책을 출판할 수 있다는 정보를 입수한 구텐베르크는 기존에 사용하던 잉크와 포도를 압착하는 기술 그리고 동전을 제조하는 금속펀치를 활용하여 금속활자로 인쇄를 할 수 있는 인쇄소를 차릴 수 있었다. 돈을 벌기 위해서 말이다.

구텐베르크는 돈을 벌기 위한 목적에서 금속활사로 인쇄를 할 수 있는 인쇄소를 차렸고 많은 돈을 벌 수 있었다. 다른 사람들도 경쟁적으로 뛰어들었으므로 50여 년 만에 유럽 전역으로 퍼져 나아가 인쇄소가 1,000개가 넘었고 3만 종 이상의 책들이 출간되었던 것이다.

하지만 동양의 고려는 일찍부터 목판 인쇄를 하던 상태에서 구텐베르크보다 일찍 금속활자로 인쇄를 하였음에도 개인과 자유 그리고 탐욕성이 전통적인 농촌 공동체와 사농공상의 신분제 체계에서 분화가 된 자본주의 사회가 아니었기에 경쟁심이 작용할 수 없었고 파급효과도 나타날 수 없었다.

유럽에서의 출판은 초기에는 성경책을 주로 출판하였지만 대중화되면서 다양한 분야의 책들이 출판되었다. 그러므로 유럽 시민들은 인식능력이 획기적으로 향상될 수 있었고 종교개혁을 유발할 수 있었다. 그리고 과학기술 등이 발달하는 요인으로 작용하는 등 엄청난 연관효과가 발생했던 것이다.

경쟁이 치열했던 다른 예를 들어보자.

16세기 동양의 최변방 섬나라 일본에서는 다이묘(영주)들 간 신무기 개발이 경쟁적으로 이루어지면서 전쟁을 하였고 결국은 전국이 통일되었다. 전국이 통일될 당시에 근대 일본은 무사정권으로서 군사대국이 될 수 있었기에 한국의 근대 조선을 침략(임진왜란)했던 것이다.

경쟁이 치열했던 당시 일본은 첨단 무기인 조총이 전 세계에서 제일 많이 생산되었다. 무사들 간에 경쟁을 활발하게 하던 시대에 오다노부나가는 세계 정복의 꿈을 키웠으며 도요토미 히데요시는 조선과 명나라를 정복하려고 했고 인도까지 넘봤다.

미국의 경우를 보자. 아메리카 대륙에 온 유럽의 이주민들은 부족사회 수준에서 살고 있는 인디언들을 죽이고 몰아내면서 삶의 터전을 넓혀갔다. 초기의 무법천지와 같은 사회는 오랫동안 개방되었으므로 우주의 블랙홀과 같이 세계 각지의 사람들이 모여들었다.

점점 불어난 사람들은 각자의 능력이 최고로 발휘될 수 있도록 기회가 균등하게 주어졌다. 신분이나 학벌에 영향을 받지 않는 경쟁 환경을 조성하면서 국가권력 구조와 정치시스템을 합리적으로 설계했으므로 미국이라는 국가는 총체적으로 발전할 수 있었던 것이다.

경쟁환경 속에서 공정한 룰이 작용하도록 한 정책은 테오도어 루스벨트 대통령과 윌슨 대통령 시대에 강하게 추진되었다. 대자본에 의해 시장이 독점되지 않도록 함으로써 국민(또는 인민) 수준에서 기업가 정신이 활성화될 수 있었고 공정한 경쟁을 할 수 있었던 것이다.

하지만 오늘날 미국은 노동 유연성과 계약자유의 원칙이 자본주의의 이념적 가치로 작용함으로써 비정규직과 임시직들이 많아졌다. 세습되는 현상도 나타났다. 즉 빈부격차가 매우 커졌고 세습됨으로써 비정규직과 교육 분야에서는 공정한 경쟁을 할 수 없게 된 것이다.

그러므로 정부는 경쟁하면서 낙오된 사람들이 회생할 수 있는 정책과 불평등을 해소할 수 있는 정책을 병행해서 추진해야 한다.

바꾸어 말하면 경쟁 환경이 조성되면 중산층을 두텁게 하는 정책을 추진해야 한다. 그리고 실업보험과 건강보험, 사회보장세도와 과세정책으로 중산층에 들지 못하는 사람들을 도와야 하고 사회적 약자들을 인간답게 살 수 있도록 해야 한다는 것이다.

바. 국민(또는 인민)들의 두뇌에 입력되는 정보

인간들의 두뇌는 생체 컴퓨터이기 때문에 각종 정보를 입수할 수 있고 학습과 모방을 할 수 있다. 그리고 세뇌와 전염이 되고 전파시키기도 한다. 나아가 국가 내의 다양한 기능들을 향상시키고 국가를 발전시키는 요인으로 작용한다.

즉 인간들의 두뇌는 생명적 컴퓨터로서 정보 입력과 네트워크적인 처리 그리고 출력이 이루어짐으로 생각을 할 수 있고 행동을 할수 있다. 그리고 학습과 모방을 할 수 있고 전염도 될 수 있다. 나아가 국가를 합리적으로 운영할 수도 있다는 것이다.

바꾸어 말하면 국민(또는 인민)들이 생각을 할 수 있고 행동을 할수 있는 것은 물론 국가와 같은 공동체를 운영할 수 있는 것도 인간들의 두뇌에 각종 정보가 입수되어 두뇌신경작용을 하기 때문이라는 것이다. 그러므로 국민(또는 인민)들의 두뇌에 다양한 정보가입수되기 쉽도록 해야 한다.

국민(또는 인민)들의 두뇌가 정보를 입수하여 지식을 쌓고 사고능력을 향상시키는 것은 교육을 통해서 이루어지거나 시각과 청각, 소통과 토론, 접촉 등을 통하여 이루어진다. 이러한 정보 입력은 개방된 체제와 국민(또는 인민)들에게 기본권이 보장되는 것 그리고 민간 언론의 자유 등이 밀접하게 연관된다.

예를 들면 출판과 민간 언론의 자유, 지식과 정보를 쉽게 접할 수있는 도시 그리고 정보통신기기들의 발달과 개방된 체제 그리고 자유와 평등, 기회균등 같은 인간으로서의 기본권이 보장되면 정보를 많이 그리고 다양하게 입수할 수 있게 한다는 것이다.

이러한 요인들은 국가의 지식 확산체계와 과학기술의 생활화 그리고 규제가 적고 재산권을 보장하는 것 등이 밀접하게 연관된다.

국가체제가 집단성과 경직성, 타율성이 작용하기 쉽도록 구축되면 국민(또는 인민)들의 두뇌에 다양한 정보가 차단되고 획일성과 경직성이 작용하게 되므로 국체의 생존 작용은 획일적으로 진행되기 쉽다.

이러한 곳에서는 창의성이 발휘되기 어렵다. 왜냐하면 유무형의 억제와 통제를 하는 것은 인간들의 본성과 후천성을 억제하는 것으로서 개개인의 정신활동을 억제시키고 타율적으로 작용하게 되기 때문이다.

아래에서는 중세 말 유럽의 지도층 사람들과 시민들의 두뇌에 새로운 정보가 입력됨으로써 생각이 바뀌고 사회구조가 변화하여 갔던 것을 알아보자.

앞장에서 말한 바와 같이 몽골군이 동유럽과 이슬람지역을 침공함으로써 유럽인들은 정신적 충격을 받았다. 분리된 몽골제국 시대에는 생각의 변화를 가져왔다.

즉 십자군 전쟁 때부터 원나라와 일한국 등으로 분리된 몽골제국 시대까지 약 3세기 동안 유럽의 상인들은 동방과 이슬람의 수많은 것들에 대한 정보를 얻을 수 있었다. 그러므로 유럽인들은 동방과 이슬람의 과학을 수용하고 수많은 기술을 개량하여 활용할 수 있었던 것이다.

이후에 각 분야로 분화가 활발하게 진행되어 연구하고 탐구하고 자 했던 것과 해외 무역의 주도권이 바뀌었다는 것은 근대 유럽 시민들의 두뇌에 다양한 정보가 활발하게 입수되었다는 것을 의미한다.

근대 유럽인들의 인식능력이 획기적으로 향상될 수 있었던 원인은 동방의 고려에서 금속으로 인쇄를 하는 것을 입수한 데 있었고, 구텐베르크가 창의성을 발휘하여 인쇄를 함에 있었다.

즉 인쇄혁명이 있었기에 유럽시민들은 갖가지 정보를 입수하기가 쉬워졌고 여러 생각들을 비교하면서 생활을 할 수 있게 되었다. 다른 한편에서는 종이책들이 생겨났고 기록 문화가 보편화되기 시작했다.

이후에는 민간 언론들도 생겨나게 되는 등 유럽 시민들의 두뇌에 다양한 정보가 입수되기 쉽게 됨으로써 의학과 해부학, 항해술과 기계, 천문학과 지리학이 빠르게 발전할 수 있었던 것이다.

서부 유럽이 주도하기 시작한 자본주의적 산업발달은 인쇄술의 발달과 함께 했으므로 기술자들의 경험은 유럽 곳곳으로 퍼져 나아갔고 후대로 이어질 수 있었던 것이다.

이를 시민들의 두뇌에 정보가 입수되는 측면에서 말하면 중세 말에서 근대까지 동방과 이슬람의 과학과 기술들은 물론 향신료 등 새로운 사실들이 유럽 상인들과 지도층 사람들의 두뇌에 입수되었던 것이다.

당시 유럽인들에게 새로운 정보가 입수되면서 인간으로서의 본성이 활발하게 작용했기 때문에 여러 분야로 분화가 될 수 있었고 시민들의 사고방식은 사실적이고 현실적인 쪽으로 바뀌게 되었던 것이다.

그러므로 17세기에 와서는 과학혁명을 일으킬 수 있었고 18세기에는 산업혁명을 일으킬 수 있었다.

근대 동양에서도 유사한 사례를 찾을 수 있다.

일본의 왜구들은 오래전부터 명나라와 고려, 조선은 물론 필리핀, 캄보디아, 인도네시아 브루나이 등 동남아시아 지역에서 민간인들을 죽이고 약탈하면서 교역을 해왔다.

16세기 이후 포르투갈, 네덜란드와 접촉할 수 있었으므로 새로운 사실들을 하나둘씩 알게 된다. 동양에서는 일본이 유일하게 근대 유럽의 선진 문물에 대한 정보를 입수하여 부강지술에 활용하게 된다.

포르투갈 상인으로부터는 조총기술을 전수받았다면 네덜란드 상인들로부터는 상거래를 하면서 의학과 지도제작술 등을 받아들이는 등 서양 국가들에 대한 정보를 입수하게 된다. 다른 한편으로는 번역과 출판업이 성황을 이루었다.

당시에 번역과 출판업이 성황을 이루었다고 하는 것은 영주와 상인, 선각자들이 외부 사정에 대한 정보를 입수하여 그들의 정신적 시야가 넓어졌다는 것을 의미한다.

이러한 정보를 입수한 상인과 사무라이들은 인간의 도리와 덕목이 중시되는 성리학과 유교가 아닌 힘의 논리가 작용하는 부국강병과 사물에 대해 실증적인 것을 중시하게 된다.

19세기 일본의 선각자와 샤스마번과 조슈번 등 상인들의 정신적 시야는 중국의 중화적인 세세관을 벗어나 유럽의 군사력과 체제까지 확대될 수 있었기에 '대동아'와 '탈아론'이란 주장을 하게 된다.

19세기 일본은 종교와 사상이 다양한 편이었고 무사도(또는 사무라이) 정신에 중독된 상태에서 상인과 선각자 그리고 사무라이들은 유럽의 대항해시대 식민지 확보경쟁을 하는 유럽 국가들을 보았기에 수탈하고 지배하는 제국적인 체제로 개혁을 할 수 있었던 것이다.

근대 중국은 지배층이 대국주의 사상과 중화사상 그리고 유교사상에 중독된 상태였기 때문에 일찍부터 광저우와 마카오 항구가 개방되어 스페인, 포르투갈, 네덜란드, 영국과 교역을 활발하게 하였음에도 유럽에서 배울 것이 없다고 생각을 하게 된다.

즉 근대 말 중국의 지도층 인사들의 두뇌신경은 유교사상과 중화사상 그리고 대국주의 사상에 세뇌되어 중독된 상태였기에 새로운 정보가 입수되어도 받아들일 수 없었고 활용할 수 없었던 것이다. 결국은 체제 간 경쟁에서 도태될 수밖에 없었던 것이다.

지금까지 이야기한 것을 정리하면 유럽은 기존에 기속되었던 체제나 종교의 기속에서 인간들의 본성과 후천성이 분화되면서 활성화되어 갔다면 근대 일본은 수 세기 동안 새로운 정보를 입수함으로써 새로운 국가체제로 개혁할 수 있었다고 말할 수 있다.

다른 예를 들어보자.

중국은 1978년 12월 열린 중국 공산당 제11기 중앙위원회 제3차 전체회의에서 덩샤오핑이 선부론(先富論)을 주장함으로써 이상적인 국가를 실현하기 위한 공산주의에서 인간의 본성이 작용하는 국가 주도 시장주의와 국가 자본주의로 바뀌기 시작했다.

즉 1978년 12월 이전에는 중국 인민들의 두뇌에 입력되는 정보가 사회주의 혁명과 계급투쟁 등 정치적이고 사상적인 틀에서 벗어나질 못했지만 덩샤오핑의 개혁과 개방정책 이후에는 인민들의 본성이 공산주의 사상에서 분화되어 작용함으로써 인민들의 사고는 현실적이고 개인의 생존을 위한 쪽으로 작용하기 시작했던 것이다.

중화인민공화국의 경제영역에서는 인민들이 본성에 따라 삶을 살아갈 수 있게 되었으므로 인민들은 바깥세상을 보았고 자생력이 커졌다. 그리고 인민들의 사고와 생존활동은 자율적이고 자생적으로 변화하였으므로 중국이라는 국체의 뿌리를 튼튼하게 한 결과가 되었다.

국체의 하부구조를 이루는 국민(또는 인민)들이 자유롭게 정보를 입수할 수 있게 되면 기업가 정신이 발휘되기 쉽고 불합리한 법 규정과 제도를 혁신하기가 쉽다. 그리고 국민(또는 인민)들 개개인은 자립할 수 있는 능력이 커지고 지식 수준이 향상되므로 창의성이 발휘되기 쉽다. 나아가 산업을 발달시키기도 용이해진다.

국가라는 조직체는 국가 차원의 두뇌신경이 작용하는 생존체이므로 내성이 생긴다. 그러므로 정부는 전쟁이나 대형 인명사고 또는 큰 사건이 발생하면 원인과 과정 그리고 공직자들의 행동과 책임을 국민(또는 인민)들 모두가 알도록 투명하게 공개해야 한다.

그래야만 국민(또는 인민)들의 두뇌에 사건과 사고에 대한 정보가 입력되어 각인되므로 내성이 생기게 된다. 이렇게 내성이 생기게 되면 국체 수준에서 대형 사고나 큰 사건이 재발하지 않는다.

만약 정부나 정치단체가 체제 불안 때문에 정보의 확산을 덮으려고 하면 할수록 국민(또는 인민) 수준에서 내성이 생기지 아니하여 침략을 당하기만 하거나 대형 인명사고는 반복적으로 발생하게 된다.

바꾸어 말하면 국민(또는 인민)들의 두뇌에 입력되는 정보가 차단

되면 기억하고 사고할 수 있는 능력이 정체되거나 떨어진다는 것이다. 이렇게 되면 국민(또는 인민)들과 영리조직체들뿐만 아니라 국체까지 면역력이 생기지 않아 대형사고는 반복해서 발생하고 주변 국가들로부터 침략도 반복해서 당하게 된다.

국가 구성원들이 정보를 입수하는 두뇌신경은 중독이 되고 국민(또는 인민)들이 알고 있는 정보는 전염이 된다. 그 이유는 인간들의 두뇌가 생명적 컴퓨터이기 때문에 정보를 입수할 수 있고 다른 사람에게 전달할 수 있기 때문이다.

사람들은 여러 번 또는 오랫동안 반복해서 생각하고 행하면 그쪽 방향으로 생각과 행동을 하게 된다. 그러므로 국민(또는 인민)들의 두뇌에 입력되는 정보는 다양해야 한다. 그래야만 왜곡되는 것과 세뇌되는 것을 막을 수 있다. 특히 믿음을 수반하는 종교와 정치사상이 그러하다.

지금까지 이야기한 것들을 오늘날에 비유해서 말하면 국민(또는 인민)들의 두뇌에는 다양한 정보가 입수될 수 있도록 국가체제는 개방되어야 한다. 정부는 각종 규제를 풀어야 하고 민간 언론의 자유가 보장되어야 한다. 그래야만 국민(또는 인민)들은 각종 정보를 정확하고 쉽게 얻을 수 있다.

사. 개인의 노력에 대한 보상 및 인센티브 제공

개인이 노력한 것만큼 보상을 받도록 하는 것은 인간들의 타고난 본성과 이에 따른 후천성을 활성화시키게 된다. 이는 개개인의 삶을 풍요롭게 하고 국가를 번영케 하는 요인이라는 것을 의미한다.

개인이 노력한 것에 대해 보상이 이루어지고 성과에 대해 인센티브가 주어지게 하려면 사적자치가 이루어지는 공정한 시장주의 체제가 되는 것이 좋다.

이러한 체제는 사적자치가 행해지면서 재산권이 보장되고 경제적 자유가 행해지는 시장경제 체제인 것이다. 이는 개인이 노력한 것만큼 보상을 받기가 쉽다는 것을 말한다.

반면에 공산주의 국가와 신분제 사회는 개인이 노력한 것만큼 보상을 받기가 어렵다. 학벌이나 피부색에 따라 차별을 하는 사회도 개인이 노력한 것만큼 보상을 받기가 어렵다.

민주주의 국가라 할지라도 국민(또는 인민)들이 평등하지 않고 규제가 심하거나 남녀 모두에게 기회균등이 이루어지지 않는 등 공정하지 않은 사회도 개인이 노력한 것만큼 보상을 받기가 어렵다.

인간들은 본래 땀 흘려 노력한 것만큼 대가나 보상이 주어져야 열심히 일을 하고 궁리를 하게 된다. 이러한 환경에서는 능력이 있는 자와 없는 자 간에 격차가 벌어지는 등 사회적 약자들이 생겨난다.

이를 해소하고 다 함께 잘사는 공동체가 되기 위해서는 정책으로 경쟁하고 국민(또는 인민)들로부터 선택받는 선거제가 행해져야 한다. 즉 국가 최고 지도자와 의회 의원들이 국민(또는 인민)들로부터 선출되는 체제가 되어야 한다는 것이다.

노력에 대한 보상은 개인과 단체의 육체적인 노력뿐만 아니라 정신적인 노력 또는 네트워크적으로 여러 사람이 협력하여 이루어낸

성과도 포함된다.

조직 구성원들이 유무형의 성과를 이루어냈을 경우 기업이나 특정인이 성과를 모두 챙기는 것이 아니라 구성원들과 함께 나누는 것을 말한다. 협력업체들과 이익을 공유하는 것도 노력에 따른 보상을 받는 것이다.

규모가 작은 국가에서 대기업이나 재벌들이 내부거래 확대와 자회사에 일감 몰아주기를 하는 것은 중소기업이나 영세 상인들이 노력할 수 있는 터전을 빼앗는 것이다. 그리고 개인의 경제적 기회를 빼앗거나 신생 기업이 생겨날 수 없게 한다.

예를 들어보자 오래전에 이스라엘에서 대규모 시위가 일어났던 것도 내수 시장이 한정된 작은 나라에서 재벌이나 대자본이 문어발식으로 경제를 장악함으로써 개인이나 영세 상인들은 아무리 노력을 해도 성공하기가 어렵고 먹고살기가 어려워졌기 때문이다.

미국은 이미 오래전부터 개인의 재능 발휘를 쉽게 하도록 했고 노력한 것만큼 성과가 따라오도록 법과 제도를 고쳐왔다.

예를 들면 거대 기업이 시장을 장악하자 테어도어 루스벨트 등의 대통령들과 연방대법원은 대기업의 독과점을 혁파하여 기회균등이 이루어질 수 있도록 환경을 조성하였다. 즉 누구나 노력하면 성공할 수 있도록 환경을 조성했던 것이다.

거듭 말하지만 미국은 민족이나 인종을 초월하여 도전 정신이 있는 사람들에게 노력할 수 있는 여건을 꾸준히 마련하였고 노력한 대가가 정당하게 주어지도록 하는 법과 제도를 향상시켜 왔기 때문에 초강대국으로 성장할 수 있었다.

이는 개인주의와 자유주의 그리고 자본주의 사회를 말하는 것으로 시장주의가 공정한 룰에 따라 작동되도록 하는 프로그램을 구축하였다는 것을 의미한다. 새로운 부자들이 생겨나기 쉬운 것도 이러한 체제 덕분이었던 것이다.

개인이 노력한 것만큼 보상을 받고 창의성에 대해 인센티브가 제공되려면 자유·민주적인 정치체제와 공정한 시장주의 경제 체제가 되는 것이 좋다. 이러한 제도에서 빈부격차가 벌어지고 사회적 약자들이 발생하게 되면 사회주의 가치인 각종 사회보장 제도와 복지정책이 시행되는 것이 정상이다.

아. 기회균등

국민(또는 인민)들 모두가 해당되는 기회균등은 국가들마다 차이는 있지만 20세기가 되어서야 법제화되었다. 오늘날에는 이슬람 국가들과 후진국 등 일부를 제외하고는 모든 국가들에서 남녀 모두에게 기회균등의 원칙이 지켜지고 있다.

모든 국민(또는 인민)들에게 기회가 균등하게 주어지도록 하는 것은 본래 사회주의의 근본 가치인 평등을 실현하는 것이다. 그리고 인간의 타고난 본성과 이에 따른 후천성이 모든 국민(또는 인민)들에게 작용토록 하는 것이기도 하다.

모든 국민(또는 인민)들에게 기회가 균등하게 주어지면 개개인은 재능을 살리기가 쉽다. 그리고 모든 사람들을 참여할 수 있게 하고 도전하게 한다. 그러므로 정부는 국민(또는 인민)들 모두가 균등한 기회를 보장받도록 해야 한다.

기회가 균등하게 주어진다면 불만과 갈등이 줄어들게 되므로 국가 전체적으로는 통합성이 증가하게 된다. 그리고 국가 구성원들 다수가 적성이나 개성에 따라 일을 할 수 있도록 하므로 산업과 기술이 골고루 발달하고 문화와 예술도 풍성하게 한다.

이러한 사회는 평등한 사회로서 능력에 따른 신분상승이 이루어지기 쉽도록 하고 패자가 승복할 수 있도록 한다. 그리고 재기할 수 있게 하므로 통합적이고 합리적인 공동체가 유지되기 쉽다.

기회가 균등하게 주어지는 사회는 창의성과 도전정신이 모든 사람들로부터 나올 수 있으므로 국가는 번영하기 쉽다. 즉 융·복합적인 상호작용을 많게 하고 새로운 일자리를 만들기가 쉬우므로 국가는 번영하기 쉽다는 것이다.

다양한 분야의 학문들이 개방되거나 업종들 간 진입장벽을 없애는 것도 기회균등의 영역을 넓게 하는 것이다. 이러한 영역에서는 새로운 기술과 업종이 생기기 쉽고 새로운 일자리를 창출하기 쉽게 한다.

하지만 세습되는 사회와 독과점이 이루어지는 사회는 균등한 기회를 누릴 수 없다. 혈연이나 지연, 학연과 특혜, 빽이 작용하는 사회도 균등한 기회를 누릴 수 없다.

기업집단이나 재벌이 소규모 상인들의 시장을 독점하거나 자회사들에게 일감을 몰아주는 것은 기회균등의 정신에 반한다. 왜냐하면 자영업자들과 영세한 중소기업들이 실질적인 기회를 균등하게 누릴 수 없기 때문이다.

남아선호 사상과 가부장제도 또한 기회균등의 정신에 반한다. 그리고 이슬람 국가들 중 많은 국가들은 여성들이 남성과 동등한 기회를 누릴 수 없는데 이 또한 기회균등의 정신에 반한다. 국체의 경쟁력을 약화시키는 원인인 것이다.

기회균등 측면에서 중화인민공화국의 정치체제를 생각해볼 수 있다.

중화인민공화국의 국체 하부구조에서는 국가의 통제가 강한 시장주의가 행해짐으로 인하여 인민들은 경제적으로 동등한 기회를 누릴 수 있게 되었다. 상부구조에 속하는 정치계는 추천과 참여, 선발을 통하여 우수 당원들을 충원한다.

이들은 현장에서 검증되면 상급 단계로 발탁되고 상위 그룹에서는 토론과 합의, 선출을 함으로써 공산당 지도부를 구성한다. 최상위에서는 집단지도 형태로 국가를 운영하고 통치한다.

수평적인 체계로 작용하는 서구의 잣대로 중국 고유의 체계가 작용하는 중화인민공화국의 정치체계를 비난해서는 아니 될 것 같다. 왜냐하면 중화인민공화국은 전통적인 방식인 추천과 선발을 통하여 인재를 채용하는 방식을 채택하고 있기 때문이다.

하지만 자유, 민주적이고 수평적인 질서체계 입장에서 보면 인민들의 정치적인 자유와 정치적인 평등 그리고 기회균등 같은 가치가 중화인민공화국의 정치영역에서만큼은 작용하지 않고 있음을 알 수 있다.

즉 중화인민공화국의 인민들은 평등하므로 기회가 균등하게 주어져야 하는 것이 사회주의의 근본정신인데 이러한 가치가 정치영역에서만큼은 작용하지 않고 있다는 것이다.

미국은 국민 수준과 영리조직 수준에서 개체들의 기회가 균등하게 주어짐으로 첨단 과학기술과 자본, 기업가 정신만 있으면 누구나 도전할 수 있다. 다른 선진국들 또한 기회균등이 모든 분야에서 이루어짐으로 국민들은 창의력만 뛰어나면 누구나 창업할 수 있다.

하지만 미국은 가난이 세습되는 구조가 고착화되어 가고 있으므로 교육과 비정규직 문제에서 공정할 수 없게 되었다. 다른 선진국들 또한 민주적인 정치체제 아래 기회균등의 원칙이 지켜진 지 오래되지만 빈부격차가 더 벌어지고 있고 가난이 세습되고 있으므로 교육과 비정규직 영역에서는 제도적으로 공정할 수 없게 되었다.

종교가 국가권력과 경제, 사회에서 분화가 되지 않고 문화로 정착된 이슬람 국가들은 남녀 간에 차별이 이루어지고 있다. 인도의 일부 지역은 신분에 따라 차별이 이루어지고 있다. 이들 또한 기회균등이 이루어지지 않고 있는 것이다.

위에서 국민(또는 인민)들은 누구나 기회가 균등하게 주어져야 한다고 말한 것은 국체의 하부구조를 튼튼하게 하는 요인이기 때문이다. 이는 사회주의 가치인 평등을 이루기 위한 것이지만 우열과 차이가 잉태되므로 또 다른 사회주의 가치들을 수용해야 한다.

지금까지 이야기한 기회균등은 국민(또는 인민)들을 대상으로 한 것이므로 앞으로 로봇이나 인공지능, 사물인터넷, 빅데이터, 3D프린팅 등 4차 산업이 일어나는 현장이나 영역에서는 기존의 기회균등의 원칙이 작용하지 않을 수도 있을 것 같다.

자. 환경

국민(또는 인민)들과 각종 조직체들은 법과 제도 그리고 문화적인 환경 속에서 생존 활동을 하므로 환경은 피할 수 없다. 생명체인 인간이나 생존체인 국가는 환경과 필연적인 관계인 것이다.

국가의 법과 제도는 자국 내의 환경을 조성한다. 그리고 국제규범과 조약, 협정, 글로벌적 룰은 국체의 외부 환경을 조성하게 된다. 그러니까 국체는 내적인 환경이 조성되어 있고 외부 환경이 있다는 것이다.

외부 환경은 국제법이나 조약 등은 물론 인접 국가들, 나아가 전세계 국가들이 포함된다. 국체 내의 환경은 법과 제도에 의해 조성되므로 국가권력 작용과 국가권력 구조, 체제와 체계, 경제생활과 종교생활 등이 포함되거나 연관된다.

오늘날 국가 내의 환경은 정치적인 환경과 경제적인 환경 그리고 종교생활과 관련된 환경으로 구분하여 살펴볼 수 있다.

정치적인 환경은 자유·민주적인 정치체제의 환경과 중화인민공화국과 같이 공산당 1당의 피라미드형 체계가 작용하는 환경으로 구분할 수 있고 경제적인 환경은 시장주의 환경과 공산주의 환경으로 구분할 수 있다.

종교의 믿음이 작용하는 환경은 종교의 자유가 있느냐 아니면 종교의 자유가 없느냐로 구분할 수 있다. 그리고 종교가 국가권력과 분화가 되었느냐와 국가권력과 일체 작용하느냐로 구분할 수 있다.

자유·민주적인 정치체제 환경에서는 개인의 인권과 자유, 평등과 기회균등, 재산권 보장과 사적자치, 개인의 노력에 대한 인센티브 제공, 국가들 간의 통상을 중시하는 것이 중요한 가치로 작용한다.

그리고 국가권력은 국민(또는 인민)들로부터 나오고 국민(또는 인민)들을 위해 작용한다. 이러한 체제는 국가권력이 민주성과 공정성, 투명성이 작용하는 쪽으로 그리고 합리적인 방향으로 진행되는 성질이 있다.

공산주의 경제 환경에서는 정신적으로 또는 육체적으로 자유가 억제되고 사적자치가 배제된다. 모든 것은 상부의 지시에 따라 이루어지므로 획일성과 타율성이 작용하게 된다. 실질보다는 형식적이기 쉽다. 그리고 통제와 지시가 중요한 요인으로 작용한다.

오늘날 국민(또는 인민)들은 경제적인 풍요와 기본권을 보장받는 것이 필요할 것이다. 그리고 국가는 국제 규범에 맞는 국내 환경을 조성하는 것이 중요할 것이다.

역사적인 측면에서 예를 들어보자.

근대 이후 동양이나 중근동보다 유럽 국가들의 세력이 전 세계로 팽창할 수 있었던 것도 근본적으로는 유럽 시민들의 본성과 본성에 따른 후천성이 활발하게 작용할 수 있는 환경이 조성되었기 때문이다.

근대 서부 유럽은 탐욕성과 자유성 같은 성질이 활발하게 작용하는 사회이었으므로 수많은 분야에서 분화가 진행되었다. 그리고 부의 축적이 상위계층으로 인식될 수 있었다.

이러한 자본주의 사회는 창의성이 발휘되기 쉬웠고 기술혁신을 빠르게 했던 것이다. 그러므로 과학과 기술 등이 획기적으로 발전하게 되었고 새로운 부자들은 생기기 쉬웠던 것이다.

이러한 환경은 16세기에 네덜란드에서 조성되었으므로 네덜란드는 경제활동이나 무역이 활발했고 학문도 발달했던 것이다. 그 뒤를 이어 영국이 해외 무역의 주도권을 행사하면서 국내 제조업을 활성화시켰으므로 영국은 공업혁명에 이어서 산업혁명을 일으킬 수 있었다.

하지만 한국의 근대 조선은 사농공상의 신분제가 확고하게 자리를 잡았고 유교를 인간 세상의 최고 가치와 도리라고 생각했으므로 인간들의 본성이 작용하는 제조업이나 상업이 백성들의 주된 생존 요인이 될 수 없었고 후천성이 실용적이고 생물적이면서 사실적인 쪽으로 작용할 수 없었다.

이러한 동양과 서양을 생물적인 측면에서 보면 근대 중국과 한국의 근대 조선은 이상적이고 관념적인 성리학과 유교가 생활화되고 관료주의와 사농공상의 신분체계가 작용하는 환경이었던 것이다.

하지만 근대 서부 유럽은 인간들의 본성이 기독교의 기속과 봉건제에서 분화되면서 새로운 체계인 도시 공동체들은 생겨났고 이들 사회에서는 개인주의와 자유주의 그리고 자본주의 사회로 진행된다. 이러한 가운데 공정한 룰을 통해 합의로 이어지는 환경이 조성되었다.

지금까지 이야기한 환경은 총체적인 것으로서 법과 제도가 프로그램으로 직용한다. 법과 제도는 국제의 하부구조에서 개인의 자유와 평등 기회균등이 보장되고 사적자치와 노력에 따른 보상이 이루어지도록 하는 것이 중요해진다. 상부구조에서는 공정성과 민주성,

투명성이 작용하는 것이 중요해진다.

차. 다양성

본 장에서 말하는 다양성은 종류가 다양함은 물론 국체 내에서 정신적인 것과 물질적인 것 그리고 가치와 성질, 요인과 조건 등이 다양하게 작용하는 것을 말하는 것이다.

국가는 천차만별한 국민(또는 인민)들과 다양한 조직체들이 생존 활동이나 기능을 하는 공동체이기 때문에 다양한 생각과 추구하는 것들이 다양해야 정상이다.

마치 인체의 장내에는 유익한 균들이 다양해야 건강할 수 있듯이 국체도 다양한 사람들과 다양한 조직체들이 생존 작용과 기능을 하는 공동체이므로 생각이나 사고방식, 직종이나 기술, 가치추구와 종교가 다양해야 건강하다는 것이다.

국체에서의 다양성은 국민(또는 인민)들의 생각과 재능은 물론 취향, 인생관, 연구하고 탐구하고자 하는 것, 기술의 종류와 직업 그리고 사상과 종교 등 모든 것이 해당된다.

이러한 다양성은 보완작용을 하도록 하고 어려움이 닥쳤을 때 잘 견디도록 하는 등 국체의 생존 경쟁력을 강하게 한다. 예를 들면 특정 산업에 불황이 찾아와도 다른 산업이 이를 보충하는 것과 같다.

다양한 것들이 융·복합적으로 작용하면 창의적인 쪽으로 그리고 향상되는 쪽으로 작용하게 되므로 지식들도 향상되기 쉽고 질 좋은 상품들도 생산되기 쉽게 한다. 그러므로 인간들의 삶은 풍요로워질 수 있다.

국가 차원에서는 개방된 체제도 다양성이 작용하기 쉽도록 하고 국민(또는 인민)들에게 기본권이 보장되는 것과 각종 규제를 푸는 것 그리고 자유민주주의와 시장주의도 국체의 다양성을 풍부하게 한다.

국가도 식물들의 생태계와 마찬가지로 획일적이거나 단일한 생각, 한 부분만의 지식이 활용되는 것보다 이질적인 지식들이 융합할 수 있고 다양한 것들이 상보적으로 작용하면서 통합되는 체제가 건강하다.

이러한 체제가 되기 위해서는 사적자치제가 행해지면서 국민(또는 인민)들은 틀 속에 갇힌 생각보다 다양한 생각들을 할 수 있도록 환경이 조성되어야 한다. 그리고 소통을 자유롭게 해야 하고 기회가 균등하게 주어져야 한다. 이러한 환경에서 국가권력은 절차적 정당성과 공정성이 작용하여 통합되어야 한다.

반대로 폐쇄적이고 특정한 사상만을 강조하는 체제는 국민(또는 인민)들의 두뇌에서 융합과 통섭적인 작용이 적어질 뿐만 아니라 여러 분야에서의 작용들도 획일적이고 폐쇄적이게 된다. 이러한 체제는 경제적인 풍요를 누리기가 어렵고 다양함이 작용하기도 어렵다. 문화 또한 풍성해질 수 없다.

다양성을 배척하는 국가는 쇄국정책을 펴는 국가와 공산주의 국가를 대표적으로 밀할 수 있다. 이러한 국가는 나양한 성실들이 수평적인 질서 아래 작용할 수 없다. 경제적인 풍요도 누릴 수 없다. 반면에 체제가 개방된 자유·민주주의와 시장주의 국가는 다양한 것들을 포용하기 쉽다.

수평적으로 상호작용이 이루어지는 사회에서는 개인의 능력이 자율적으로 발휘되기 쉽고 다양한 재능이 활용되기 쉽지만 수직적인 질서가 강하게 작용하는 사회에서는 그렇지 않다. 수평적인 질서가 이루어지면서 합의하여 통합되는 사회가 수직적이고 획일적으로 이루어지는 사회보다 다양성이 작용하기 쉽다는 것이다.

수직적인 질서가 엄격한 사회에서는 개인의 능력보다 빽이 있거나 줄을 대는 사람이 출세하기가 쉽기 때문에 능력에 따른 신분상승도 이루어지기 어렵게 한다.

계급사회나 신분제 사회 그리고 통제가 심한 국가도 다양성이 작용하기 어렵다. 오늘날에는 법제적인 문제와 구조적인 문제로 인하여 다양성이 작용하지 못하는 경우가 있다.

한 국가의 정신영역과 물질영역에서 상호작용이 이루어질 때 다양성 비율이 높으면 역동적이게 되므로 국가는 총체적으로 발전하기 쉽다. 즉 각종 산업에서 기술이 발전하기 쉽고 문화와 예술도 풍성해지기 쉽다는 것이다.

지금까지 이야기한 국체 내에서의 다양성은 체제와 법과 제도, 국체의 하부를 튼튼하게 하는 가치들과 요인들 그리고 개념 등이 관련되거나 연관된다.

종교의 다양성은 국체를 튼튼하게 함으로써 알아볼 수 있다.

본래 종교는 반물질인 신의 영역과 접한 사람(기도나 수행 등을 통해서)이 자연의 이치나 섭리 그리고 인간 세상에서의 진리 등을 인간의 음성으로 설파함으로써 생겨나는 경우를 대표적으로 말할 수 있다.

이러한 종교는 의식화 과정을 반복적으로 행한다. 즉 인간들의 두뇌인 생명적 컴퓨터에 입력되는 과정(또는 가르치거나 믿도록 하는 과정)을 반복하므로 세뇌되는 셈이다.

종교는 어느 종교가 되었든지 간에 어느 한 신을 섬기거나 믿으면 정신이 통일되므로 안정된다. 그리고 의지를 함으로써 마음이 편해진다. 영적인 체험도 할 수 있다.

종교는 지역에 따라 또는 문화에 따라 다양하게 생기는데 내가 믿는 종교와 다르면 미신이나 우상숭배 그리고 이단으로 취급하는 등 타 종교를 비하하고 배척함으로써 분쟁이 발생하게 된다. 모든 종교는 추구하는 목적이 같고 정신적 믿음이고 정신적 작용인데 말이다.

그러므로 종교 믿음의 자유가 있고 다양한 종교를 골고루 믿게 해야 한다. 그리되면 특정한 종교로 인한 경직성과 배타성에서 보완성과 다양성이 작용할 수 있게 되므로 국체의 생존에 이익이 된다.

종교와 사상의 다양함이 국가의 운명을 갈랐던 예를 들어보자.

19세기 조선은 유교가 백성들의 삶과 일체화되었고 국가권력과 일체적으로 작용하였기에 서양의 기독교 세력에 대해 강력하게 쇄국정책을 펼 수 있었다.

하지만 일본의 백성들과 영주들은 종교와 사상이 다양하여(19세기 초부터 막부정권의 쇄국정책을 비판하는 책이 줄간되기도 함) 서양 세력에 대해 유연하고 민첩하게 대응할 수 있게 된다.

군사적 지휘체계를 유지하고 있던 영주 단위의 하급 무사들은 사

무라이(일본식 무사도 정신) 정신에 중독되어 있었고 무력을 중시하였
다. 이러한 상태에서 외부 사정에 밝은 선각자와 상인들이 사무라
이들을 교육시켰으므로 결국은 젊은 무사들이 주도하여 기존의 낡
은 체제를 혁명적으로 개혁할 수 있었던 것이다.

다양성을 인간의 정신작용 측면에서도 말할 수 있다.

예를 들면 인간들의 두뇌는 자기가 좋아하는 쪽으로 또는 듣고
싶어 하는 쪽으로 작용하는 성질이 있으므로 자신의 생각과 다른
말을 경청하고 반대편을 수용할 줄 알아야 한다. 그래야만 자신의
약점을 보완할 수 있고 좀 더 발전해 나아가기가 쉽다.

국가 측면에서 유사한 예를 하나 더 들어보자.

국민(또는 인민)들의 의식 수준이 높아진 중진국 이상의 국가들에
서는 독재적이거나 획일적인 방식보다 다양함에서 소통을 하고 합
의로 이행되는 것이 공동체의 운영 이치에 부합한다.

바꾸어 말하면 중진국 이상의 국가들에서는 독단적이고 획일적
으로 결정되는 것보다 토론을 통해 비판하고 검증하는 과정들을
거쳐 합의에 이르고 합법적으로 집행하는 것이 좋다는 것이다.

다양한 구성원들이 참여할 때 문제해결 능력이 뛰어나다는 것은
이미 증명되었다. 그리고 다양성이 통합되는 공동체가 건강하다는
것은 식물들의 생태계와 비교해 보아도 알 수 있다.

지금까지 이야기한 국체 내에서 다양성의 작용은 국체의 하부구
조를 튼튼하게 하는 요인이거나 가치임이 분명하다. 그러므로 상부
구조에서는 이러한 가치들이나 요인 등이 작용하도록 해야 한다. 그
러면서 공정성과 합리성, 민주성이 작용해야 한다.

제4장

국체의 구성요소와 국체의 체질, 국체의 생물적인 것과 부강한 국가가 되기 위한 조건 등

국가도 다른 국가들과 경쟁을 하고
호혜적인 관계가 성립하거나
싸움을 하는 작용은 계속 하게 될 것이다.
마치 인체에서의 세포들이나 동식물들이 그러하듯이
국가라는 공동체도 생존작용을 하고 경쟁을 해야 하는
조직체이기 때문이다.

1

국체(또는 국가)의 구성요소

국체 속에는 일정한 영토가 있고 사람(또는 국민, 인민)들이 전체를 이루고 있다. 그리고 조직체계로 구성되어 있다. 조직체계 최상위에 서는 두뇌신경계인 법과 제도, 국가권력에 의해 국가를 지배를 하고 있다.

인문사회 입장에서 본 국가는 일정한 영토에 정주하는 사람들이 있고, 그 사람들에 대해 통치권을 행사하는 가장 큰 사회 조직체로서 포괄적인 강제 단체라고 한다.

가. 영토

영토는 광물입자와 유기물들의 혼합물들로 이루어진 토양으로 이루어졌다. 영토의 크기와 형태는 각양각색으로 다양하다.

미국과 중국, 러시아 같은 국가는 대륙을 차지하고 있다. 한국이나 이탈리아처럼 반도로 이루어진 국가들도 있고 일본이나 영국, 필리핀과 인도네시아처럼 섬으로 이루어진 국가들도 있다.

지하자원 중 원유가 대량 매장되어 있는 국가들은 사우디아라비아와 러시아, 미국과 쿠웨이트 등의 국가들이 있고 석탄과 철광석, 희소자원이 풍부하게 매장되어 있는 국가들은 호주와 인도네시아 등의 국가들이 있다.

미국과 아르헨티나, 우크라이나 등은 식량을 많이 생산할 수 있는 기름진 농토가 넓게 펼쳐져 있다. 이들 국가들 외에도 많은 국가들이 자원의 혜택을 보고 있다.

나. 주권

본장에서 말하는 주권은 국가권력의 최고성과 독립성이 있는 것을 뜻하는 것으로 다른 어떠한 국가의 권력에도 복종하지 않는 국가권력 또는 통치권이 있음을 말한다.

국가의 주권 속에는 국체 내·외의 환경이 포함된다. 국체의 국민수준과 사·조직체수준, 사·기관수준에서의 개개인이나 개체들은 환경의 영향을 매우 크게 받는다.

즉 자유·민주주의 정치체제와 자본주의·시장주의 경제체제이냐 아니면 공산주의·사회주의 체제이냐에 따라 정치와 경제발전이 아주 크게 바뀐다는 것이다.

검증된 바에 따르면 자유·민주주의 체세와 사본주의·시장주의 체제가 공산주의·사회주의 체제인 통제체제보다 국민(또는 인민)들이 잘 산다는 것이다.

주권에는 국가권력과 통치권이 포함된다. 국가권력에는 국가권력 작용 시스템이 포함되고 국가권력 작용 시스템은 제어성과 강제성, 목적성과 전체성 등의 성질을 내포하고 있다. 국가권력이 작용함에 있어서는 공정성과 투명성이 이루어지는지에 따라 선진국과 후진국으로 분류될 수 있다.

선진국으로 갈수록 영토의 크기보다 주권의 질이 높고 성능이 우수하다고 말할 수 있다. 미국은 영토가 넓고 자원이 풍부하면서 주권의 질까지 매우 우수하다.

게다가 국민(또는 인민)들에 의한, 국민(또는 인민)들을 위한 두뇌 신경 시스템이 구축되어 있다. 미국은 이미 강대국이 될 수 있는 조건을 모두 갖추고 있다고 말할 수 있다.

다. 구성요소(또는 구성원)

국체의 구성요소인 국민(또는 인민)들 개개인은 국체의 기본 단위로서 국체 전체를 이루고 있다. 국가 작용이나 운영이 사람에 의해 이루어진다. 국민(또는 인민)들 개개인은 다양한 일들을 하면서 체제를 구축한다.

즉 국민(또는 인민)들은 국체 하부구조와 상부구조를 구축하고 그곳에서 생활하거나 일을 하게 된다. 그러니까 국민(또는 인민)들은 국체의 구조와 골격 그리고 체계를 세우고 기능을 한다. 그리고 국가를 방위하고 협력한다.

국민들은 정치체제와 경제체제를 구축하고 운용하므로 매우 중요함을 알 수 있다. 이러한 국민(또는 인민)들 개개인은 개체로서의 생명체이므로 사적자치제를 하고 재산권을 보장받는 것이 정상이다. 이는 국가 구성요소들의 본성을 활성화시키는 것으로 국체의 기반을 튼튼하게 하는 것이다.

　사적자치제를 하는 환경 속에서 각각의 사람들은 평등한 가운데 기회가 균등하게 주어지는 것이 정상이다. 각종 자유가 법률로 보장되는 것 또한 정상이다.

　국민(또는 인민)들의 의식 수준이 높으냐, 낮으냐에 따라 정치체제의 질이 높게 될 수도 있고 낮게 될 수도 있다. 산업과 과학기술의 수준도 국민(또는 인민)들의 의식 수준과 연관된다. 질서수준과 생활수준 또한 연관된다.

2

국체의 사상체질(四象體質)

필자는 국가를 '생체적인 국가'나 '국체'로 보았으므로 인체와 마찬가지로 체질로 구분할 수 있고 증상 등을 알아볼 수 있다고 보았다.

예를 들면 국체의 체질은 정치체제와 경제체제 그리고 국민(또는 인민)들에게 인간으로서의 기본권(또는 인권)을 보장하느냐 아니냐에 따라 달라진다고 보았다. 국가권력에서 종교와 사상 등이 분화되었느냐 아니냐에 따라서도 달라진다고 보았다.

동무 이제마 선생은 인체의 오장육부 기능과 증상 등에 따라 인체를 4상 체질로 분류했듯이 필자는 국가를 국체로 보고 4상 체질로 분류한 다음 그에 따라 증상 등을 알아보고자 한다(동무 이제마 선생의 사상체질(四象體質)론을 참고했음).

즉 오늘날 국가들의 체질을 2강의 체질과 2약의 체질로 구분한 다음 그에 따른 특징과 증상 등을 알아본다는 것이다.

본장에서 이야기하는 2강의 체질은 자유·민주주의 체질과 공산당이 영도하는 체질을 말한다. 2약의 체질은 국왕이 통치하는 체질과 종교와 국가권력이 분화되지 않은 체질을 말한다.

오늘날 자유·민주주의 체질은 수많은 국가들이 해당되는 것으로 다양하게 분화되고 진화했다. 본 체질을 다루려면 유럽 국가들과 미국을 예로 들어 설명하는 것이 맞지만 필자가 이에 대해 잘 알지 못하므로 대한민국을 예로 들었다.

공산당이 영도하는 체질에는 중화인민공화국과 북한, 베트남이 해당된다. 현재 가장 큰 영향력을 발휘하는 국가는 중화인민공화국이므로 중화인민공화국을 예로 들었다.

2약의 체질 중 국왕이 통치하는 국가는 중동과 아프리카 등에 있고 종교와 국가권력이 분화되지 않은 국가는 이란과 네팔 등의 국가들이 있다.

가. 자유·민주주의 체질

1) 자유·민주주의 체질의 동인(動因)

자유·민주주의 체질은 기속된 체제에서 인간의 본성과 후천성이 분화가 이루어지고 진화가 되므로 인하여 시작되었다.

체질의 근원은 중세 말 유럽에서 십자군 전쟁을 일으키므로 인하여 봉건제의 지배를 받고 기속되어 있던 농민과 농노들이 교통 요지 등으로 와서 상업 활동을 한데 있다.

즉 본 체질의 근원은 인간의 본성과 후천성이 기존 체세의 기속에서 분화한 것에서 찾을 수 있다.

2) 자유·민주주의의 씨앗과 성장 과정

중세 말 유럽에서 인간의 본성이 분화하기 시작하였다.

중세 말 유럽에서 십자군 전쟁을 하므로 인하여 농민과 농노 등이 사람들이 모이는 곳에서 장사를 하면서 점차 도시가 형성되었다. 초기 도시에서는 두뇌·신경적인 권력이 약하게 작용했다.

이후 몽골제국시대에 상업혁명이 일어났고 나중에는 상업자본이 생겨났다. 유럽의 상업자본주의는 → 산업자본주의 → 독점 자본주의 → 수정 자본주의로 진행되었다.

중세 말 유럽에서 인간 본성의 분화는 후천성을 활발하게 작용하도록 했으므로 농노해방과 초기 시민사회를 향해 나아갔고 직업 등의 분화를 가속화시켰다. 다양성이 작용하기 시작한 것이다.

유럽의 근대 초기 도시의 번영은 개인주의와 자유주의, 자본주의라는 이데올로기의 씨앗이 되고 → 종교에서 탐욕성이 분화되고 → 인문·철학이 발달하고 → 산업혁명·시민혁명 → 입헌 국가론(국가권력의 제한과 특성별 분화, 다원화 이론 등) → 제2차 세계대전 이후 국민주권과 인권 보장, 평등과 복지제도 등이 포함된 자유·민주주의가 급속하게 발전하였다.

3) 자유·민주주의 체질의 특징

- 국민(또는 인민)들은 헌법에 의해 각종 권리를 보장받는다.
- 국가권력이 국민(또는 인민)들로부터 나온다.
- 경제영역에서는 사적자치제가 시행되고 재산권이 보장되는 시장주의와 자본주의가 행해진다.

- 사상이나 이념보다 과학적인 사고와 실사구시가 작용한다.
- 개인과 자유, 재산이 중요한 요인으로 작용한다.
- 통제와 세뇌가 아니고 자유성이 작용한다.

4) 자유·민주주의 체질에서 나타나기 쉬운 증상

- 공공기관이 비대해지기 쉽고, 사회현상이 복잡하다.
- 정치에서 당파싸움이 일어나기 쉽다.
- 인기 영합적인 정치 지도자가 나타나기 쉽다.
- 공적인 영역의 효율은 떨어지고 사적인 영역의 효율은 높아진다.
- 경쟁이 치열하므로 사회적 약자들이 발생하지만 복지제도로 보완한다.

5) 자유·민주주의 체질의 장점

- 인권이 보장되고 복지제도가 행해지므로 국민들이 살기 좋다.
- 인권이 보장되므로 국체 하부구조가 튼튼해진다.
- 자율성과 다양성, 유연성과 창의성이 작용하기 쉽다.
- 노력한 만큼 잘 살 수 있는 사회이다.
- 인간의 본성과 후천성이 작용하는 체질로서 국가작용이 순리적이다.

6) 자유·민주주의 체질인 대한민국의 경우

자유·민주주의 국가인 대한민국은 상부구조(두뇌신경)에 속하는 국가권력이 하부구조(뿌리 부분)에 속하는 국민(또는 인민)들로부터 생겨난다.

이는 국민들이 선거를 통하여 대통령과 국회의원(또는 하원의원 등)들을 선출한 후 그들이 국정을 운영하는 것을 말한다. 국체라는 나무의 뿌리가 나무의 기둥과 가지, 나뭇잎을 자라게 하고 열매를 맺게 하는 것과 같은 이치(또는 원리)이다.

한국의 주된 공공기관은 입법부와 행정부, 사법부와 헌법재판소로 분화되어 있다. 이들 기관들 각각은 특성이 다르며 상호 간에 영향을 미치고 있다. 즉 상호 간에 견제와 제어를 한다. 그러면서 최종적으로 통합되는 결과가 나온다.

마치 인체의 오장(간장, 심장, 비장, 폐장, 신장)과 육부(대장, 소장, 위, 담, 방광, 삼초)의 장부들이 기능적 특성이 다르더라도 상호 간에 영향을 미치면서 균형을 이루어야 건강한 육체가 되는 것과 같다.

이를 대한민국에 비유하면 국민(또는 인민)들의 힘과 영리 조직체(또는 기업체와 재벌 등)들의 힘, 국가권력 기관들의 힘과 정치인들의 힘, 노동자·약자들의 힘과 언론의 힘이 균형을 이루면서 상호 견제를 하고 제어하는 것과 같다.

자유·민주주의 체질인 대한민국의 헌법은 국민(또는 인민)들의 기본권(또는 인권) 보장을 최우선으로 한다. 대한민국의 기본권 중 헌법에서 보장하고 있는 '자유'라는 기본권의 종류를 개략적으로 알아보면 아래와 같다.

신체의 자유, 사생활 비밀에 대한 자유, 통신의 자유, 거주·이전의 자유, 정치적 자유, 양심의 자유, 언론, 출판의 자유, 종교의 자유, 집회, 결사의 자유, 학문과 예술의 자유 등이 있다.

대한민국의 모든 국민(또는 인민)들은 법 앞에 평등하고 기회는 균등하게 주어진다. 헌법에는 위와 같이 자유권적 기본권이 보장되어 있고 경제적 기본권과 정치적 기본권, 공무원 참정권과 사회적 기본권도 보장되어 있다.

대한민국 국민들은 이러한 수많은 권리를 헌법 차원에서 보장받아 누리고 있으니 국가권력 등 모든 것은 국민(또는 인민)들을 위한 것이다. 즉 국민(또는 인민)들이 주체가 되어 작동하는 시스템이다.

그러므로 국민(또는 인민)들 개개인은 개체성이 강하고 자율성이 강하게 작용한다. 사회적으로는 다양성과 유연성이 작용하므로 역동성이 작용하게 된다.

자유·민주주의 체질인 대한민국은 국민(또는 인민)들의 본성과 후천성을 법률로 보장하므로 사적자치제와 재산권이 보장되고 시장주의 체제가 구축된 체질이다. 이러한 바탕 위에서 국민들 개개인은 노력한 만큼 잘 살 수 있다. 사회적 약자들은 국가 차원에서 보호를 받는다.

이러한 체질은 국가 구성원들 개개인의 재능이 발휘되기 쉬우므로 하부구조가 튼튼해지기 쉽다. 상부구조 또한 하부구조에 의해 선출되고 비판을 자유롭게 하므로 상부구조 또한 튼튼해진다. 국민(또는 인민)들을 위한, 국민(또는 인민)들에 의한 체질인 것이다.

즉 대한민국은 국체 내의 환경이 자유·민주주의 정치체제와 자본주의·시장주의 경제체제이므로 국민들의 본성과 후천성을 억제하거나 통제하지 아니 한다. 국가권력 또한 국민들로부터 생기므로 공동체의 생장과 번영 이치에 부합한다.

오늘날 대한민국은 국민(또는 인민)들의 본성과 후천성이 활성화되었고 분화가 많이 되었다. 경제와 산업 또한 고도로 발달했다. 이러한 단계에서는 통제와 감시를 일상적으로 하는 공산주의·사회주의 이론은 맞지 않는다.

나. 공산당이 영도하는 체질

1) 공산당이 영도하는 체질의 동인(動因)

- 공산당이 영도하는 체질은 공산주의 혁명사상으로부터 시작되었다. 공산주의 사상은 프랑스 혁명과 유럽의 산업혁명 여파가 정치와 사회에 격심한 파동을 일으킬 때의 시대 산물이다.
- 마르크스(1818~1883)는 자본론(1867년)을 출간하고 유물사관, 계급투쟁사관, 과학적 사회주의, 공산주의를 창시하였다. 마르크스는 1848년에 공산당 선언을 하였다. 당시 산업화가 이루어지지 않은 국가에서는 공산주의가 혁명사상으로 전파되었다.
- 아직 산업사회로 진입하지 못한 전통사회인 과거 러시아와 중국 등에서 공산당 지도자들은 농노와 농민, 소작인들에게 평등하게 잘 살 수 있다고 선전하였다. 농민과 소작인 등은 새로운 세상을 향해 전폭적으로 지지하게 되었다.

2) 사회주의·공산주의를 향한 과정

- 마르크스 이후 핵심 공산주의자들은 사회주의 혁명과 계급투쟁, 부르주아 혁명에 있어서 프롤레타리아의 전술, 노동자와 농민의 동맹,

프롤레타리아의 독재 등을 체계적으로 발전시켰다.

- 1917년 레닌은 볼세비키당을 이끌고 공산주의 혁명을 성공적으로 수행했다.
- 소련을 중심으로 다수의 공산주의 국가들이 탄생하였다.
- 중국의 경우 국민당(장개석)과 공산당(모택동)이 오랫동안 내전을 하다 1949년에 공산당이 최종 승리 → 중화인민공화국 탄생 → 모택동 장기집권 → 등소평의 개혁·개방정책 → 현재 시진핑 정권이 집권했다.
- •오리지널 공산주의 체제인 북한은 인민공화국이 아니라 김씨 왕조체제임이 분명하다. 이의 지도체제는 김일성 → 김정일 → 김정은으로 세습되어 오늘날에 이르렀다.

3) 오늘날 공산당이 영도하는 체질의 특징(중국의 경우)
- 국가권력이 공산당 조직으로부터 나온다.
- 인민들은 각종 권리를 보장받지 못한다.
- 사람과 경제 등 모든 것을 공산당이 통제하고 감시한다.
- 인민들 위에 국가, 국가 위에서 공산당이 영도한다.
- 사상과 이념이 주된 요인으로 작용한다.
- 인민들은 자유가 제한되고 민간 언론은 자유가 없다.
- 선발된 엘리트(공산당원)주의는 인민공화주의가 아니다.

4) 공신당이 영도하는 체질에서 나타나는 증싱(중국의 경우)
- 당성(黨性)과 세뇌성, 획일성과 통제성이 작용한다.
- 인민수준에서 개체성이 약하게 작용하고 타율성이 강하게 작용한다.

- 국체 하부구조가 약해지기 쉽다(본성과 후천성을 통제하기 때문임).
- 정부 발표와 통계가 정확하지 않다(인민들의 비판할 자유와 언론의 자유가 없기 때문임).
- 대국주의와 중화사상주의로 나아가기 쉽다.

5) 오늘날 공산당이 영도하는 체질의 장점(중국의 경우)

- 검증된 능력자가 국가를 이끌어가게 된다.
- 국정 운영에 있어서 당파싸움이 일어날 수 없다.
- 국정을 운영함에 있어서 속도가 빠르다.
- 개혁·개방하면서 선진국의 자본과 기술이 유입될 때는 일정 수준까지 경제발전의 속도가 빠를 수 있다.

6) 공산당이 영도하는 체질인 중화인민공화국의 경우

중화인민공화국에서는 인민들이 주석과 공산당을 비판할 수 없고 통신과 사상 등의 자유가 없다. 즉 정치적인 자유가 없고 국가지도층을 전체 인민들이 선출하지 못한다.

공산당에 가입하지 아니한 대다수의 인민들은 국정에 참여할 수 없다는 것이다. 인민들의 삶과 경제 등 모든 것을 공산당이 영도하는 바에 따라야 한다. 공산당이 영도하는 체제이다.

치밀한 체계에 의해 선진분자(또는 엘리트들)들이 선발되어 공산당원이 되면 주기적으로 학습과 참여를 하므로 세뇌된다. 즉 공산당원들은 공산당 조직체의 일원으로서 세뇌되어 국정에 참여한다는 것이다. 그러므로 양성된 조직체라고 말할 수 있다.

공산당원들이 아닌 인민들은 개체성과 자율성이 약하게 작용할 수밖에 없는 구조다. 공산당의 권력은 인민들 개개인을 통제하고 감시하므로 인민들 개인의 능력이 자율적으로 그리고 자유롭게 발휘될 수 없는 체제라는 것이다.

오늘날 중화인민공화국과 북한은 인민들의 삶과 연관된 미시경제와 복지제도보다 반도체 등 첨단산업이나 국방력 강화 정책을 최우선적으로 추진하므로 체제의 뿌리 부분(또는 하부구조)이 매우 허약한 상태라고 할 수 있다.

중국은 과거에는 공자사상에 세뇌되어 국가의 경쟁력이 약화되었었다면 오늘날은 사회주의·공산주의 사상에 세뇌되어 국가의 경쟁력이 약화된 셈이다. 첨단과학 시대인 지금까지 국가권력에서 특정 사상이 분화되지 않은 경우에 속한다.

중국 국체의 두뇌신경에서는 공산주의·사회주의 이념이 작용하므로 인민들의 본성과 후천성이 통제되거나 감시를 받고 있다. 이는 통제성과 타율성이 작용하는 것이므로 자유·민주주의 체질보다 비효율적이고 비합리적이라 할 수 있다.

인민들의 사상과 통신 등의 자유를 통제하고 국진민퇴 정책을 추진하므로 국체 뿌리 부분의 생장력이 약해질 수밖에 없는 구조다. 대외적으로 체질의 성질은 차다. 중화사상과 대국사상, 팽창주의를 지향하므로 인접국들이 경계한다.

다. 국왕이 통치하는 체질

1) 국왕이 통치하는 체질은 과거 왕조시대 모든 국가들의 체질이었다

- 제2차 세계대전 이후 대부분의 국가들이 자유·민주주의 체질로 진화하였지만 그렇지 못한 국가들 중에서 본 체질이 남아있다.
- 국가권력이 왕권에서 분화가 이루어지지 아니했다.
- 오늘날은 중근동과 아프리카 일부에서 본 체질이 남아 있다.
- 사적자치와 재산권이 보장되고 시장경제 체제가 구축되어 있다.

2) 국왕이 통치하는 체질의 특징

- 국가권력이 국왕으로부터 나온다. 국왕은 왕족에서 세습된다.
- 근대 이전의 제도나 풍습이 살아있는 편이다.
- 국민(또는 인민)들의 민주주의 의식 수준이 낮은 편이다.
- 행정부와 입법부, 재판부가 왕권에 기속되어 있다.

라. 국가권력으로부터 종교가 분화되지 아니한 체질

1) 본 체질 또한 근대 이전 왕조국가의 산물이다

- 전통사회에서 나타나기 쉬운 체질이다.
- 시민사회로의 진화가 이루어지지 아니한 국가에서 나타난다.
- 네팔의 경우 선진문물과 격리됨으로 인하여 진화를 막았다.
- 이란의 경우는 특정 종교 교리에 세뇌된 사람들에 의해 혁명적으로

왕조를 전복시키고 종교지도자가 국가권력을 행사한다.

2) 종교와 국가권력이 분화되지 아니한 체질의 특징

• 국가권력을 종교지도자나 종교 조직체에서 행사한다.

• 각종 산업과 경제발전이 제한적이다.

• 종교가 생활 규범화되어 있다.

• 국민들의 정신세계가 단순하고 평화로운 편이다.

• 자유·민주주의 의식 수준이 낮은 편이다.

3

국체의 생물적인 것

'생체적인 국가'는 이미 제3장에서 설명했다. 그런데도 다시 국체를 설명하는 것은 제3장의 내용이 충실하지 않았거나 인문·사회적으로 보충할 부분이 많기 때문이다. 본장의 내용 중에는 앞장의 내용과 중복되는 부분이 많다.

가. 국체의 체계

생물의 체계는 생물들이 진화하면서 세워진 체계를 말한다. 인간들이 조직한 공동체도 조직성과 분화성이 작용하고 진화하면서 체계는 세워졌다. 인간들도 번성하는 본능이 있으므로 발전과 진화를 거듭하여 오늘날에 이르렀다는 것이다.

오늘날 선진국들은 인간들(국민 또는 인민들) 개개인과 → 각종 조직체들이 있고 → 공·사 기관들도 있다. → 계 수준까지 진화하여 체계가 세워졌다. 이들 전체를 두뇌신경(국가권력과 법, 제도)이 지배한다고 했다.

하지만 최 후진국들은 각종 영리조직체들과 대기업 집단들인 사적인 기관들이 존재하지 않는다. 정치계도 단순하다. 이는 체계상으로 진화가 덜 되었거나 발전이 안 되었기 때문이다.

계에 속하는 두뇌신경계에서는 인체의 두뇌신경과 유사하게 법 규범에 따른 힘(국가권력)이 작용하여 구성원들과 조직체들을 통치하면서 국체를 생존(또는 존립)시킨다.

위와 같은 체계와 두뇌신경인 법 규범에 따른 힘(또는 권력)은 조직체들과 기관들 각각에서도 세워지고 작용한다.

예를 들어보자. 자연조직체인 가정에서도 인체와 유사하게 체계가 세워지고 힘이 작용한다. 할아버지와 할머니, 아버지와 어머니, 손자와 손녀로 체계는 세워진다. 질서가 지켜지고 상호 협력한다. 가장이 존재하고 역할을 한다.

영리조직체인 기업들도 사장과 이사, 상무와 부장, 반장과 주임, 사원 등으로 체계가 세워지고 회사의 규칙이나 규범, 수칙에 따른 권력(또는 힘)이 작용한다. 성장하고 분화하는 성질도 있다.

공공 조직체들과 사 조직체들 그리고 공·사가 융합된 조직체들도 체계는 세워진다. 우리나라의 의회나 각종 위원회 그리고 중화인민공화국의 전국인민대표대회나, 중앙 상무위원회에서는 수평적인 질서체계가 세워져 기능하는 것을 볼 수 있다.

이렇게 국체 안에는 수많은 체계들이 세워져 각각 본분에 맞게 기능을 한다. 국체 속 수많은 체계들은 다양하며 피라미드 구조가 제일 많다.

국체 하부구조에 속하는 영리 조직체와 가정 같은 자연 조직제들의 기능과 체계보다 두뇌신경계에 속하는 대통령과 수상 등 지도층의 기능과 지휘체계가 더 중요하고 영향력이 크다.

조직체 단일수준에서는 일을 빠르게 처리할 수 있다. 조직체들의 집합체인 기관수준에서는 좀 더 오래 걸린다. 계 수준의 기능은 국체 전체에 걸쳐 이루어지기 때문에 더 오래 걸린다.

통치 측면에서 보면 상부구조가 하부구조보다 기능적으로 중요해진다. 즉 구성원 개개인보다는 조직체, 조직체보다는 기관, 기관보다는 두뇌신경이 힘이 세고 중요하다고 말할 수 있다.

상부구조에서는 국가권력을 공공기관들이 맡아 행사한다. 마치 인체의 두뇌신경과 오장육부 기관들의 기능과 유사하게 말이다.

국체의 체계 각 수준에 해당하는 것들을 튼튼한 국체 입장에서 개략적으로 알아보면 아래와 같다.

국민(또는 인민) 수준에서 개개인은 국가의 구성요소이다. 이들의 정체성과 삶의 질이 어떠한지 그리고 영토에 비해 인구수가 적절한지, 교육수준은 어떠한지를 알아볼 수 있다.

국민(또는 인민)들에게 여러 권리들을 보장하는지와 국민(또는 인민)들 개개인의 본성과 후천성이 활성화된 정도 그리고 특정 사상과 종교의 교리에 세뇌된 정도도 알아볼 수 있다.

국민(또는 인민)들 개개인이 각종 자유를 누리면서 사적자치를 하고 재산권이 보장되는지, 그리고 개체성과 자율성, 창의력 등이 작용하는지 알아볼 수 있다.

생체적인 체계 중 조직수준은 공공조직과 사조직 등으로 구분하여 알아볼 수 있다. 자국의 제조업체들 비중이 다른 나라에 비해 어떠한지, 첨단산업을 선도하고 연구·개발하는 조직체들의 수준과 숫자는 어떠한지를 알아볼 수 있다.

영리조직체에 소속된 근로자들 중 정규직과 비정규직(또는 용역 근로자와 임시직 등)의 비율은 어떠한지, 임금 등에서 차별은 없는지, 이러한 문제들이 세습적인지 그리고 인간들의 기본권인 평등권에 반하는지를 알아볼 수 있다.

공공조직 중 하부구조에 속하는 동사무소와 구청, 군청과 시청 등에 근무하는 지방공무원들의 숫자가 너무 많은지, 그리고 청렴성이 작용하는지 등을 알아볼 수 있다.

생체적인 체계 중 기관수준은 공공부분과 민간부분으로 나누어진다. 공공부분에서는 공정성과 투명성, 청렴성이 작용하는지를 알아볼 수 있다.

공공기관은 입법부와 사법부, 행정부와 헌법재판소로 분화가 되었는지 알아볼 수 있다. 공공기관 산하의 체계는 분명하게 드러난다. 그리고 책임소재가 확실하다. 하지만 경제계 산하의 체계와 책임, 원인 등은 공공기관보다 불분명한 측면이 있다.

민간 부분에서의 기관 수준은 전기와 수도, 가스와 석유, 철강과 통신, 전자산업과 조선업 등의 분야에서 여러 자회사를 거느린 거대 기업들이 해당된다. 즉 공사 등의 거대 공기업체들과 기업집단이나 재벌과 같은 대기업들이 해당된다.

자국에 기업체 집단들(또는 재벌들)이 많고, 기업체들의 글로벌 경쟁력이 강하면 국력은 강해지고 국민(또는 인민)들은 부유해진다. 국체의 생존 경쟁력 또한 강해진다. 이들 비중은 다른 국가들에 비해 어떠한지 알아볼 수 있다.

생체적인 체계 중 계 수준은 여러 계들이 해당되지만 그중에서 정치계와 경제계가 대표적이다. 본장에서 이야기 하는 계 수준 중 정치계는 국체 입장에서 본 두뇌신경과 중복되므로 기초적인 것만 이야기해 본다.

정치계에서는 지도자들을 선출(또는 선발)하는 방식과 권한, 임기 등을 알아볼 수 있다. 국민(또는 인민)들에게 정치적 자유와 참정권을 보장하는지도 알아볼 수 있다.

국가권력은 특성별로 분화가 얼마나 되었느냐와 기관장들에 대한 인사권이 분화가 얼마나 되었는지 그리고 공정성과 투명성, 청렴성이 작용하고 있는지를 알아볼 수 있다.

정치에서는 자유롭고 개방적인 토론과 투표를 하고 다수결 원칙이 지켜지는지, 협의와 협상을 하고, 타협적으로 작용하는지, 그리고 당파싸움이 합리적으로 해결되는지를 알아볼 수 있다.

정치는 상부구조에 속하는 것으로 나무에 비유하면 나뭇가지와 나뭇잎, 열매가 해당된다. 경제는 국체 하부구조에 속하는 것으로 나무에 비유하면 뿌리 부분의 역할과 유사하다.

두뇌신경의 핵심인 국가권력은 하부구조에 속하는 국민(또는 인민)들로부터 생기는 방식인지 아니면 특별한 사람들로 이루어진 조직체에 의해 생기는 방식인지 알아볼 수 있다.

두뇌신경계의 핵심인 법률 또한 하부구조에 속하는 국민(또는 인민)들이 선거 → 대표자들을 선출 → 대표자들에 의해 법률 제·개정 입안 → 의회에서 의결 → 관보 등에 공포하므로 효력이 발생하는지와 법률의 제정과 개정에 있어서 절차적 정당성과 합법성이 작용하는지 알아볼 수 있다.

법 규범의 효력이 헌법·기본법 → 각종 법률 → 부령 → 시행규칙 → 조례의 순으로 이루어지는지 알아볼 수 있다.

경제계에서는 국민(또는 인민)들 개개인의 본성과 후천성이 활성화될 수 있도록 법과 제도로 보장하고 있는지 알아볼 수 있다. 즉 사적자치가 이루어지고 재산권이 보장되면서 노력에 따른 보상이 이루어지는지 알아볼 수 있다는 것이다.

인민들에게 기회가 균등하게 주어지면서, 노력한 만큼 대가를 보상받을 수 있는지, 그리고 특권층이 없이 평등한 가운데 자유를 마음껏 누리면서 사적자치를 할 수 있는지를 알아볼 수 있다.

나. 국체에서의 분화

생물들에 있어서 분화는 생물들이 생장하는 과정에서 일어나듯이 국가와 같은 공동체 조직에서도 분화는 국체가 성장하고 발전하는 과정에서 일어나는 것이 정상이기 때문에 아래와 같은 예를 들어 알아본다.

자유·민주주의와 자본주의 국가체제가 생겨난 근원을 알기 위해서는 중세 말 유럽에서 최하층인 농노와 농민 등이 봉건제 체제의 기속에서 분화한 경우를 알아보아야 한다.

중세 말 유럽은 봉긴 영주체제이었고 가톨릭 종교의 기속력이 강했다. 이러한 상태에서 십자군 전쟁을 일으켰다. 영주와 기사 등이 전쟁에 참여하여 관리가 허술해지자 농노와 농민 등은 돈을 벌기 위해 또는 자유롭게 살기 위해 기존의 영지에서 벗어나 교통 요지 등으로 삶의 터전을 옮겨 상행위 등을 했다.

즉 기존의 체제에서 개체성과 자유성, 탐욕성과 이기성이 분화하기 시작했던 것이다. 이와 같은 분화작용이 곳곳에서 일어나자 교통요지 등에서는 새로운 도시들이 생겨났다.

이후에도 유럽은 분화가 수 세기 동안 이루어지면서 개인주의와 자유주의 그리고 자본주의라는 이데올로기가 형성되어 작용하기 시작했다. 도시들이 생겨났고 인간의 본성과 후천성은 활성화되어 사회는 점점 복잡해지기 시작했던 것이다.

기속된 사람들이 분화되어 본성이 활성화된다는 것은 개개인의 자율성과 탐욕성, 경쟁성이 작용한다는 것을 의미한다. 이러한 성질이 작용할 때 후천성 또한 작용하여 수많은 가치와 개념 등이 생겨났고 번창했으며 분화했다. 즉 인간 본연의 성질들이 작용하여 향상되고 발전하였던 것이다.

이렇게 인간의 본성이 먼저 십자군 병사들이 모여 있는 이탈리아 항구 등에서 활성화된 후 점차 내륙지역으로 확산되었다. 수 세기 이후에 네덜란드와 영국에서 무역이 활성화된 것도 연관된다.

분화가 순조롭게 이루어진 근대 유럽 시민들의 의식 수준은 점점 향상되어갔고 정치제도는 매우 오랜 세월이 지난 후에야 인간적이고 민주적인 쪽으로 향하게 된다. 이는 국가권력에 대한 권위를 제한하는 의회제도가 발달하기 시작한 것을 말하는 것이다.

동양의 중국은 한나라 이후 공자와 맹자의 가르침과 도가사상이 점점 발달하여 공동체적인 그리고 윤리·도덕적인 사회체제로 굳어졌다. 그러므로 인간의 본성인 개체성과 자유성, 탐욕성 등이 기존의 체제에서 분화될 수 없었다. 즉 인간의 본성이 억제되고 통제되었다는 것이다.

국가 차원에서의 분화는 근대로 넘어오면서 동양과 서양의 모든 분야에서 차이를 벌어지게 했다. 그 이유는 유럽에서는 인간의 본성과 후천성의 분화가 계속되었다면 동양에서는 유교사상에 의해 분화가 억제되었기 때문이다.

오늘날 중화인민공화국은 사회주의·공산주의 사상이 국가권력과 일체적으로 작용함으로 인하여 인민들의 본성인 개체성과 자유성, 탐욕성 등이 통제되고 있다. 과거에는 국가권력과 공자사상이 일체 작용하여 인간의 본성을 억제하였다면 오늘날은 사회주의·공산주의 사상이 국가권력과 일체 작용하여 인민들의 본성을 억제하거나 통제하고 있는 셈이다.

앞장에서 국가권력이 사상이나 종교로부터 분화가 이루어지지 않으면 정치와 경제발전이 지체되거나 정체된다고 했다. 이러한 분화는 하부구조와 상부구조가 연관된다고 했고 외향적인 영향력은 하부구조에서 크게 나타난다고 했다.

국체의 분화는 하부구조(또는 뿌리 부분)에서 먼저 이루어지는 것이 생체적인 이치에 부합한다. 왜냐하면 국체 구성요소인 국민(또는 인민)들의 본성과 후천성이 분화하고 활성화되어야 정치체제가 향상될 수 있고 사유·민주주의 체제가 될 수 있기 때문이다.

인간의 본성과 후천성이 일정한 룰 안에서 활성화되는 것은 인권(또는 기본권)이 보장되는 것과 중복되거나 연관된다. 선진국일수록 인권을 보장하는 정도가 강하고 인간의 본성과 후천성을 일정한 룰 안에서 활성화시키는 비율이 높다고 말할 수 있다.

국체에서 분화는 조직수준에서도 일어나므로 가정과 같은 조직체와 공공조직들, 영리조직체들과 비영리조직체들이 존재하게 된다. 종교조직체들 또한 분화하려는 속성이 있기에 계파별로 갈라지든지, 이단이라 불리는 종교 조직체들이 생겨난다.

각종 산업과 기술 등의 하드 부분과 소프트 부분에서도 분화가 순조롭게 이루어져야 국가라는 공동체는 번성할 수 있다. 국가권력 또한 분화가 되어 특성이 다른 국가권력 기관들 간에 견제와 제어를 하면서 통합되어야 국체는 건강해진다.

국민들의 삶이 풍요로워지고 인간적인 사회가 되려면 산업과 기술은 물론 영리조직체들의 기능도 활성화가 되면서 분화가 활발하게 이루어져야 한다.

바꾸어 말하면 국체에서 분화가 많이 이루어진 국가들은 분화가 적게 이루어진 국가들보다 발전하기 쉽고 활성화도 이루어지기 쉽다. 경쟁력과 국력 또한 분화가 많이 이루어진 국가들이 강하다는 점이다.

인간의 본성과 후천성이 활발한 후에는 관습법이 생기는 경우가 있지만 법률이 먼저 제정되고 난 후 본성과 후천성이 활성화되는 경우도 있다.

일본의 경우 1800년대 초기에도 하부구조에 속하는 산업이 번창했고 분화했으며 공자사상에 세뇌되지 아니했으므로 1800년대 후반에 서구 유럽의 선진 체제를 본받아 메이지 유신 같은 개혁을 성공시킬 수 있었던 것이다.

영국은 오랫동안 자유 무역이 활성화되어 왔다. 이를 바탕으로 산업혁명이 일어났으며 분화가 활성화되었다. 이러한 관습이 오랜 세월 축적되면서 규범화되었던 것이다.

국체 하부구조에 속하는 각종 산업들에서 분화가 활성화되면 국체 뿌리 부분이 튼튼해진다고 했고 국체 뿌리 부분이 튼튼해지면 상부구조인 정치체제와 국가권력 시스템이 향상된다고 했다.

왜냐하면 국체 하부구조(또는 뿌리 부분)는 상부구조(또는 상위부분)와 연결되어 있고 상호 영향을 미치기 때문이다.

종교의 분화에 대해 좀 더 예를 들어보자.

유럽은 중세 말부터 국가권력에서 종교가 분화하기 시작하면서 개인과 자유, 탐욕성과 이기성 등 인간의 본성도 종교로부터 분화했다. 나중에는 과학도 분화하여 오늘날에 이르렀다.

하지만 인도와 이슬람 국가들은 오랫동안 종교가 생활 규범화되었기에 인간의 본성과 후천성의 분화가 미진하였다. 근대 중국과 조선 또한 유교 사상이 생활 규범화되어 백성들의 본성과 후천성이 활발하게 작용할 수 없었듯이 말이다.

국가 구성원 차원에서 본성과 후천성이 분화가 이루어지지 않으면 개인주의와 자유주의, 자본주의가 발달할 수 없다고 했다. 그리고 각종 산업이 발달할 수 없다고 했다.

공공기관에서의 분화도 알아볼 수 있다.

자유·민주주의 국가들 공공기관은 대체로 대통령이나 수상 등을 포함한 행정부와 의회, 사법부와 헌법재판소로 분화되어 있다. 선거관리위원회와 감사원 또한 분화되어 있다.

이들 기관장에 대한 인사권이 정치 권력자인 대통령과 수상, 주석과 국왕 등으로부터 떨어져 나와야 공동체의 운영 이치에 부합하고 합리적이라는 것을 알 수 있다.

국가권력 기관들 또한 특성에 따라 분화가 되면 국가권력은 공정하고 투명하게 작용하기 쉽다. 이렇게 되면 자국의 국민(또는 인민)들과 기업체들뿐만 아니라 외국인 투자자들도 정부와 국가권력 작용에 대해 신뢰를 하게 된다.

북한과 중화인민공화국은 공산주의·사회주의 사상이 국가권력에서 분화하지 않았기 때문에 공공기관들이 공산당으로부터 분화될 수 없었다. 인민들에 대한 통제와 감시도 심해졌다.

오늘날 국가권력으로부터 공산주의 사상이 분화가 되지 않은 오리지널 국가는 북한이다. 중화인민공화국은 등소평의 개혁·개방 이후 하부구조에 속하는 경제 영역은 절반만 분화가 되었다.

거듭 말하지만 국가권력은 사상과 종교, 윤리와 도덕으로부터 분화하는 것이 정상이라고 했다. 왜냐하면 국가권력과 사상 그리고 종교와 윤리, 도덕은 특성과 추구하는 목적이 다르기 때문이다. 생물 입장에서 보면 국가의 모든 분야에서 분화가 많이 될수록 국가 경쟁력이 강해진다고 말할 수 있다. 이는 국가발전과 연관되며 선진국과 후진국으로 구별되는 요인이 된다고 말할 수 있다.

오늘날 미국은 국가권력이 사상이나 종교 등으로부터 분화되었고 인간의 본성을 통제하지 않는다면 중화인민공화국은 국가권력이 사상으로부터 분화되지 않았으며 국가권력이 인간의 본성인 자유와 정신(또는 사상) 등을 통제하고 있다. 이는 장기적으로 미국이 중화인민공화국보다 경쟁 우위에 서기 쉽다는 것을 의미한다.

다. 국체 구성요소(구성원)들의 성질(본성과 후천성)

본장에서 말하는 성질은 국민(또는 인민)들 개개인의 본성과 후천성을 말하는 것이다. 인간의 본성과 후천성은 동전의 앞뒷면과 같아 융·복합적으로 또는 함께 작용하는 경우가 대부분이다.

국체 구성요소들의 본성과 후천성은 마치 인체에서 혈액(또는 혈액세포)처럼 국체 곳곳을 순환하며 생명력을 키우는 활동을 한다. 바꾸어 말하면 국민(또는 인민)들의 본성과 후천성이 작용하지 않으면 국가의 발전과 생존 작용을 할 수 없다는 것이다.

인간의 본성은 인간들이 생각을 하고 행위를 하는 근본적이고 본질적인 요인이며, 이들의 활성화는 국가가 부강해지는 근본적인 길이라고 했다.

국민(또는 인민)들의 본성과 후천성이 일정한 룰 안에서 활성화되면 개개인의 지적 능력 향상은 물론 경제적으로 풍요로움을 가져오는 등 국가는 전반적으로 발전하게 된다. 이는 국민(또는 인민)들에게 보장되어야 하는 인권과 중복되거나 연관된다.

여기서 말하는 본성은 자유성과 탐욕성 등과 같이 특징되어 있다면 후천성은 접촉이나 환경 등에 따라 다양하게 생겨나는 성질로서 개인의 지적 능력을 증가시키고 발전하도록 한다.

이러한 인간의 성질(본성과 후천성)은 사상이나 종교 등에 의해 통제나 억제되기도 한다. 예를 들면 공산주의 국가에서는 인민들의 본성인 사적자치와 각종 자유를 통제하거나 인권을 중요하게 생각하지 않듯이 말이다.

국가 구성요소인 국민(또는 인민)들 개개인의 생각과 사고방식, 취향은 개개인의 두뇌에 입력되는 사상이나 종교, 이념에 따라 다르게 발현된다.

바꾸어 말하면 국민(또는 인민)들 개개인의 두뇌는 생체 컴퓨터이므로 개개인에 입력되는 사상이나 종교의 믿음, 이념 등에 따라 세뇌된다는 것이다. 즉 개개인의 두뇌에 세뇌된 바에 따라 생각이나 행동들이 나타나고 개개인의 본성과 후천성도 영향을 받게 된다는 것이다.

인간의 본성 중 개체성과 자유성, 탐욕성은 오늘날 어떻게 나타났는지 알아보자.

개체성은 개인주의와 개인의 신체 존엄, 개인의 정신으로 나타났고 자유성은 기본적인 인권으로서 신체의 자유와 사상의 자유, 통신과 종교의 자유 등 매우 많다. 탐욕성은 사적자치와 자본주의, 시장주의와 기업가 정신 등을 생겨나게 했다.

중세 말 이후 동양과 서양의 분화가 다르게 진행된 것을 알아보자.

중세 말 이후 유럽에서는 인간의 본성인 개체성과 자유성이 사회적으로 활성화되었으므로 개인주의와 자유주의라는 이데올로기가 생겨났다. 다른 한편에서는 이기성과 탐욕성 같은 본성이 후천성과 복합적으로 작용하면서 자본주의라는 이데올로기가 생겼다.

그러니까 중세 말 이후 유럽은 기속에서 개체로의 분화가 이루어졌고 자유성이 작용하기 시작했다. 이는 개인주의와 자유주의라는 이데올로기가 생기는 씨앗 역할을 했음을 말한다. 이러한 성질들은 탐욕성과 융·복합적으로 작용하여 자본주의와 시장주의가 생기는 씨앗 역할을 했다고 말할 수 있다.

민주주의는 개인주의와 자유주의, 자본주의가 작용하면서 국가 차원의 후천성이 진화하여 나타난 이데올로기이다. 인권보장과 평등, 사회적 약자 보호와 기회균등, 복지제도 또한 국가 차원의 후천성이 진화하면서 생겨난 것이다.

후천성에 의해 향상되거나 발전하는 것은 정신적인 것은 물론 산업기술과 시스템들, 각종 프로그램과 리더십, 문화와 예술 등 많은 것들이 있다고 했다.

후천성의 진화는 자유·민주주의를 생기게 했다. 자유·민주주의 체제에서 사람들은 인간들이 태어날 때부터 귀한 존재로 태어났다고 생각한다. 즉 인간의 자유와 존엄성이 국가권력이나 사상 등으로부터 구속받지 않아야 한다는 것이다.

인간의 본성은 태어날 때부터 갖고 있는 성질이라면 후천성은 태어난 후 갖게 되는 성질이라고 했다. 이들 성질은 환경과 조건 등에 따라 다양하게 작용한다. 후천성은 진화하는 성질과 발전하는 성질도 갖고 있다.

국민(또는 인민)들 개개인의 본성이 주된 요인으로 작용하면서 후천성의 작용이 활성화했던 국가는 유럽 국가들과 미국이다. 국가 최고 지도자가 후천성의 작용인 정책을 통해 국가 차원에서 개발을 한 국가는 독일과 한국이 대표적이다.

대한민국은 1962년부터 국가 최고 지도자의 후천성이 작용하면서 국민들의 본성과 후천성을 활성화시켰다. 즉 국가 지도자의 리더십에 따라 경제가 개발되고 발전했다는 것이다.

인간의 본성과 후천성은 국체의 두뇌신경(또는 국가권력 작용)에서도 작용한다. 예를 들면 국가들은 자국 중심적으로 작용하려 하고 국익을 위해 작용하기에 탐욕적이고 이기적이다.

그러므로 국가들 간에는 충돌할 수 있고 전쟁을 하게 된다. 결론적으로 말하면 국가들 간에는 약육강식의 논리가 작용하기에 모든 국가들은 부국강병을 하려고 한다.

위에서 말한 인간의 본성은 공산주의 사상의 실현이나 종교의 교리 그리고 윤리와 도덕의 반대편에 있는 성질이다. 그렇기 때문에 인간의 본성은 이들과는 반드시 분화되어야 한다.

만약 그렇지 않고 공산주의 사상과 국가권력이 융·복합적으로 작용하면 경제발전의 정체는 물론 인민들의 삶의 질이 떨어지는 것은 필연적이다. 이는 과거 공산주의 국가들을 보면 알 수 있다.

인간의 본성이 분화되었거나 억제되었던 국가들의 사례를 동·서양을 비교하면서 다시 한 번 알아보자.

유럽은 로마제국시대 말기 기독교가 국교로 된 후 모든 사람들은 기독교를 믿게 되었다. 이후 세월이 지날수록 사람들은 기독교 교리에 세뇌되어 갔고 체제는 굳어졌다고 했다.

이러한 정체된 시기가 오랫동안 이어지다가 중세 말에 와서 7차례나 십자군 전쟁이 일어난다. 이 시기에 영주와 기사 등 지배층이 오랫동안 자리를 비우게 되는데 이때 농민과 농노 등의 사람들이 기존의 봉건제 체제에서 분화되어 나왔다고 했다.

즉 유럽에서는 기존의 기속에서 개인으로 분화하면서 자유로운 행동을 했고 탐욕성이 작용하였다. 그러면서 교통요지에 많은 사람들이 모여 살게 되었고 점차 도시로 성장했다고 했다. 이는 인간의 본성과 후천성의 분화가 중세 말부터 시작되어 점점 활성화되었음을 말한다.

반면에 중국에서는 고대 이후 공자와 맹자의 사상 그리고 도가사상이 점점 발달하여 왔고 국가권력과 일체 작용하면서 백성들의 삶에서 생활 규범화되어 갔고 종교화되어 갔다.

중국과 한국의 왕조국가는 백성들이 공자·맹자의 사상에 세뇌되어 개체성과 자유성, 탐욕성이 억제되었었기에 전통적인 농촌 위주의 공동체 사회에서 개인주의 자유주의 그리고 산업사회로 나아갈 수 없었다.

국체가 특정 사상으로 세뇌되든지 종교 국가화되면 체제는 굳어지고 경제발전은 정체된다고 했다. 이는 국체의 생존 경쟁력이 떨어진다는 것을 의미한다.

오늘날 선진국들은 인간의 본성이 일정한 룰 안에서 활성화할 수 있는 국가체제를 구축했다. 이는 자유·민주적인 정치체제와 시장주의 경제체제가 구축된 것을 말한다.

대한민국은 1948년 자유·민주주의를 채택했고 1962년 이후에는 국민들 개개인의 본성과 국가 차원의 본성을 활성화했다. 1987년 이후에는 후천성의 작용이 진화한 정치체제까지 안정화시키게 된다.

중화인민공화국은 1978년 이전까지는 공산주의 사상이 국가 전체를 지배하였으므로 인민들은 기속되어 개체성과 자유성, 탐욕성과 경쟁성 등 본성이 억제될 수밖에 없었다. 그러므로 각종 산업과 사회가 전 근대적 수준이었던 것이다.

그러나 1978년 등소평은 개혁·개방 정책을 추진하면서 자본주의와 시장주의를 도입하여 시행했다. 이후 인민들과 영리조직체들의 본성이 활성화되었으나 시진핑이 중화사상과 대국주의 정책을 추진하자 경제는 위축되고 주변국들은 긴장하고 있다.

이는 국가권력이 패권적으로 작용하면 도전을 받게 되고, 국가권력(법과 권력)에서 사상이 분화가 되지 않으면 국가발전이 정체될 수 있음을 보여주는 사례라고 할 수 있다.

지금까지 이야기한 것을 요약하면 국민(또는 인민)들의 본성과 후천성이 활성화되려면 자유·민주주의 정치체제와 사적자치제를 포함한 시장경제 체제를 구축하는 것이 정상이다.

이러한 체제는 인간들이 타고난 본성과 후천성이 일정한 룰 안에서 활성화되기 쉽다. 즉 인간의 개체성과 자유성, 탐욕성과 정신을 통제하지 않는 체제라는 것이다.

라. 국체의 두뇌신경

본장에서 이야기하는 국체의 두뇌는 상부구조에 속한 것으로 국체 전체를 지배하는 부분을 말한다. 신경은 통하는 것으로 하향적인 신경과 상향적인 신경이 있다.

하향식 신경은 국가권력 작용, 즉 판결, 의회 등의 의결과 지도자나 상급자의 업무상 지시와 명령, 법률의 공포 등이 있고 상향식 신경은 국민투표와 공무상 보고, 통계작성과 선출 등이 있다.

국체의 두뇌와 신경은 인체의 두뇌신경과 마찬가지로 국체 구성요소인 국민(또는 인민)들 개개인과 조직체들, 기관과 계들을 통제하고 관리·조정을 하기 위해 작용한다.

국체에서 말하는 두뇌·신경은 하드 부분과 소프트 부분으로 구분할 수 있다. 소프트 부분은 법과 제도, 국가권력과 공공기관의 업무, 지도층의 판단과 결정 등이 해당되고 하드 부분은 공공기관과 건물, 공무원의 육체 등 물질적인 것들이 해당된다.

법률과 같은 규범은 어떠한 목표를 향하여 사람들이 하여야 할 바를 요구하며 당위(當爲)를 내용으로 하는 명제로서 어떠한 존재적 사실이나 행위의 옳고 그름을 판단하는 기준을 말한다.

국가권력은 국가가 합법적으로 행사할 수 있는 강제력 또는 국민(또는 인민)들과 조직체들, 기관 등을 강제로 복종시키는 힘이라고 한다.

국체의 두뇌에서는 법률과 국가권력이 생성되고 집행하는 곳이기에 힘(또는 권력)이 생기고 작용한다. 즉 대통령과 수상 등이 포함된 행정부와 의회, 재판부와 헌법재판소 등에서 법률과 국가권력이 생성되고 작용한다는 것이다. 이는 인체 두뇌 8개 부분과 유사하므로 비교해볼 수 있다. (앞장 두뇌 편 참조)

앞장 체질에서 설명하는 바와 같이 국가권력이 생기는 방법과 국가권력이 국민(또는 인민)들에게 기본권(또는 인권)을 보장하느냐, 아니냐에 따라 체질과 체제가 구별된다는 점이다. 이는 체제의 성능 차이를 가져온다고 했다.

국체 두뇌신경 내용에는 국가권력의 생성 방법과 국가권력의 분화, 국가권력의 집행과 인권을 보장하는 법 조항 등 많은 것들이 포함된다.

국체의 두뇌신경은 하부구조에 속하는 구성원(또는 구성요소)들에 의해 생겨나고 그들을 위해 작용하는 것이 공동체 생존과 작용의 합리적인 이치에 부합한다. 이는 국민(또는 인민)들의 인권(또는 기본권)을 보장하면서 국가권력이 국민(또는 인민)들로부터 나오고 언론의 자유가 있는 것을 말한다.

국가권력이 사상으로부터 분화가 되지 아니한 국가, 언론의 자유가 없는 국가, 인민들에 대한 통제가 심한 국가는 두뇌신경 프로그램이 잘못된 경우이다. 이는 인민들의 삶의 수준을 낙후시키고 국가 경쟁력을 떨어트리게 한다.

반면에 국가 최고 지도자를 국민(또는 인민)들이 선출하고 일정한 임기제가 시행되는 국가와 언론의 자유가 있는 국가들은 두뇌와 신경작용을 합리적이면서 안정적으로 작용하도록 한다. 즉 체제 운영을 민(또는 인민)주적으로 이끌어 가도록 한다.

국체의 두뇌신경 프로그램이 잘못된 것은 스스로 알기가 매우 어렵다. 본인(국체) 스스로 느끼지 못하기 때문이다. 제3자나 객관적인 입장에서는 진단하거나 연구하여 알아차릴 수 있다.

국체의 두뇌신경도 효율성과 적합성, 경쟁력과 성능을 알아볼 수 있으며, 장기적으로 경쟁 우위에 설 수 있는지 알아볼 수 있다.

앞장에서 자유·민주주의 국가들 상부구조의 하드 부분은 대통령과 수상 등을 포함한 행정부와 입법부(또는 의회), 사법부와 헌법재판소 등의 공공기관과 구성원들이 해당된다고 했고 소프트 부분은 법과 제도, 국가권력과 업무 등이 해당된다고 했다.

이들 두뇌는 주된 기능을 하는 부분과 보조적이거나 특별한 기능을 하는 부분으로 구분할 수 있다고 했다.

주된 기능은 국가 최고 통수권자인 대통령과 수상 등을 포함한 행정부와 의회, 사법부와 헌법재판소에서 하고 특별한 기능은 선거관리위원회와 감사원, 연방수사국 등에서 한다고 했다.

이들과 같이 각각의 부분으로 나누어져서 특성에 따라 기능을 하는 것은 인체와 같이 특성별로 분화되어 기능을 하는 것이 효율적이기 때문이다.

거듭 말하지만 주된 기능을 하는 부분과 특별한 기능을 하는 부분은 구조적으로 분화되어 독립적으로 기능을 해야 공정하고 투명해질 수 있다는 것이다. 이들 기관들의 분화(또는 권력 분립)는 정치와 선출된 권력보다 우선해야 정상이다.

앞장에서 공공기관들은 특성에 따라 기능을 하면서 상호 간에 견제를 하고 제어할 수 있도록 설계되어야 공정성과 투명성이 작용하기 쉬워진다고 했다.

그리고 하부구조에 속하는 국민(또는 인민)들에게 인권을 보장해야 국민(또는 인민)들의 본성과 후천성이 활성화된다고 했고 국체 뿌리 부분이 튼튼해진다고 했다.

타국 체제의 형태는 확인할 수 있다. 그러나 타국의 두뇌신경 작용을 100% 알 수 없으니 전적으로 믿어서는 아니 된다. 한국 속담에 "열길 물속은 알아도 한길 사람 속은 알 수 없다"는 말이 있듯이 타국의 국가권력 작용의 속마음을 알기는 어렵다.

그러므로 인접국 최고 지도자의 성격과 성향, 야욕을 주의 깊게 살펴야 한다. 그 국가의 국가권력에 대한 견제와 제어기능이 이루어지는지도 살펴야 한다. 권력의 독재성과 종교화도 살피고 대비해야 한다.

자유·민주주의 국가체제에서는 선전과 선동에 뛰어난 정치가와 당시 불안정한 환경 등 여건도 살펴야 한다. 공산주의 사상에 세뇌된 국가에서는 우상화된 최고 지도자인지, 독재체제인지, 각종 언론이 제 기능을 하는지도 살펴야 한다.

자유·민주주의 국가들의 두뇌신경 규범은 기본법이나 헌법, 관습법에서 나온다. 제정된 법률은 체계화되어 있는 공공기관들에 의해 시행된다.

헌법이나 기본법의 구성체계는 제일 먼저 총강이나 전문을 규정해야 한다. 다음으로는 국가 전체를 이루고 있는 국민(또는 인민)들의 존재와 권리(기본권과 인권 등), 의무를 규정하는 것이 정상이다.

그 이유는 국가는 국민(또는 인민)들로 이루어졌고 국민(또는 인민)들을 위한 공동체여야 하기 때문이다. 다음으로는 국가권력 구조와 국체 시스템에 대한 규정을 넣을 수 있다.

이후에는 경제와 지방자치(또는 성과 주 등) 등에 관한 규정을 넣는 것이 정상이라고 본다.

헌법이나 기본법의 기본 원리로서는 자유·민주주의 원리와 사회주의·공산주의 원리, 국민(또는 인민)주권 원리와 복지국가 원리, 국가권력 분립원리와 국가권력 집중원리, 법치주의 원리 등이 있다.

국체의 하부구조와 상부구조는 신경적으로 연결되어 있고 상호간에 영향을 미친다고 했다. 이는 국체의 상부구조가 후진국 수준이면 경제와 과학기술이 선진국 수준이 될 수 없다는 말과 같다.

바꾸어 말하면 법과 제도에 따른 국가권력 작용시스템이 발전해야 하부구조에 속하는 경제와 각종 산업, 과학과 기술이 발전하기 쉽다는 것이다.

국체 하부구조에 속하는 사람들의 본성과 후천성이 활성화되면서 분화가 일어나는 등 경제가 발전한 후에 상부구조인 두뇌신경 시스템이 향상되었던 사례들을 알아보면 아래와 같다.

근대 후기 영국에서는 산업혁명이 일어나면서 기존에 없던 산업이 생겨났고 기술 등이 획기적으로 발전하였다. 공적인 부분에서는 국가권력을 제한했고 선출된 대표자들이 합의하여 국정을 운영하면서 자유·민주주의 두뇌신경 체제가 되었다.

일본의 경우 1800년대 초에 이미 산업들이 번창했고 분화도 이루어진 편이었다. 사상도 다양했기에 깨우쳐진 사무라이들이 주도하는 메이지 유신 같은 개혁을 할 수 있었다고 했다.

아래에서는 중화인민공화국의 두뇌·신경에 대해 알아보자.

중화인민공화국의 권력은 전국인민내표내회를 정섬으로 행성·사법·검찰 조직이 중앙에서 지방으로 연계되어 있다. 공산당 중앙의 권력은 통일적인 체계 아래 인민들과 모든 것을 영도한다.

공산당원들은 체계적인 학습과 토론을 하므로 배양된 정치체제라고 할 수 있으며 공산당이 영도하는 체제라고도 말할 수 있다. 공산당이 영도한다는 것은 국가의 모든 것을 공산당이 결정하고 지도하며 강제한다는 것을 말한다.

중화인민공화국은 인민 수준 → 사·조직 수준 → 사·기관 수준 → 두뇌신경의 체계를 사상적이고 경직된 공산당 신경이 지배하므로 통제와 감시가 작용한다. 이는 개개인이나 조직체들의 자율성과 자유성, 창의성의 작용을 억제하게 된다. 국체 뿌리 부분이 약해질 수밖에 없는 구조다.

4

부강한 국가가 되기 위한 조건

본서에서 말하는 부강한 국가는 국민(또는 인민)들이 인간으로서의 권리(또는 인권, 기본권)을 보장받아 누리면서 경제적으로 풍요롭게 살아가는 국가 그리고 자국의 힘으로 자주국방을 할 수 있는 국가를 말한다.

이러한 부강한 국가(또는 부유하고 건강한 국가)가 되기 위한 조건은 여러 가지가 있으므로 본서에서는 생체(또는 국체)적인 입장에서 하부구조와 상부구조로 나누어서 알아볼 것이다.

앞장에서 나무의 뿌리 부분은 하부구조에, 기둥과 가지, 잎과 열매는 상부구조에 비유한 바 있다. 그리고 국민(또는 인민) 수준과 각종 조직체 수준은 하부구조에, 기관 수준과 두뇌신경계 수준은 상부구조에 해당한다고 했다. 경제체제는 하부구조에, 정치체제와 법과 제도, 공공기관과 국가권력은 상부구조에 해당된다고도 했다.

이러한 국체의 구조 중 하부구조부터 부강한 국가가 되기 위한 조건을 알아보자.

국민(또는 인민)들 개개인은 국가의 구성요소이고 국체의 뿌리와 같은 역할을 한다고 했다. 그렇기 때문에 국체의 하부구조에 속하는 경제체제에서는 국민(또는 인민)들의 타고난 본성과 후천성이 일정한 룰 안에서 활성화되어야 한다.

그렇게 하려면 우선 인민(또는 국민)들이 사적자치를 하고 재산권을 보장받는 시장경제부터 해야 한다. 정치적으로는 자유·민주주의를 해야 한다.

국민(또는 인민)들의 본성과 후천성 중에서 국가가 발전하는데 가장 크게 영향을 미치는 것은 자유라는 성질이다. 국민(또는 인민)들에게 자유가 보장되어야 본성과 후천성이 활성화되어 국가 경제를 발전시킬 수 있기 때문이다.

바꾸어 말하면 경제와 정치가 발전하기 위해서는 국민(또는 인민)들 개개인의 본성과 후천성을 억제하거나 통제해서는 아니 된다는 것이다.

여기서 말하는 국민(또는 인민)들 개개인의 본성은 자유성과 개체성, 이기성과 탐욕성, 경쟁성 등을 말하고 후천성은 인간이 태어난 후 환경과 교육, 경험 등에 따라 생기는 성질을 말한다.

결론적으로 말하면 국민(또는 인민)들의 본성과 후천성이 작용하는 것을 통제하지 아니하고 활성화시키는 것이 부강한 국가가 되기 위한 첫 번째 조건인 것이다.

이러한 조건은 자유·민주주의 국가에서 국민(또는 인민)들에게 인권이 보장되는 것과 같거나 유사하다. 여기서는 국민(또는 인민)들이 국가 최고 지도자와 정권을 비판할 수 있으며 정치 참여와 시위 등을 할 수 있고 언론과 통신의 자유가 있는 것을 말한다.

그렇지만 북한이나 중화인민공화국은 인민들이 국가 주석이나 공산당을 비판할 수 없다. 오히려 공산당 전위 조직체인 보위부나 보위성으로부터 감시와 통제를 받고 있다.

부강한 국가가 되기 위한 두 번째 조건은 국가권력이 국민(또는 인민)들에 의해 생기면서 국민(또는 인민)들로부터 견제를 받고 통제가 이루어지는 정치체제를 말한다.

즉 정치와 국가권력이 국민(또는 인민)들에 의해 생겨나고, 국민(또는 인민)들을 위해 작용하는 것을 말한다.

이러한 체제에서는 국가 최고 지도자와 국회의원(또는 하원의원, 참의원 등)들을 국민(또는 인민)들이 선거를 통하여 선출하는 것에서부터 시작된다.

여기서 말하는 선거는 직접선거와 평등선거, 비밀선거와 보통선거를 통하여 선출하는 것을 말한다. 공정하고 투명하게 선거하기 위해서는 언론의 자유가 있어야 한다. 자발적으로 참여하면서 확인할 수 있고 비판할 수 있는 자유도 있어야 한다.

이러한 정치체제에서는 누구나 평등한 가운데 기회가 균등하게 주어진다. 사람들은 노력한 만큼 대가를 받을 수 있고 납세의무를 제외하고는 국가나 타인으로부터 갈취를 당하지 않는다. 이는 모든 사람들이 골고루 잘 살 수 있는 사회임이 분명하다.

즉 자유·민주주의 체제로서 국민(또는 인민)들에게 인권(또는 기본권)이 보장되면서 국가권력은 국민(또는 인민)들로부터 생기고 국민(또는 인민)들을 위해 작용하는 것을 말한다.

첫 번째 조건과 두 번째 조건을 충족시키는 것은 사적자치를 하면서 재산권을 보장받는 시장주의 경제체제와 자유·민주주의 정치체제임이 분명하다.

부강한 국가가 되기 위한 세 번째 조건은 자국의 힘으로 자주국방을 할 수 있는 국가를 말한다. 이러한 국가는 정치적으로 안정되어 있으며 국민소득은 선진국 반열에 오른 국가를 말한다.

좀 더 이야기하면 산업이 고도로 발달되어 있고 방위산업 또한 발달한 국가를 말한다. 시골이나 도시가 균등하게 발달했으며 국민 (또는 인민)들의 의식 수준이 상당히 높고 환경이 깨끗하다.

사회적으로는 복지제도가 발달되어 있고 저소득자라도 인간으로서 최저 생활을 할 수 있도록 생활보장이 되어 있는 국가를 말한다.

인간의 성질 입장에서 본 역사관

가. 기존의 역사관

과거 한국에서는 민족주의 역사관이 있었고 일본에서는 천황주의 역사관이 있었다. 민족주의 역사관은 민족의 주체성과 자주성을 중심으로 역사를 서술했다.

천황주의 역사관은 자국 천황을 우상화하면서 세계 4대 문명과 동급에 있다고 세뇌시켰다. 한반도의 역사를 식민지나 하류로 취급했고 역사유적들을 조작했다.

중화주의 역사관은 오늘날 중화인민공화국의 역사관이 여기에 속한다. 서북공정과 동북공정 등을 통하여 주변 국가의 역사를 자국으로 편입시켰거나 속국으로 편입시켰다. 역사 유적들을 조작했다. 중화사상을 중심으로 하는 역사관이다.

유럽에서 르네상스 이전까지는 인간의 배후에 신의 섭리가 지배하고 있다는 역사관이 주류였으나 사인과학의 발달와 함께 역사에 대한 사고방식도 변화하게 된다.

근대 후기 마르크스는 프랑스 혁명에 이어 산업혁명 절정기에 자본가들이 운영하는 공장에서 먹고 살기 위해 장시간 노동을 하는 어린이와 노약자들을 목격한다. 그리고 노동자들이 자본가들에 대하여 투쟁하는 것을 목격한다.

이러한 사회를 바라본 마르크스는 인류의 역사는 관념이 아니라 물질적인 것이 지배한다고 생각하게 된다. 즉 역사를 경제관계 측면에서 보고 거기서 일어나는 계급투쟁이 역사의 근본이 된다는 유물사관을 주장했다.

마르크스는 전에 주장했던 역사가들과 다르게 역사를 움직이는 실체가 무엇인가와 역사를 진보시키는 원동력이 무엇인가를 주장했고 역사의 운동에 필연적인 법칙성이 있는가를 염두에 두고 그의 사관을 정립했다.

마르크스의 유물사관 이후 세계 국가들의 발전과 인간들 지능의 진화, 과학기술 등의 발전 영향으로 합리적이고 과학적인 방향에서 역사를 바라보게 된다. 즉 실증사관이 생겨난다.

실증사관은 경험과 관찰, 실험과 반론 등에 의해 증명이 되는 사관이라고 한다. 이를 부연 설명하면 역사적 사료에 충실하면서 사료 내용을 편견이나 선입견, 종교관에서 바라보지 않고 객관적이고 사실적으로 역사를 연구하는 방법론이라고 한다.

19세기 이후 서유럽에서 나타난 실증주의 사상을 바탕으로 과학적 검증과 반증, 비판 등을 하면서 발전하게 된 실증사관은 오늘날 대부분의 국가에서 주류로 정착하게 되었다.

필자는 실증주의 역사관을 지지한다. 실증주의 역사관을 인간의 성질 입장에서는 아래와 같이 바라볼 수 있다고 보았다.

나. 인간의 본능과 본성, 후천성은 역사 발전의 근본 요인

역사를 움직이는 실체는 인간이고, 역사를 진보시키는 원동력이 인간의 본성과 후천성에서 나온다는 입장에서 그리고 역사를 움직이는 필연적인 법칙은 존재하지 않는다는 입장에서 아래와 같이 알아본다.

인간들과 각종 조직체들 그리고 국가라는 공동체 조직이 생존하고 번영하며 진보할 수 있는 것은 인간의 본능과 본성, 후천성이 근본 요인으로 작용하기 때문이다.

예를 들어보자. 인간이라는 생명체가 생존하는 것과 자연조직체인 가정을 꾸리는 것은 인간의 본능이다. 인간들이 먹고 자고 생존하기 위해 활동을 하는 것 또한 본능적으로 행해진다는 것이다.

이러한 본능에 본성과 후천성이 복합적으로 작용하므로 인하여 인간들이 사는 공동체 조직은 번성했다. 세월이 흐를수록 국가라는 공동체 조직은 변화하면서 향상되었다. 이는 생성과 번성, 충돌과 소멸 등을 거치면서 진화하여 오늘날에 이르렀음을 의미한다.

예를 들면 인간들은 본능적으로 결합(또는 결혼)과 분화를 거듭하여 → 씨족으로 번성 → 부족 수준 → 초기 국가 → 초 고대국가 → 기원 전후의 고대국가 → 중세 → 근대 국가 → 현대 국가로 진행되어 왔고 진화했다고 말할 수 있다.

이와 같이 인간의 역사는 생물들과 유사하게 결합과 분화, 생성과 소멸을 수없이 반복했다. 그러면서 인간의 본성과 후천성이 근본 요인으로 작용하여 의식 수준을 향상시키고 진화했다. 그리고 국가 수준으로 공동체 조직이 확대되면서 향상되었다.

이러한 역사를 후천성이 근본 요인으로 작용한 측면에서 보면 수렵채취 단계 → 석기 시대 → 청동기 시대 → 철기 시대 → 산업혁명 시대 → 대량생산 시대 → 정보·통신 시대 → 인공지능·컴퓨터·로봇 등의 첨단 과학기술 시대로 진행되었다고 말할 수 있다.

앞장에서 이야기한 바와 같이 인간의 본성은 이기성과 탐욕성, 경쟁성과 이기려는 성질, 지키려는 성질과 시기심, 개체성과 자유성, 등이 있다.

후천성의 작용으로 생기는 것은 학습에 의한 두뇌발달과 위계질서, 사회성의 생성과 국가권력의 생성, 각종 시스템의 생성과 법과 제도 등 매우 많다. 국가 내·외적으로 환경을 조성하는 것과 문화와 예술, 종교와 습관도 후천성이 주된 요인으로 작용하여 생겨난다.

먼저 인간의 본성이 역사 발전에 있어서 근본 요인으로 작용한 경우를 알아보자.

앞장에서 여러 차례 이야기한 바와 같이 중세 말 유럽은 십자군 전쟁을 여러 차례 치르면서 봉건제에 기속되어 있던 농민과 농노 등의 사람들이 봉건제로부터 분화되었다고 했다.

기존 영지에 있던 농민과 농노 등의 사람들은 십자군 전쟁을 하기 위해 군인들이 모이고 머무는 곳에서 상행위를 하였다. 이들은 개체성과 자유성, 이기성과 탐욕성이 작용했던 것이다. 이는 인간의 본성이 봉건제의 기속에서 분화하기 시작했음을 의미한다.

이러한 본성의 분화는 수 세기 동안 계속 진행되었으므로 도시와 사회가 생겨났다. 상업 활동이 활발해졌고 사람들의 정신영역은 넓어졌다. 이는 사람들의 개체성이 강해졌고 탐욕성과 후천성도 활발하게 작용했음을 말한다.

유럽에서는 이러한 흐름이 수 세기 동안 진행되면서 개인주의와 자유주의 그리고 자본주의라는 이데올로기가 유행하게 되었다. 이러한 이데올로기는 오늘날 자유·민주주의 국가체제가 구축되는 데 있어서 씨앗과 같은 역할을 했다.

여기에는 후천성도 복합적으로 작용하였기 때문에 소프트 영역에서 수많은 분화가 이루어질 수 있었다. 그러므로 사회는 복잡해졌고 산업과 직업이 다양해지면서 질적으로 향상되었다. 인식능력과 생활 수준 또한 향상될 수 있었다.

유럽의 근대에는 자유주의와 개인주의, 자본주의 환경이 조성되면서 시민들의 후천성도 활성화되었으므로 합리성과 객관성이 작용하게 된다. 이러한 사회에서 과학과 기술은 물론 인문사회도 발전하게 된다.

유럽에서의 후천성 작용은 근대 후기로 갈수록 국체의 공적인 부분을 진화시켰다. 예를 들면 국가권력에 대한 권위의 제한과 다원화된 이론들을 주장하였다. 주권이라는 개념이 생기고 인권이 보장되는 등 민주주의의 질적인 성장이 이루어졌다. 이렇게 해서 자유·민주주의 국가체제가 구축되었다.

다른 한편에서는 18~19세기 산업혁명 시기에 후천성의 작용에 의해 사회주의가 주장되었고 이어서 공산주의가 주장되었다. 이러한 사상은 이미 산업화가 진행된 유럽에서는 소외되었고 산업화가 진행되기 전 단계인 농업사회에서 지지를 받게 된다. 이는 인간의 본성과 후천성을 통제하고 억제하는 것이었다.

국가가 발전을 하려면 자유성과 탐욕성 등의 본성과 후천성이 일정한 룰 안에서 활성화되어야 하는데 사회주의·공산주의 국가들은 인간의 본성과 후천성을 억제하고 통제하였던 것이다.

근대 후기 유럽은 인간의 본성이 활성화되면서 후천성을 통제하지 않아 인문·사회의 질적 향상과 과학·기술이 발전할 수 있었고 경제가 풍요로울 수 있었다.

반면에 공산주의 국가들은 자유성과 개체성, 탐욕성 등 인간의 본성을 후천적으로 생긴 공산주의 사상이 억제하고 통제하였기 때문에 군사력은 강해졌어도 인민들은 각종 자유를 누릴 수 없었고 풍요로운 사회를 이룰 수 없었던 것이다.

근대 말 중국과 한국의 조선을 바라보자.

청나라와 조선의 백성들과 관료들에게는 인간의 본성과 후천성 본연의 작용을 억제하는 공자와 맹자의 윤리·도덕적인 사상이 생활 규범화되어 있었고 세뇌되어 있었다. 이러한 사상이 국가권력과 일체적으로 작용하였으므로 백성들의 본성이 작용할 수 없었다.

그러므로 청나라와 한국의 조선은 전 근대적인 농어촌의 공동체가 이어져 왔던 것이다. 이는 유교사상에 세뇌되어 개인주의와 자유주의 같은 이데올로기가 서구처럼 유행할 수 없었음을 말한다.

근대에도 유럽은 인간의 본성과 후천성이 분화되어 활성화가 이루어졌기 때문에 산업사회로 진화할 수 있었다면 동양의 국가들은 인간의 본성과 후천성이 분화가 되지 않았기 때문에 전통적 농어촌 사회에서 산업사회로 진화할 수 없었다. 이는 서세동점의 원인이었던 것이다.

　지금까지 이야기 한 바와 같이 인간의 본능과 본성, 후천성은 인간의 생존은 물론 국가라는 공동체를 성장시키고 발전케 하는 성질이다. 이들 성질은 역사 발전의 근본 요인이라 할 수 있다.

다. 역사 발전의 원동력은 인간의 본성과 후천성이 근본 요인

　앞장에서 이야기했듯이 인간의 본성은 인간들이 생각을 하고 행위를 하도록 하는 근본적인 성질이라고 했다.

　이러한 본성은 후천성과 융·복합적으로 작용하여 번성하고 향상되는 등 인간의 역사를 발전시켜 왔다고 했다. 바꾸어 말하면 인간의 본성과 후천성은 융·복합적으로 작용하여 역사를 발전시켜 왔던 것이다.

　정부는 경제를 발전시키기 위해 투자를 유치하면서 경제발전 계획을 수립하여 시행하기도 한다. 창의적인 기업을 육성하고 기업가 정신을 강조하기도 한다. 이는 인간의 본성과 후천성을 일정한 룰 안에서 활성화시키려고 한 것이다.

　경제를 발전시키려면 일자리를 창출하고 창업을 유도하는 등 정책을 펼쳐야 한다. 이러한 정책은 법과 제도 그리고 국가권력이 뒷받침을 해야 한다. 이는 국가 발전의 원동력이 인간의 본성과 후천성에서 나온다는 것을 의미한다.

미국과 중국에서 인간의 본성과 후천성이 작용한 경우를 알아보자.

미국 사람들의 오늘날 가치관과 정체성은 유럽 사람들과 같이 중세 말 인간의 본성인 개체성과 자유성, 탐욕성과 이기성이 봉건제와 기독교 종교의 기속에서 분화한 것에서 시작된다.

유럽의 근대에는 개인주의와 자유주의, 자본주의라는 이데올로기가 유행했다. 이러한 역사가 있는 유럽인들이 이주하여 건국한 국가가 미국이다. 그러므로 오늘날 미국 사람들의 중요한 가치는 개인과 자유, 재산이 되었다.

이는 미국이라는 국가가 시민들의 본성과 후천성을 일정한 룰 안에서 활성화시키므로 인하여 역사가 발전되어 왔음을 의미한다.

미국은 인간의 본성이 근본 요인으로 작용한 후 후천성의 작용까지 진화된 경우이다. 미국은 개인주의와 자유주의, 자본주의 이데올로기가 작용하는 사회로서 아래 수준까지 진화했다.

예를 들면 국가권력은 국민(또는 인민)들로부터 생겨나고 국민(또는 인민)들로부터 견제를 받는다. 언론의 자유가 있고 국가권력 기관들 상호 간에는 견제와 제어 기능을 하면서 최종적으로 통합된다.

국민들 개개인은 평등하고 기회는 균등하게 주어진다. 노력한 만큼 잘 살 수 있다. 사회적 약자들은 보호를 받는다. 국가권력이 국민들로부터 나오므로 국민들을 위한 체제임이 분명하다.

경제체제는 사적자치가 이루어지고 재산권을 보장하는 시장경제체제이다. 이러한 체제는 노력에 대한 성과가 따라온다. 통상을 중요시한다.

그러나 북한과 중화인민공화국은 개인과 자유, 이기성과 탐욕성 등을 공산당이 통제한다. 선발된 공산당원들은 사회주의·공산주의 사상에 세뇌된 후 조직화되어 인민들의 정신과 행동을 통제한다.

구소련은 역사 발전의 원동력이 공산주의 사상에서 나왔으나 구소련이 해체된 후에는 인민들의 의식 수준이 향상되지 않아 과도기를 걷고 있다. 즉 역사 발전이 독재 권력에서 나오고 있는 것이다.

중화인민공화국은 늦게나마 자본주의와 시장주의를 도입하였으나 통치 권력은 공산당에서 나오고 있다. 즉 공산당이 모든 것을 계획하고 통제한다. 그러므로 중화인민공화국의 역사 발전 원동력은 공산당에서 나오고 있다고 말할 수 있다.

과거의 역사에서 세뇌되고 중독된 경우를 알아보자.

근대 중국과 한국의 근대 조선은 국체 하부구조에 속하는 백성들의 개체성과 자유성, 탐욕성과 경쟁성이 공자와 맹자의 윤리·도덕적인 사상에 의해 억제되었었다고 했다.

즉 중국의 왕조와 한국의 조선왕조는 국가 구성원들이 유교사상과 도가사상에 세뇌(또는 중독)되어 있었으므로 개체성과 자유성, 탐욕성과 경쟁성 등 인간의 본성이 이들 사상의 세뇌에서 분화될 수 없었던 것이다.

이렇게 인간의 본성이 분화가 아니 되자 후천성도 유교 사상의 세뇌에서 분화하지 못하게 된다. 그러므로 백성들은 유교사상과 도가사상의 범주에서 벗어날 수 없었던 것이다.

결국 중국의 왕조와 한국의 조선왕조는 자체적인 개혁과 혁신을 할 수 없게 된다. 이는 인간의 본성과 후천성이 분화가 이루어져 활성화가 계속되는 서구 세력에 맞설 수 없었음을 의미한다.

19세기 일본을 알아보면 유교의 윤리성에 세뇌되지 않았고 사상은 다양했다. 산업은 활성화되었으며 직업도 다양했다. 이러한 상태에서 각 번의 무사들은 천황을 중심으로 서구 체제와 같게 개혁을 강하게 추진할 수 있었다. 그 후 그들은 본성적이었으므로 무력을 선호하는 사람들이 국가권력을 장악했던 것이다.

근대 이후 유럽은 인간의 본성과 후천성이 활성화가 거듭되므로 인하여 발전과 진화가 빠르게 진행되었다. 유럽 사회의 각종 조직체의 역량은 커졌고 군사력은 강력해졌다.

국가들의 힘이 강해지면 국가 차원의 본성이 작용하면서 대외 지향적으로 팽창하게 된다. 이는 공동체의 생존 이치인데 이에 부합했던 국가는 근대 유럽 국가들이었다.

아래에서는 인간의 본성과 후천성이 역사 발전의 원동력이라는 입장에서 마르크스의 사상에 대해 알아보자.

근대 후기 유럽에서 시민혁명에 이어 산업혁명이 이루어지는 현장을 목격한 마르크스는 역사가 이루어지는 원동력을 경제관계 측면(또는 물질적인 측면)에서 찾았다고 했다.

왜냐하면 마르크스가 보고 생각한 것은 당시 인간의 본능과 본성이 작용하는 것을 보았기 때문이다. 즉 노동자와 노약자 등 사회적 약자들이 자본가들로부터 착취당하는 것을 보았고, 자본가와 노동자들 간에 투쟁하는 것을 보았던 것이다.

이러한 마르크스는 인간들이 생존하기 위해 계급투쟁하는 것을 역사 발전의 원동력으로 보았는데 이를 성질 측면에서 보면 인간의 본성과 후천성 측면에서 역사를 바라보았음을 알 수 있다.

마르크스가 저술한 자본론과 공산주의 창안, 필연적인 역사 발전 법칙을 주장한 것은 후천성이 작용하므로 인하여 나온 것들로서 새로운 세상을 향한 혁명적인 내용을 담고 있다.

이러한 사상에 세뇌된 사람들은 공산주의 세상을 원했으므로 인간의 본성인 자유성과 사적자치, 사상 등 정신을 억제하거나 통제했다. 이는 역사 발전의 원동력이면서 근본 요인인 인간의 본성을 사회주의·공산주의 사상이 억제하고 통제하는 것이었다.

마르크스의 역사관은 산업사회로 진입하지 못한 근대 전통사회에 맞는 이론임이 분명하다. 즉 소작농과 농노, 노동자 등 하층민들이 다수인 불평등 사회에 부합하는 사상으로서 골고루 잘 살고 사회적 약자가 보호받는 오늘날에는 맞지 않는다.

라. 후천적인 것과 강한 힘이 역사 발전을 주도

인간의 삶이 풍요로워지면서 사회가 발전하려면 국가 구성원들의 본성과 후천성의 작용이 활성화되어야 한다고 했다. 이를 위해서는 자유·민주적인 정치체제와 시장주의 경제체제가 구축되는 것이 좋다고 했다.

이러한 체제와 국가 최고 지도자의 리너십, 의회 등 공공기관들의 기능은 후천성의 작용이 진화하면서 생겨난 것이다. 이는 후천성이 작용하고 진화하여 생긴 지혜와 지식, 각종 시스템과 문화 등이 있기에 가능했다고 할 수 있다.

자유·민주주의 국가들의 정치체제는 국민들에 의한, 국민들을 위한 체제이므로 국민들에게 각종 권리를 보장한다. 그리고 사적자치를 하면서 재산권을 보장하는 시장주의를 하고 있다. 이는 인간의 본성과 후천성이 융·복합적으로 작용하면서 진화한 경우라고 말할 수 있다.

공산주의 국가들 중 러시아는 구소련이 해체된 후 건국된 국가지만 인민들이 자유·민주주의에 익숙하지 않았기 때문에 독재국가 체제가 되었다. 역사 발전이 과도기임을 알 수 있다.

공산주의 국가들 중 중화인민공화국과 베트남은 시장주의와 자본주의를 도입한 후 선진국의 자본과 기술을 받아들이면서 시장주의 정책을 추진했기 때문에 경제가 발전하게 되었다.

이들 국가들이 위와 같은 상황에서 다시 사회주의·공산주의 정책을 추진하면 경제 주체들은 움츠러들고 투자를 하지 않게 되므로 경제는 위축된다. 왜냐하면 인간의 본성인 자유성과 후천성인 정신을 억제하고 통제하는 것이기 때문이다.

후천적인 것들이 세계 역사를 새롭게 한 경우를 알아보자.

제1차 세계대전 이후 파리 강화 회의를 하고 베르사유 조약이 체결됨으로 인하여 새로운 국가들이 탄생되기도 했고 소멸된 국가들도 있다. 새로운 민족 운동이 전개되기도 했다.

이는 연합국들 간에 회의를 한 후 패전국들과 조약을 체결함으로 인하여 새로운 국가들이 생겨났고 새로운 민족운동이 전개되었음을 의미한다. 이는 인간의 본성도 작용하였지만 결국은 후천적인 것들로 인하여 새로운 역사가 정립되었음을 말한다.

　이러한 후천성의 작용으로 선거권이 확대되는 등 민주주의가 발전한 국가들이 있지만 불안정한 정세 속에 이탈리아에서는 전체주의인 파시즘이 등장하게 되고 독일에서는 나치즘이 등장한다.

　군국주의로 나아가던 일본은 더욱 넓은 지역으로 침략을 확대해 나아갔다. 이들 삼국은 국가 차원의 본성이 작용한 경우로써 연합국과 제2차 세계대전을 벌이게 된다.

　전체주의와 군국주의 체제인 3국(또는 추축국)과 자유·민주주의 체제인 연합국들 간의 제2차 세계대전은 민주주의 측이 승리하게 된다. 이로 인하여 수많은 국가들이 독립을 하게 된다.

　이러한 전쟁은 후천성의 작용인 카이로 회담(1943. 11. 27), 테헤란 회담(1943. 12. 1), 얄타 회담(1945. 2), 포츠담 회담(1945. 7. 26)과 연관되어 있다. 결국 독일과 일본은 항복을 했고 새로운 국제 질서가 세워졌다.

　국가들 간의 회의와 회담을 하고 조약 체결을 맺는 것은 후천성의 작용으로서 새로운 질서체계를 세웠다. 이는 후천성이 작용하므로 인하여 새로운 역사가 진행되었음을 의미한다.

　국가 단위에서 획기적으로 역사가 변화하거나 새롭게 진행되는 경우를 꼽으라면 전쟁과 혁명, 정복이 대표적일 것이다. 평화로운 시대에는 역사 발전이 후천적인 지도자의 리더십이 주도할 것이다.

　국가권력이 강압적이거나 동제적이시 않을 때는 국가 구성원들의 자유성과 탐욕성, 경쟁성 같은 인간의 본성이 일정한 룰 안에서 활성화되기 쉽다. 후천적인 성질은 인간적이고 골고루 잘 사는 복지사회를 향하여 작용하기 쉽다.

이러한 시대에도 경제력과 군사력의 강한 힘 그리고 리더십과 필요성이 역사 발전을 이끄는 것을 볼 수 있다.

강한 힘이 약한 힘을 억제하거나 흡수하는 것은 우주의 물질들뿐만 아니라 국가들 간, 그리고 생명체들 간과 동종 영리 조직체들 간에서도 일어난다.

즉 군사 영역과 경제 영역은 물론 사람들 간의 관계와 조직체들 간 그리고 국가들 간에서도 힘의 논리는 작용한다는 것이다.

하나의 예를 들어 보자.

전쟁 후에는 승전국의 군사적 힘이 패전국을 지배하므로 승전국은 역사를 주도해 나아가게 된다. 패전국은 승전국의 체제와 제도를 받아들이고 동화되어 가는 것을 보면 알 수 있다.

오늘날 최강국은 미국이므로 국제정치와 글로벌 경제, 금융과 통상은 물론 해양 질서와 국제 규범 등을 미국이 주도해 나아가는 것을 볼 수 있다.

전쟁이나 혁명 같은 경우에도 역사 발전은 후천적인 것과 강한 힘이 주도하므로 후천적으로 생겨난 체제와 이념, 리더십과 국체 내외 환경 등이 중요함을 알 수 있다.

지금까지 말한 것을 요약하면 인간의 본성은 국가를 번영시키는 근본 요인으로 작용하고 역사 발전은 후천성에 의한 것과 강한 힘이 주도한다고 말할 수 있다.

6

결어(結語)

가. 본서 내용을 요약해 보면…

국가의 구성요소인 사람(또는 국민, 인민)들이 생각을 하고 행동을 하는 근본 요인은 개개인의 본능과 본성, 후천성이다. 그러므로 본서 첫 장에서 이들의 성질에 관해 알아보았다.

이러한 성질들은 생명체들의 고유한 성질로서 인간들에서도 작용하였으므로 각종 조직들을 조직하는 등 국가라는 공동체를 조직하고 운영할 수 있었다고 했다.

이러한 국체는 생물적으로 체계가 세워져 있으므로 본서에서는 생물적인 체계 순으로 개념 등을 알아보았다.

국체의 체계는 구성요소인 사람(인체에서는 세포)들 → 각종 조직체들 → 각종 기관들 → 계로 체계가 세워졌다고 했다. 최상위에서는 법과 제도, 국가권력에 의해 국가 전체를 지배한다고 했다.

국가 내에서는 생성되는 것도 있고 소멸되는 것도 있나. 분화가 이루어지고, 성장하고 쇠퇴하는 현상도 나타난다.

이러한 국체는 내부 환경이 조성되어 있고 경계가 있으며 외부 환경이 존재한다. 생물들과 유사한 특성도 작용한다. 그러므로 본서에서는 국가를 '생체적인 국가' 또는 '국체'라고 했다.

자유·민주주의 국가들에서는 사회주의·공산주의 국가들보다 국민(또는 인민)들의 자유성과 탐욕성, 경쟁성 등의 본성이 더 강하게 작용한다고 했다. 후천성 또한 통제를 적게 하므로 인간 중심적인 사회가 되고 국민(또는 인민)들을 위한 국가체제가 된다고 했다.

사회주의·공산주의 국가체제에서는 인간의 본성인 자유성과 개체성, 탐욕성과 경쟁성을 통제하면서 감시한다고 했고 사상과 정신까지 통제하고 세뇌시킨다고 했다. 즉 개개인의 인민을 위한 국가작용보다는 국가성과 공산당이 우선주의로 작용한다고 했다.

국가는 생체적이므로 자국의 주권(또는 주체성)을 행사하고 자국의 안보를 튼튼히 하려고 한다. 국가들 간에는 평화로운 시기도 있지만 충돌하기도 하고 전쟁을 하기도 한다. 이는 국가들도 생존하려는 본능과 본성, 후천성이 작용하기 때문이라고 했다.

국체의 두뇌신경인 국가권력 작용을 인간들이 하므로 인간들의 성질들이 국가 차원에서도 작용한다고 했다. 바꾸어 말하면 국가도 국가 차원의 본능과 본성, 후천성이 작용한다는 것이다.

국가 차원의 본능과 본성은 부국강병을 하여 자국의 안보를 튼튼히 하고자 한다. 외교는 자국 중심적으로 이끌어 가려고 한다. 국가권력은 국익을 위한 쪽으로 작용하려 한다고 했다.

침략 근성이 있거나 야욕이 강한 사람이 국가권력을 장악하면 타국을 침략하기가 쉽다고 했다. 최고 지도자의 야욕은 국가권력 장악력과 사상, 집념 등이 연관되어 작용한다고 했다.

국체의 상부구조에 속하는 국가권력은 국체의 뿌리 부분인 국민(또는 인민)들로부터 나오고 그들을 위해 작용해야 생체적인 이치에 부합한다고 했다.

국체의 상부구조 또한 생물들의 생장 이치인 분화가 되어야 하고 분화된 기관들 간에는 견제와 제어기능이 이루어지면서 통합되어야 한다고 했다. 국가권력은 공정하고 투명하게 작용하도록 개방해야 하며 언론의 자유가 보장되어야 국체를 튼튼하게 한다고 했다.

본서에서 말하는 '언론의 자유'는 '인체의 신호체계 일부로서 감각 기능을 보조하는 것과 유사하다고 보았다.

국체 하부구조에 속하는 국민(또는 인민)들이 인간으로서 가져야 할 권리를 상부구조에 속하는 법으로 보장받고 국가권력은 이를 실현해야 한다고 했다.

그리고 국가권력과 법, 제도가 인간의 본성과 후천성을 지나치게 억제하거나 통제하지 않아야 국가가 발전하기 쉽고 번영하기 쉽다고 했다.

공산주의 체제의 두뇌신경 조직인 공산당이 인민들의 본성과 사상 등을 통제하는 것은 인민들의 삶의 질을 떨어트릴 뿐만 아니라 국가의 발전을 가로막게 된다고 했다.

본서에서는 이상과 같은 내용들을 아래와 같이 구분하여 설명했다.

제1장에서 국가는 인간들의 생존성이 작용하는 생체적인 공동체 조직이라고 했다. 그리고 국가는 구성요소인 인산들의 본능과 본성, 후천성이 근본요인으로 작용한다고 했고 이를 알아보았다.

제2장에서는 국가를 생물적인 체계에 따라 영토와 영역, 국민 수

준과 조직 수준, 기관 수준과 계 수준으로 구분한 후 개념과 기능 등을 개괄적으로 알아보았다.

제3장에서는 생체적인 국가와 국체의 체계, 국체의 생물적인 특성과 국체 하부구조를 튼튼하게 하는 가치들과 개념 등을 개괄적으로 알아보았다.

제4장에서는 생물과 인문사회 입장에서 국체를 최종적으로 정리해 보았다. 즉 국체의 사상체질을 주장했고, 국체의 생물적인 것 등을 개략적으로 알아보았다.

나. 국체에서 가장 중요하고 소중한 것은 무엇인가

국민(또는 인민)들 개개인은 국체의 구성요소로서 국가 전체를 이루고 있으며 국체 전체에 근원적인 힘을 제공한다. 역사 발전의 주체도 인간들 개개인이며 체제를 구축하면서 각종 시스템들을 만들고 운영하는 것도 인간들이다.

이러한 국가 구성원들이 생각을 하고 행동을 하는데 있어서 활동성을 증가시키는 자유는 인간이면 누구나 누려야 하는 가치라고 말할 수 있다. 즉 국체에서 가장 소중하고 중요한 것 **첫째는 국체 구성원들의 자유인 것이다.**

이러한 자유는 인간의 본성으로서 인간들 개개인의 육체적 활동과 두뇌작용의 폭을 넓히고 활발하게 하는 성질이 있다. 그러므로 개개인의 정신 영역에 있는 사상과 종교를 탄압해서는 아니 된다.

정치적 자유도 억압해서는 아니 된다.

이러한 국가 구성원들의 자유를 국가 차원에서 보면 국체의 면역력을 강하게 하고 다양성을 키운다. 창의적인 활동들도 하도록 한다. 이는 경제를 활성화시키고 발전시키는 요인이라 하겠다.

인간의 본성인 자유성을 성질로 보면 수구나 정체보다는 활동적이고 진보적인 성질이다. 모든 가능성을 향해 나아가는 성질로서 국가의 발전과 번영에 부합하는 가치이고 요인이다.

국가 구성요소인 국민(또는 인민)들 개개인이 보장받는 각종 자유는 다양성과 유연성, 창의성을 자라게 하는 성질이 있으므로 국가의 기반을 튼튼하게 하는 요인이고 가치라고 할 수 있다.

위에서 말하는 자유는 국민(또는 인민)들 개개인의 자유뿐만 아니라 '언론의 자유'까지 포함해서 말하는 것이다. 국민(또는 인민)들에게 보장되어야 하는 자유의 종류는 신체의 자유, 양심의 자유, 사상의 자유, 통신·출판의 자유, 결사·집회의 자유, 거주·이전의 자유, 종교의 자유, 학문과 예술의 자유, 직업 선택의 자유, 정치적 자유, 사생활 비밀의 자유 등 많은 자유들이 포함된다. 이러한 자유의 자세한 내용은 각종 헌법 교재에서 서술하고 있으므로 본장에서는 생략한다.

언론의 자유는 부정과 부패, 잘못된 것을 고발하여 시정시키는 역할을 한다. 새로운 소식을 전하며 센서 기능을 하기도 한다. 예측력과 상상력을 키우는 등 개개인의 정신 능력을 향상시키는 역할노 한다.

'언론의 자유'는 공산주의 사상에 세뇌된 지도층과 상극관계이다.

독재자와 부정부패한 자들과도 상극관계이다.

두 번째로 중요한 것은 '사적자치를 하고 재산권'이 보장되는 그리고 '기회균등'이 이루어지는 사회이다.

사적자치를 하고 재산권이 보장되는 그리고 기회균등이 이루어지는 사회는 자유·민주주의 정치체제와 시장주의 경제체제가 구축된 사회에서 이루어지기 쉽다.

사적자치 제도는 국민(또는 인민)들 개개인은 자율적으로 그리고 자기 자신의 책임 아래 경제활동을 하는 것을 말한다. 재산권은 일정한 룰 안에서 개인의 재산이 보장되는 것으로 법에 의해 보장받는 것을 말한다.

사적자치제를 실시하고 재산권이 보장되려면 인간의 본성인 개체성과 자유성 그리고 탐욕성이 일정한 룰 안에서 활성화되어야 한다. 기회균등은 '국민(또는 인민)들 개개인은 법 앞에 평등함'을 의미한다.

이들 가치들은 개인주의와 자유주의 그리고 자본주의 이데올로기와 연관되는 것으로 국체 하부구조와 상부구조를 튼튼하게 한다. 이는 국민(또는 인민)들 개개인의 본성과 후천성이 작용하는 이치에 부합하는 가치들이라 할 수 있다.

세 번째로 중요한 것은 국가 지도자와 대표자들을 국민(또는 인민)들이 공정하게 선출하는 제도이다.

세습되거나 특정 조직체에 의해 선출되지 아니하고 전체 국민(또는 인민)들이 국가 지도자와 의회 의원들을 공정하게 선출하면 국민들의 의식 수준을 향상시키고 복지사회를 이루기가 쉽다.

국민(또는 인민)들의 다양한 의견을 통합시키는 역할을 하게 되며 국정 운영의 예측 가능성을 가능하게 한다. 위에서 말하는 공정한 선거는 보통선거, 평등선거, 직접선거, 비밀선거가 행해지는 것을 말한다.

위와 같은 선거제도가 안정적으로 정착되면 통합성이 증가하며 정치적으로 안정되고 사회는 평온해진다. 경제는 다양한 정책 실현을 가능케 하므로 잘못된 정책을 바로 잡고 올바른 성장을 가능케 한다. 그리고 정치적 경쟁을 통하여 복지사회를 앞당기게 된다.

국가 지도자와 대표자들을 국민(또는 인민)들이 공정하게 선출하는 제도는 국정 운영을 공정하고 정당하게 하는 시스템으로써 현대 사회의 깨어있는 국민(또는 인민)들의 의식 수준에 부합하는 가치라 하겠다.

남북한이
통일하기 시작하는
시기 및 방법

정신을 통일 시켜 국가에 몰두하다 보니
어느샌가 봉황이 되었다네
봉황이 되어 천 리를 날아보니
두 신선은 바둑을 두고 두 신선은 훈수를 하는
한반도와 대륙이 보이네그려….
때가 되면 바둑판과 바둑알은 주인에게 돌아가리니….
지금이 바로 그때임을 알겠구나.

필자는 오랫동안 국가의 실체와 작용, 국가의 구성요소인 인간들의 성질 등에 대해 연구했기 때문에 남·북한이 통일로 나아갈 수 있는 방법과 시기를 알게 되었다. 이를 정부에 알려 드리려고 한다. 정책으로 활용하시길 바란다.

오늘날 북한의 정세 변화는 K문화가 북한 청소년들에게 침투되어 생각이 바뀌고 남한의 실상이 북한 인민들에게 알려져 인민들의 생각이 바뀌면서 국체의 정세가 바뀌는 것을 말한다. 이는 김일성~김정은 일가의 신적인 권력이 추락하게 되는 것을 의미한다.

바꾸어 말하면 북한이라는 국체 하부구조가 변하면 상부구조도 변하는 것이 생체적인 이치라는 것이다. 이는 상부구조 최정상에 있는 김정은의 두뇌·신경 작용에 반동적이고 갈등적으로 작용한다는 것을 의미한다.

이로 말미암아 김정은의 두뇌신경은 변화된 체질과 부합하지 않아 쓰러진다는 것이 생체적인 예측이다. 생체적인 입장에서 김정은 위원장의 두뇌·신경 건강은 2024년 (음) 10월경부터 악화되어 2025년 하반기에는 회복 불능 상태가 될 것으로 예측한다.

북한 체제는 내·외부적으로 충격(예: 김정은 유고 등)이 오면 공산주의 원리파와 개혁·개방파 간에 노선 경쟁(또는 싸움)을 하는 것은 필연적이다.

이때 남한의 정부에서는 개혁·개방을 주장하는 공산당 고위층과 간부들을 아무도 모르게 지원해야 한다. 북한이 개혁·개방하는 것을 돕는 것에 대해 대통령과 야당, 여당 등 모두가 적극적으로 찬성해야 한다. 대국적인 마인드가 필요하다는 점이다. 이는 점진적인 통일로 나아가기 위한 첫걸음이다.

두 번째로 예상되는 급변사태는 백두산이 폭발했을 때이다. 이때는 남한의 모든 가용 자원을 동원하여 북한 동포들을 구원하고 구제해야 한다. 이때 북한 체제와 공산주의 사상에 대해서는 일체 언급하지 않아야 한다.

김정은 위원장 중병과 유고 시 대응 방안을 정리하면, 첫 번째로 김정은의 중병 시 북한 공산당 상무위원과 중앙위원들 중에서 개혁·개방 정책을 추진하는 사람에게는 북한 최고 지도자의 지위를 인정한다는 것과 경제 등을 대폭적으로 지원한다는 것을 **'대통령의 특별 담화'** 형식으로 선언한다.

→ 이후 북한 상무위원 중 실권자가 개혁·개방정책을 추진하면 → 남한의 정부는 적극적으로 환영한다는 **'제2의 담화'**를 발표한다. 여·야·정 중요 인사들로 "북한 지원 협의체"를 구성한 후 이곳을 통하여 북한의 개혁·개방을 적극적으로 지원한다.

즉 쌀과 밀가루 등 식료품과 유류와 전기, 기타 필요한 물품을 가능한 한 많이 지원한다.

→ 정부는 남한 기업체들의 투자 보장과 자유로운 왕래 보장 등을 위해 북한 당국과 조약을 체결한다. 기업인들의 진출이 빠를수

록 좋다.

→ 남·북 정부 간 협의 아래 → 탈북민들이 고향을 방문하는 것과 친척들에게 돈을 부치도록 정부가 협조한다. 사회주의·공산주의 사상에 세뇌된 사람들도 자유롭게 북한을 방문하도록 한다.

→ 점차 북한 상무위원들과 남한의 여·야·정 대표들 간에 회의를 통해 북한의 기간산업(예: 전력과 항만, 도로 철도 등)의 개발에 관해 논의한다. 합의가 되면 빠르게 추진한다.

→ 가능하면 북한 중앙위원들을 남한으로 초청하여 남한의 산업시설들을 시찰하도록 한다.

→ 점차 중간 간부의 공산당원들과 북한 대학생들이 남한의 산업시설들을 시찰하도록 지원한다.

M.포사이스·M.킨스스퍼, 『서양정치사상 입문』, 부남철 옮김, 한올 아카데미, 1997

M엘리네크·E부뜨미저, 『인권선언 논쟁』, 김효전 역, 범문사, 1991

Rondo Cameron·Lany Neal, 『세계경제사』, 이헌태 역, 삼중문화사, 2007

강원택, 『대통령제·내각제와 이원정부제』, 도서출판 인간사랑, 2006

곽윤직, 『민법』, 박영사, 1990

구병수 외 3인, 『의학심리학』, 법인 문화사, 2001

구종서, 『징기스칸에 관한 모든 지식』, 살림출판사, 2009

기독교문서선교회, 『종교학 개설』, 박영지, 2000

김기성·이성훈·김순태, 『세계적국방개혁의 추세와 한국의 개혁』, 도서출판 오름,
    2006

김남진·김영태, 『행정법』, 법문사, 2004

김도균, 『법치주의의 기초』, 서울대출판부, 2008

김도균·최병조·최종고, 『법치주의의 기초』, 서울대출판부, 2006

김두희, 『과학동아』, 교학사, 1986~2010

김석회, 『조직 구조론』, 무역경영사, 2004

김용환, 『리바이어던』, 살림출판사, 2003

김윤조, 『행정법총론』, 박문각, 2007

김인수, 『거시조직이론』, 무역경영사, 2008

김종수, 『자본주의 언론과 민주주의』, 도서출판 한올, 2000

김준호, 『민법강의』, 법문사, 2006

김중규, 『선행정학 개론』, 도서출판 에드민, 2007

김철수, 『헌법학』, 박영사, 2006

김철용, 『행정법』, 박영사, 2007

김태성·김진수, 『사회보장론』, 청목출판사, 2003

김필년, 『자본주의는 왜 서양문명에서 발전했는가』, 범양사, 1993

김항규, 『행정철학』, 대영문화사, 2009

김현철, 『한국인의 법과생활』, 동방인쇄, 2005

김형배, 『민법학 강의』, 신조사, 2006

노명식, 『자유주의 원리와 역사』, 민음사, 1991

노안영·강영신, 『성격심리학』, 학지사, 2006

대런 애쓰모글루·제임스A. 로빈슨 공저, 『국가는 왜실패하는가』, 최완규 옮김, 시
    공사, 2012

더글러스C. 노스저, 『제도·제도변화·경제적 성과』, 이병기 역, 자유기업센터,
    1997

라인홀트치펠리우스, 『법의 본질』, 도서출판 길안사, 1999

로버트하그리브스, 『표현자유의 역사』, 오승훈 역, 시아출판사, 1990

맨슈어 올슨, 『지배권력과 경제번영』, 최광 옮김, 나남출판사, 2010

문정인, 『국가 정보론』 박영사, 2002

박균성, 『행정법론』, 박영사, 2004

박문호, 『뇌·생각의 출현』, 휴머니스트출판, 2008

박아청, 『성격 심리학』, 교육과학사, 1992

백기복·박홍식·신제구, 『리더십』, 선학사, 2000

빌프리드뢰리히, 『정치사상의 사회사』, 이복남 옮김, 신지평, 2000

사법연수원, 『사법제도론』, 한양당인쇄, 2000

생명과학, 『생명과학 교재 연구회』, 녹문회, 2008

슘페터, 『자본주의, 사회주의, 민주주의』, 이상구 역, 삼성출판사, 1990

스테판 뮬흘·애덤 스위프트, 『자유주의와 공동체주의』, 김해성·조영달 옮김, 한
　올 아카데미, 2000

스티븐 후안, 『뇌의 기막힌 발견』, 네모북스, 2004

신윤창, 『자본주의와 복지국가론』, 법문사, 2002

애덤스미스, 『국부론』, 김수행 역, 비봉출판사, 2007

앤드류 빈센트, 『국가론』, 권석원·서규선 옮김, 인간사랑, 1995

야마모토 요시타카, 『문화혁명』, 동아시아 출판, 2010

양덕조 외 3인, 『인체의 신비』, 넥서스북스, 1997

원석조, 『사회복지정책론』, 공동체, 2006

유지태, 『행정법 신론』, 신영사, 2004

이광웅 외 8인, 『생명·생물의 과학』, 교보문고, 2003

이대웅, 『지도자의 전략과 리더십』, 혜진서관, 1997

이용필, 『민주주의와 사회주의』, 서울대학교 출판부, 1997

이재화, 『행정법의 쟁점』, 문영사, 2004

이종근, 『메소포타미아의 법사상』, 삼육대학교출판부, 2003

임승혁, 『힘』, 도서출판 행법사, 1997

임창환, 『월간 뉴-턴』 뉴턴코리아, 1999~2010

장현근, 『중국정치사상 입문』, 지영사, 1997

잭 워더 포드, 『칭기스칸 잠든 유럽을 깨우다』, 정영목 옮김, 사계절 출판사, 2006

전득주, 『자유민주주의와 사회주의 비교』, 행림출판, 1997

조창현, 『한국지방자치제의 쟁점과 과제』, 도서출판 문원, 1995

주성호·정상호, 『민주주의대 민주주의』, 도서출판 아르게, 1998

차하순, 『서양사 총론』, 탐구당, 2000

최민호 외 3인, 『농민 조직론』, 서울대학교출판부, 1997

최상용 외 공저, 『인간과 정치사상』, 인간사랑, 2002

최영애 외 5인, 『인체의 구조와 기능』, 계측문화사, 1999

최종고, 『법철학, 법사상사』, 서울대학교출판부, 2007

최창섭 외, 『교양 언론학』, 법무사』, 1998

타노이 마사오, 『몸의 구조』, 서울문화사, 2000

티모시 메이, 『칭기스의 교환』, 권용철 옮김, 사계절 출판사, 2020

하기와라 기요후미, 『기초 생태학』, 황소연 옮김, 지구 문화사, 2010

한상수, 『법학의 기초』, 인제대학교출판부, 2008

허영, 『한국 헌법론』, 박영사, 2006

허유영 번역, 『강대국의 조건(일본편)』, 안그라픽스 출판, 2007

헤르만 헬러, 『국가론』, 홍성방 역, 믿음사, 2003

호세 욤파르트, 『법철학의 길잡이』, 정종혁 옮김, 경세원, 2007

황준성, 『질서자유주의, 독일의 사회적 시장경제』, 숭실대학교 출판국, 2011